U0927001

我与皇帝侃大山系列

一变通天下

我与唐太宗侃变通

姜正成◎主编

中国财富出版社

图书在版编目（CIP）数据

一变通天下：我与唐太宗侃变通 / 姜正成主编. —北京：中国财富出版社，2015.1

（我与皇帝侃大山系列）

ISBN 978-7-5047-5036-5

Ⅰ. ①一… Ⅱ. ①姜… Ⅲ. ①李世民（599～649）-生平事迹-通俗读物 Ⅳ. ①K827=421

中国版本图书馆 CIP 数据核字（2013）第280296号

策划编辑	王秋萍	责任印制	方朋远
责任编辑	于　淼　宋　宇	责任校对	饶莉莉

出版发行	中国财富出版社		
社　　址	北京市丰台区南四环西路188号5区20楼	邮政编码	100070
电　　话	010-52227568（发行部）		010-52227588转307（总编室）
	010-68589540（读者服务部）		010-52227588转305（质检部）
网　　址	http：// www. cfpress. com . cn		
经　　销	新华书店		
印　　刷	北京柯蓝博泰印务有限公司		
书　　号	ISBN 978-7-5047-5036-5 / K・0143		
开　　本	710mm×1000mm　1/16	版　　次	2015 年 1 月第 1 版
印　　张	15.5	印　　次	2015 年 1 月第 1 次印刷
字　　数	198千字	定　　价	36.00元

前　言

在中国封建社会的三百多位皇帝中，唐太宗李世民可谓佼佼者，他在位不过23年，却建立了让后世帝王钦慕不已的丰功伟绩。

李世民是一位智勇双全的封建皇帝，很多封建皇帝根本无法与之相提并论。无论是从学识修养还是从人文素质方面来说，李世民都堪称千古一帝。

李世民协助父亲打败了群雄，帮助父亲获得了皇位，自己也被封为秦王。为了巩固政权，他带兵扫除敌对势力残余，一统天下。他不仅自信、勇敢，更重要的是灵活变通、有谋有略。他凭着一腔热血，在登上皇位之后，开创了历史上著名的“贞观之治”，使国家繁荣富强，人民安居乐业。

贞观时期的中国，虽然不是尽善尽美，但在中国历史上，贞观时代是唯一的。这段时间虽然不长，地位却极其重要。贞观时代不仅创造了君主时代最文明的政治环境和最和谐的君臣关系，还奠定了唐朝三百年的基业，为此后中国一千多年的封建统治树立了楷模。

贞观时期给唐朝留下最大的遗产就是“变通”两个字，正如李世民说的“天下之广，四海之众，千端万绪，须合变通”。

整个唐朝的国策和制度都是根据形势的变化不断地调整，整个朝代立国的精神就是变通，这是李世民留给唐朝的一个重要遗产，也是留给后人的最宝贵的思想财富！

本书主要对李世民一生中的成就加以整理，并从中抽取出对读者有借鉴意义的部分。我们编写此书，并不是要对李世民的历史进行重写，而是

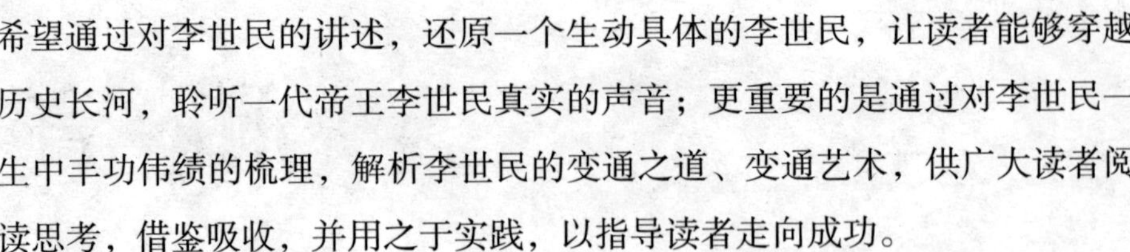

希望通过对李世民的讲述，还原一个生动具体的李世民，让读者能够穿越历史长河，聆听一代帝王李世民真实的声音；更重要的是通过对李世民一生中丰功伟绩的梳理，解析李世民的变通之道、变通艺术，供广大读者阅读思考，借鉴吸收，并用之于实践，以指导读者走向成功。

由于时间仓促和编者水平所限，本书中难免有一些疏漏之处，对于历史的见解也难免有个人之见，欢迎广大读者批评指正。

目　录

第一章　做人变通，成就明君

做人一定要有自己的原则，这是做人的根本；然而，做事就需要能够随机应变，因此灵活变通就是最大的原则了。善于变通之人，只需要一个好的思路，就能开辟出一条出路；只需要灵活一点，就能进退无碍；只需改变一个想法，就能获得一份成功；只需机变为用，就能赢得天下。李世民能够从群雄逐鹿的隋末脱颖而出，然后历经艰险登临皇位，最终开创贞观之治，成就一代明君，都和他的变通智慧是分不开的。

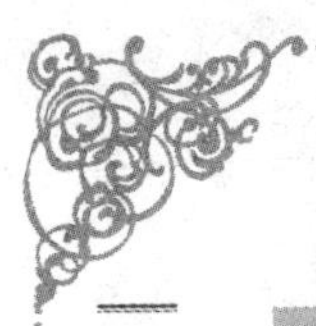

第二章　用人变通，天下归心

明君治国，人才为本。唐太宗能够戎马征战天下，德行文治家国，最终成就历史上著名的“贞观之治”，和其会用人是分不开的。唐太宗的用人方针是知人善任、选贤任能，以忠诚、职守为根本原则。他认为只有重用贤才，才能治理好国家。忠臣是正君的明镜，奸臣是误国的小人，用人不问出处，凡是有才能的人，都有机会得到重用。在现代社会，用人同样重要，无论是一个企业的进步，还是一个国家的强盛，或者是个人的发展，都离不开人才的帮助。我们可以向唐太宗学习用人之道。

第三章 管理变通，“智”理帝国

管理是一门高深的学问，任何经营成果的取得，都是在管理中应运而生的。因此，掌握管理的方法，必将对团队的良好运作和健康发展起到关键性的作用。然而管理并不是一成不变的定律，也没有一种可以遵循的套路，这就要求管理者学会变通，运用发展的眼光去看待问题，去解决问题，如此，便是一种成功的管理。唐太宗治理国家，可以说是管理变通的一个典范，是值得我们现代人学习和借鉴的。

第四章 制度变通，家国一新

中国有句古话：没有规矩不成方圆。其中的规矩便引申为后来的规章制度，我们也能从这句话中看出制度的重要性。一套好的制度，有时会胜过多个优秀的管理人才，所以无论是怎样的团队，要想健康稳定地发展下去，首先要建立一套优秀的规章制度。唐太宗能够将国家治理得井井有条，君臣和谐共处，百姓安居乐业，开创盛极一时的贞观之风，和他所建立的一套好的规章制度是分不开的。

第五章 控势变通，以智谋胜

伟人和凡人的区别在于，凡人顺应时代，苟延残喘，随波逐流；伟人引领时代，纵横捭阖，翻云覆雨。天下大势变化无常，识时务本不是一件简单的事情，但是唐太宗却能够在风云变幻、错综复杂的政治局势之中居高临下、纵观全局、游刃有余，不能不说唐太宗的控势手段十分高明。

第六章 用兵变通，攻无不克

“兵者，诡道也”，可以说用兵之术将人们的谋略发挥到了极致。中国历史上曾经涌现出无数像孙武、白起、韩信这样的常胜将军，也曾留下了许多诸如《六韬》《孙子兵法》《尉缭子》的兵法著作，可以说中国古代的用兵艺术在世界历史上可谓独领风骚。纵观华夏文明五千年，我们可以发现这样一个规律，但凡开国之君，大多是用兵伐谋的好手，而唐太宗更是将用兵之道发挥得淋漓尽致。当今之世，商场如战场，企业的管理者可以从唐太宗的用兵之道中学习一些竞争的谋略。

第一章 DI YI ZHANG 做人变通，成就明君

做人一定要有自己的原则，这是做人的根本；然而，做事就需要能够随机应变，因此灵活变通就是最大的原则了。善于变通之人，只需要一个好的思路，就能开辟出一条出路；只需要灵活一点，就能进退无碍；只需改变一个想法，就能获得一份成功；只需机变为用，就能赢得天下。李世民能够从群雄逐鹿的隋末脱颖而出，然后历经艰险登临皇位，最终开创贞观之治，成就一代明君，都和他的变通智慧是分不开的。

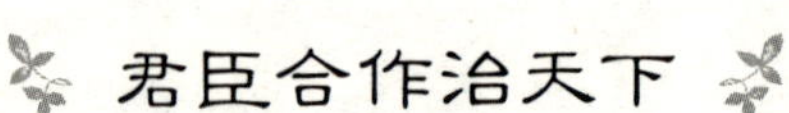

君臣合作治天下

一个人无论有多么大的能力，都不可能独自做成大事，更罔论治理国家。所以作为一代雄才之主，唐太宗在集权专制的同时，还能注意到君臣共同治理天下。君臣之间，同心同德，上下相亲，形成合力，此乃一种制胜之道。

“君臣事同鱼水，则海内可安”的道理几乎人人都懂，但并非所有君王都能做得到。唐太宗不仅战功卓越，而且还是一位文采出众的英明君主。在治理国家方面，他强调的是君主应该与臣下共同治理天下，以诚治道，必须使得君臣之间上下同心，形成一种“合力”，并以这种合力去推行自己的统治。

合力谋略无疑是唐太宗制胜的法宝。合力最集中的体现就在于君主与大臣的共同治理国家方面，大家心往一处想，劲往一处使，形成一种凝聚力，双方同心同德，众志成城，以达到意想不到的功效。

众所周知，正是在隋朝灭亡之后，唐朝才建立起来的。在唐朝刚刚成立时，大臣们对隋朝灭亡的原因有着非常清晰的记忆。正因为了解隋朝灭亡的经验教训，所以唐太宗就如何治理好国家与大臣们进行过激烈的讨论。在讨论过程中，魏徵提到了隋朝的禁囚事件，也就是隋炀帝下令捕捉“盗贼”，结果在短短的一天之内就杀死了2000多人的事情。在唐太宗看来，隋炀帝如此残暴不仅仅有他自身的原因，与臣子们没有建言献策有非常大的关系。他说：“为臣者须相匡谏，不避诛戮，岂得惟行谄佞，苟求悦誉。炀帝君臣如此，何得不败？”唐太宗认为，无论一个君主多么贤明，如果臣子不能进谏直言，整个国家也不可能有好的发展的，因此，他这样总结道“惟君臣相遇，有同鱼水，则海内可安。朕虽不明，幸诸公数相匡救，冀凭直言鲠议，致天下太平。”

不过，这里应当特别说明的是，唐太宗所说的“君臣事同鱼水”并不是说君主和臣子之间有着平等的关系，而是说在君主专制统治之下，做到“君臣本同治乱，共安危”“君失其国，臣亦不能独全其家”。在这里，对于如何治理好国家，唐太宗强调“合力”的作用。

唐太宗为了实现君臣合力共理天下，经常与群臣论治，指出“人君必须忠良辅弼”，并要求“君臣上下，各尽至公，共相切磋，以成治道”。唐太宗从日常生活中发现了自己的诸多不足，由此得出结论：“自知者明，信为难矣”，并指出：帝王“一日万机，一人听断，虽复忧劳，安能尽善？”

正是出于这种帝王不是“尽善”之人的结论，唐太宗主张依靠臣下，集思广益。他曾对大臣魏徵说：“美玉通常隐藏在石头中，不经良工雕琢，与瓦砾一样，没有什么区别。如经过良工的精心琢磨，去掉石、瑕，就可以成为传世之宝。朕虽然算不上美玉，但还是希望你们这些良工来费心琢磨。”他又对王珪说：“金矿在山中时，并没有什么可贵的，只有经过冶铸之后才能成为精美的器物，为世人所珍惜。朕就是那未经冶炼的金矿，卿好比善于冶铸的良工。”

贞观五年（631年），他对大臣们说："既义均一体，宜协力同心，事有不安，可极言无隐。倘君臣相疑，不能备尽肝膈，实为国之大害也。"可见，唐太宗非常重视君臣之间的同心协力，将大臣对君主的"极言无隐"看作是"协力同心"的表现。太宗深知要实现君臣之间的合力，就必须善于接受他人的建议，即：容人纳谏，以改正自己的缺点。事实上他也做到了这一点。

贞观八年（634年），宰相房玄龄、高士廉在路上遇到少府监窦德素，便问他最近宫中正在营建什么工程。后来，窦德素将此事告诉了唐太宗，唐太宗大怒，认为房、高二人管得太多，召来痛斥了一番。他说道："你们只要管好朝廷大事就行了，至于宫中事情，与你们何干？"

房玄龄、高士廉见唐太宗脸有怒色，不敢作答，只能谢罪辞退。可是这件事被魏徵知道后，魏徵随即上奏说："臣不理解陛下为何斥责房、高二人，他们何罪之有？也不知他们二人为何谢罪？房、高二人既然是宰辅大臣，如同陛下的左膀右臂，有什么事情他们不应知道的？既为人臣，就有必要侍奉其主。营建工程需要多少费用，这些工程有无必要，都是宰相应该了解的。陛下斥责他们是何道理，臣实在难以想通。如果房、高二人过问得对，陛下就不应该责备他们，臣想他们之所以谢罪，恐怕因为是陛下不识大臣之职吧？"

魏徵一番话把唐太宗问得哑口无言，平日里太宗口口声声强调要君臣合力，共治天下，而现在二位宰相真的负起责来，太宗却责备了他二人，这显然有悖于君臣合力共治的原则。听完了魏徵的话后，太宗也觉得自己做得甚是不妥，不久他便向房玄龄、高士廉表达了自己的愧疚之意。

唐太宗这种知过能改的表现，其实正是其君臣合力共同治理天下思想的反映。对于唐太宗这一思想，清代史学家赵翼分析指出：“（唐太宗）亲见炀帝之刚愎猜忌，予智自雄，以致人情瓦解而不知，盗贼蜂起而莫告，国亡身弑，为世大戮。故深知一人之耳目有限，思虑难周，非集思广益，难以求治。”

唐太宗将自己比喻成在石之玉、在山之金，而把辅佐自己的大臣比作良工，无异于公开地承认了自己的缺点和不足，他深切地希望臣下能够帮助自己改掉这些不足，使自己成为美玉良器。唐太宗通过这两种比喻，明确表达了他想通过君臣合力共治，将大唐王朝治理好的真切愿望。

就企业管理而言，最好的方式是什么？一家美国的家庭用品公司给出了最佳的答案：把员工当作企业的合伙人。这家公司90%以上的职位都是由公司最初的人员担任的，公司的400名部门负责人中，只有17人是此后招聘而来。这在员工跳槽如同吃快餐一样方便的今天，可以说是不多见的。究竟这家公司是怎样做到的呢？

从公司刚开办的时候，老板就提出了将员工视为“同人”的方案，让所有的员工都成为和公司利益紧密挂钩的一分子。该公司规定，员工在任何时候都可以低于市值15%的价格来购买公司的股票。员工成为公司的股东，他们和公司有了共同的目标，自然就会努力工作、和公司一起进步了。采用这样的方法，这家公司人才流失的比率比同行业的其他公司低了20%。

通过这家美国公司的实例，我们可以看到，把员工当作公司的一分子来看待，收到的效果是相当好的。所以这个案例也被视为成功管理的典范，这种将员工视为同人的方法被称为“同人法则”。

如今，企业与员工的关系已经脱离了早年的雇主和被雇用者的不平等关系，变成了相互对等的利益共同体。一旦这种共同利益的合作方式不能继续进行下去，员工就可以重新选择企业，企业也可以辞退员工。这一点对于企业而言是相当不利的。虽然从表面上看，企业解雇一名员工，可以重新找一名新的员工来替代，但是这也意味着企业对员工要重新进行培养，使其熟悉公司的环境和运作，这就需要一定的时间，对于企业而言造成了一定的损失。更重要的是，员工的解雇和重新招聘，很可能会导致整个团队的重组。企业需要稳定的合作，而要实现这一点，就必须和员工之间形成良好的合作关系。

良好的合作关系如何建立呢？这就需要管理者建立有效的竞争机制、为员工提供充分的成长空间、给予员工百分之百的信任，让他们在为企业工作的同时从中获得精神和物质上的双重收获，这是留住员工、建立合作关系的关键条件，也是根本所在。

企业是一个合作团队，因此企业中人与人的关系，应当是一种融洽和谐的合作关系。管理者应当将员工看作公司的主人，让他们有机会参与到公司的一些日常事务处理中来，这会使他们产生主人翁的意识，和企业能够融为一体。

可惜在现实中，很多的企业管理者做不到这一点。他们往往在表面上给予员工工作的自由，让他们参与到公司事务中，同时又对他们提出的意见不予理睬，不把权力下放给他们，造成员工慢慢对公司管理层失去信任，最后的结果只能是两败俱伤，以合作破裂收场。

“把员工当成合伙人”说起来容易，但真正能够做到的人却很少，这也是很多公司留不住员工的原因。目前在我国众多的中小企业中，对于企业和员工之间的平等关系，很多管理者认识得并不深刻，甚至毫无认识，这就导致员工普遍以打工者的心态来面对公司，企业自然难以留住人才了。

顺时变通尊礼乐

生活中有一些人总是失败，就是因为他们顽固不化、按图索骥、墨守成规，不懂变通。天空尚能变化，云月都不拘于形，我们拥有最具智慧的大脑，为什么不能变通呢？李世民戎马十年夺得皇位，但他并没有将沙场上的那一套战时理论用于治理国家，而是能够及时变通转换，偃文修武，文治天下，最终开创了闻名历史的“贞观之治”。

封建统治者为了能更好地统治人民，就必须找一种礼仪来约束人民，唐朝之前，不论是六朝还是隋朝都很注重礼学。礼包括忠、孝、信、义、礼、廉、耻，说法不一样，本质却相同：培养和造就成千上万的顺民。例如隋文帝就让牛弘收集南北朝的仪注修订成《五礼》。《五礼》内容丰富，礼仪繁多，长达130篇，可以称得上长篇巨著。隋炀帝即位后，为了使《五礼》更加完整，聚集大量的礼仪官员到广陵，共同修订《五礼》。他们收集了南北所有的礼学，编成了《江都集礼》。

道德着眼于社会的长治久安，道德注重精神文明。儒学不可争胜，但是可以久安。

战争破坏了一切，也破坏了人们的日常行为规范，使天下变得乱七八

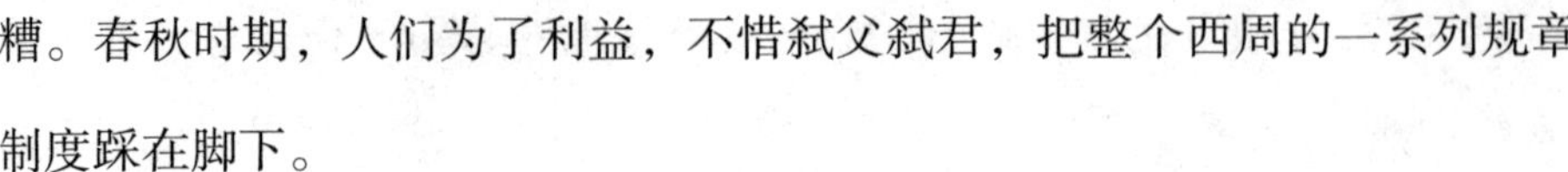

糟。春秋时期，人们为了利益，不惜弑父弑君，把整个西周的一系列规章制度踩在脚下。

孔子惊呼礼崩乐坏，但却也无可奈何。他曾游说诸侯，推行仁政，复兴和制定日常行为规范。但各国君主都在追逐自己的利益，不把孔子的话放在心上，孔子也只好退而办学，使自己成为一个老教书先生，以期靠学生完成自己未竟的伟业。当然，孔子没有想到的是，几百年后，汉武帝把他的学问和思想定为至尊，更没有想到，历代帝王会不断追封他。

李世民即位之后，在贞观初年的君臣共议治国方针时，许多追随唐太宗在外征战的将领（包括一部分文臣）纷纷主张“宜震耀威武，征讨四夷”，也就是继续以武力对外进行征服，以炫耀大唐帝国的军威和士气。

这些人之所以提出这一主张，固然有上述“震耀威武”的原因，更主要的恐怕还在于他们对行军打仗更为在行，而且边境地区确实面临着一些少数民族的侵扰，所以他们认为借助初唐时期连战连胜的势头，就可以使“四夷”臣服，大唐帝国的境内就会消弭骚乱。然而，这个主张却遭到名臣魏徵的强烈反对。唐太宗问魏徵是何缘故，魏徵指出：“偃武修文，中国既安，四夷自服。”随后魏徵又列举了历史上“偃武修文”趋于繁盛的大量实例，使唐太宗欣然接受了“偃武修文”的建议。

唐太宗这一治国方针的转变，实际上反映了当时社会发展的需要。由于隋末天下动荡，社会经济凋敝，百姓生活非常贫困，人们渴望有一个安定的社会环境。但是唐朝初年仍处于统一战争时期，百姓所盼望的安定局面并没有到来，直到唐高祖武德七年（624年）才基本平定各路豪强，从而为与民休养生息提供了有利条件。而且更为重要的是，在人心思定的情况下，以文治国比使用武力征伐更能取得明显成效，也更有利于维护统治集团的利益。显然，唐太宗对上述情况深有了解，因此当魏徵提出“偃武修文”的文治方针时，他不顾其他大臣的反对，积极制定政策，努力推行，终于取得显著成效，奠定了“贞观之治”的盛世局面。

为了推行以文治国的方针，唐太宗首先推出了“尊儒崇经”的政策。自从汉武帝“罢黜百家，独尊儒术”以来，儒家经典学说一直被封建统治者奉为治国安民的指导思想，历代帝王无不尽力倡导，唐太宗当然也不例外。

唐高祖、唐太宗出身于关陇集团，对于儒学原来并不很熟悉，但为了统治的需要，他们在建立唐朝之后，也逐渐提倡儒学之道。如高祖武德二年（619年），令国子学立周公、孔子庙，四时致祭，并博求其后；武德七年，高祖亲至国子学，释奠于先圣、先师；武德九年，封孔子的后代为褒圣侯。

唐太宗即位后，又就如何评价与发挥周公、孔子之道的统治作用进行了讨论。他有一次对大臣说：“周、孔儒教非乱代之所行，商（鞅）、韩（非）刑法实清平之秕政。道既不同，固不可一概论之。”大臣魏徵立即回答说：“陛下言之有理。商鞅、韩非之道只能权救于当时，固非致化之通轨。治理天下臻于盛世，所重者莫过于儒家王者之道！”

对于儒学创始人孔子，唐太宗尤其尊崇。他说：“梁武帝君臣唯谈苦空，侯景之乱，百官不能乘马。元帝为周师所围，犹讲《老子》，百官戎服以听。此深足为戒。朕所好者，唯尧、舜、周、孔之道，以为如鸟有翼，如鱼有水，失之则死，不可暂无耳。”他认为孔子的儒家学说犹如鸟之翼、鱼之水，不可缺失，这足以说明他是将儒家学说奉为治国指导思想的。

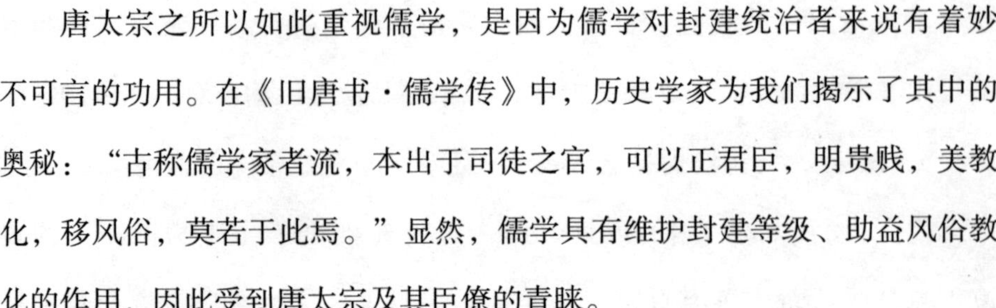

唐太宗之所以如此重视儒学，是因为儒学对封建统治者来说有着妙不可言的功用。在《旧唐书·儒学传》中，历史学家为我们揭示了其中的奥秘："古称儒学家者流，本出于司徒之官，可以正君臣，明贵贱，美教化，移风俗，莫若于此焉。"显然，儒学具有维护封建等级、助益风俗教化的作用，因此受到唐太宗及其臣僚的青睐。

在这一思想指导下，贞观君臣采取了一系列措施来尊儒崇经。《贞观政要·崇儒学》中对此有较详细的记载："贞观二年，诏停周公为先圣，始立孔子庙堂于国学。稽式旧典，以仲尼为先圣，颜子为先师，两边俎豆干戚之容，始备于兹矣。是岁，大收天下儒士，赐帛给传，令诣京师，擢以不次，布在廊庙者甚众。学生通一大经以上，咸得署吏。"可见他们不仅对孔子尊崇备至，连一般儒生也予以优遇。之后，唐太宗又诏令尊孔子为宣父，在兖州特设庙殿，拨20户民家供役。

此外，唐太宗大力褒扬前代著名的儒学大师，给予他们的子孙以荫官待遇；对于经学大师，则不分南派、北派，"用其书，行其道"，只要对治理国家有所帮助，都兼收并蓄，各取所长。这样就极大地鼓舞了各地学子争相学习，在社会上形成了尊儒崇经的文化风气。

唐太宗尊儒崇经的另一个重要措施就是设置弘文馆。早在武德四年（621年），李世民被封为天策上将时，就在秦王府创设了文学馆，以此收聘人才贤士。这些人才成为李世民重要的政治顾问，并在玄武门之变中起到了重要作用。

唐朝当时的情况比较复杂，政治上的统一必然要求所有的东西都趋于统一，礼仪也不例外。但是南北礼学的差距甚大，隋朝曾经下了很大的工夫用于修订礼仪。唐初李渊刚进入长安之时，"天下方乱，礼典湮没"，于是李渊大都沿用隋礼。唐太宗即位后，就在隋礼的基础上加以损益革新。贞观二年是礼仪制定的重要时期，房玄龄召集了许多礼仪官员，以隋朝的礼仪为依据，通过对社会的考察，制定了适用于唐朝的礼仪制度。这次制定的礼仪被命名为《贞观新礼》，历时5年，但是还有很多不完善的地方。

贞观七年（633年），也就是《贞观新礼》制定还没有多久，就发现礼仪制定有很多不足之处，唐太宗也不太满意，于是下令重修《贞观新礼》。为了能修订得更完善一些，他任命房玄龄、魏徵等人一起参与修订，另外还命人找来当时著名的学者孔颖达、颜师古、李百药、令狐德棻等。到贞观十一年，礼仪再次修订完成，命名《贞观礼》，共有138篇。唐太宗下诏颁布天下，说："广命贤才，旁求遗逸，探六经之奥旨，采三代之英华，古曲之废于今者，咸择善而修复，新声之乱于雅者，并随违而矫正。"

唐太宗本人对礼法也很重视，时时注意自己的言行，尽量符合礼法的规范。例如，他根据周礼对国君死后才有所避讳的情况作了规定，他认为周文王在世时并没有避讳，春秋时的鲁庄公也没有避讳，所以规定"世"、"民"两字不连读的都不必避讳，以免引起用字的混乱。贞观中书舍人高季辅上表说，看到密王李元晓等人对皇帝的儿子互相下拜（回拜），认为这不符合"礼"的要求，因为他们都是王爵，就要以叔侄相待，不能违背常规。唐太宗下诏李元晓等人，对吴王李恪、魏王李泰致礼下拜，不能答拜。

水无形，故可以随着盛装它的器皿变化；而人要顺势，就要懂得适时变通。唐太宗能够根据所处的位置和情况进行变通，马上打天下，马下治天下，从而稳定了初唐的基业。

古人云："顺势者昌，逆势者亡。"日常生活中，我们总喜欢不顾一切地朝着自己的既定目标奋力拼搏，却始终没有花心思去分析形势，所以很可能搏击一世却不能成功。

哲学家说："我们不能改变过去，但是可以改变现在；我们不能改变环境，但是我们能够改变我们自己。"聪明人在做事的时候，只要发现此路不通，就立刻变换自己的做事方式，舍弃原来的方案，换成另一种方式，则能至通达。此所谓"失之东隅，收之桑榆"。华中师大年轻教授李宇明就是一个能够顺势而为并且取得成功的人。

李宇明刚结婚不久，他的妻子就因为患类风湿关节炎而卧床不起。生下女儿后，妻子的病情更加严重了。面对常年卧床的妻子和刚刚出生的女儿，想起自己还没有起色的事业，李宇明一直感到矛盾重重，不知所措。

一天，李宇明静下心来仔细分析了自己的处境，突然想到能不能把自己的研究方向定在儿童语言的研究上呢？想到就要做到，从此，妻子成了李教授的最佳合作伙伴，刚出生的女儿则成了他最好的研究对象。家里到处都是小纸片和铅笔，女儿一发声，他们夫妻俩立刻做原始的记载，同时，还每周一次用录音带录下用文字难以描摹的声音。就这样坚持了6年，到了女儿上学时，他和妻子向世人展示了一项新的世界纪录：一份从出生到6岁半期间儿童语言发展的最原始的资料！这种资料在国外纪录中最长的只到3岁。

1991年，李宇明的《汉族儿童问句系统控微》出版，在国内外语言界引起了震动。

李宇明的成功给了人们这样的启示：条条大路通罗马，此路不通，另辟新路就是了，没有必要死钻牛角尖。人生没有绝路，只要审时度势，变通自己的行为方式，就能找到其他的机会。很多时候，埋没天才的不是别人，恰恰是不知变通的自己。

成功的路径不止一条，不要循规蹈矩，更不要放弃成功的信心，此路不通，就该换条路试试。顺势而为、灵活机变的人不仅能够找到成功的突破口，而且还可以因为拥有不断变通的思想而不断探寻新的思路，将自己提升到另一个高度，获取一个又一个成功。

人活一世，生存环境不断变迁，各种事情接踵而来，因循守旧、不知变通是无论如何都行不通的。其实一些旧思想、旧规矩都是可以打破的，只要我们做事变通而不违反客观规律，灵活而不违背做人原则，这样就能符合时代的变迁和社会的发展。

难得糊涂有奇效

人有聪明和糊涂之分，然而聪明与糊涂却包含着人生的辩证法，包含着人生成功的智慧。有时候糊涂是一种聪明，聪明反而是一种糊涂。在处理事情时，有时候难得糊涂却比故作聪明更有效。作为一位旷世明主，唐太宗爱憎分明，精明强干，极少干糊涂事，可有时，他却故意装傻充愣，还劝别人不要太耿直。

贞观八年，唐太宗给大臣萧瑀题了一首诗云：“疾风知劲草，板荡识

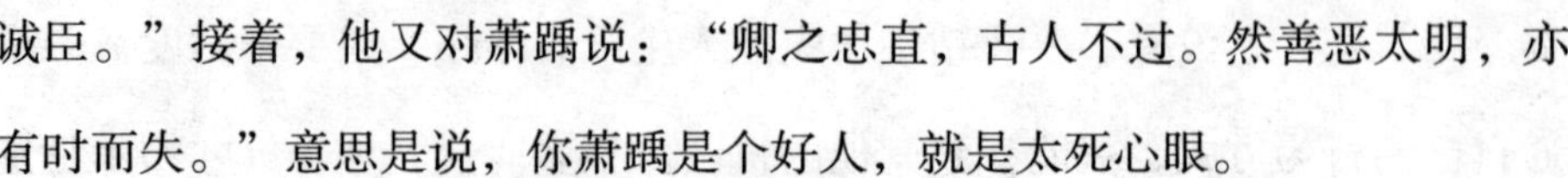

诚臣。”接着，他又对萧瑀说：“卿之忠直，古人不过。然善恶太明，亦有时而失。”意思是说，你萧瑀是个好人，就是太死心眼。

萧瑀不理解唐太宗的用意，就去问魏徵。

魏徵说：“你总认死理，以至于满朝文武大臣都不搭理你。违众孤立，唯陛下知你忠劲，如果遇不上一个圣明的君主，你不倒霉才怪呢。”

唐太宗在处理薛万均与契苾何力争功的事件上，也很高明，很有技巧。

原来，薛万均嫉贤妒能，排斥异己，明明是契苾何力立的战功，他却占为己有，还嘲讽别人，气得契苾何力火冒三丈，拔刀就砍，差一点杀了薛万均。幸亏各位将领的劝说，才没酿成大祸。

唐太宗听说之后，问契苾何力斗殴原因，何力把前因后果叙述了一遍。唐太宗听完也很生气，就把薛万均的官职撤了，让契苾何力接替他的职务。

契苾何力说：“陛下因为我撤了薛万均的官职，群胡无知，认为陛下重胡人、轻汉人，就会相互诬告，惹是生非。那些有战功的胡将，就会更加轻视汉人，不服从指挥。请求陛下不要这样做。”

薛万均原是李建成的大将，经李世民苦心劝说，方才弃暗投明，成为李世民的心腹大将。如果撤了薛万均，势必是“迎来女婿，赶跑儿子”，还会造成一些不良后果。权衡利弊之后，唐太宗又给契苾何力安排了个新职，巧妙地处理了这个棘手问题。表面上看是赏罚不明，糊涂了事，而实际效果却出人意料，令人称颂。

人非圣贤，孰能无过？与人相处就要懂得适时变通，经常以“难得糊涂”自勉，抓大放小，求大同存小异，有度量，能容人。只有这样，才会有更多的人与你为伍，才会左右逢源，诸事遂愿。可是，凡事爱较真的人就是不能理解也无法明白这个道理。他们通常斤斤计较，认死理，过分挑剔，容不得人一丝一毫的错误。长此以往，周围的人都躲得远远的，没有办法，他们只有关起门来“称孤道寡”一条路可走，使人避之唯恐不及。孔子人称古之圣贤者，有时候却会故作糊涂，然而他的这种糊涂却蕴含着一种大智慧。

孔子东游列国，有一天，他远远地看到两个猎人在指手画脚，好像为了一件事在争论，孔子走过去，发现两个人争得面红耳赤，唾沫横飞。二人打赌请一个圣贤作裁定，谁的答案正确，对方将一天的猎物给胜者。

孔子赶忙问他们在争论什么，他们告诉孔子，他们是在做一道算术题。矮个儿猎人说三八等于二十四，高个儿猎人却坚持说三八二十三，他们各持己见，争论不休，以至于几乎动起手来。

孔子竟然叫那个持“三八等于二十四”论断的矮个儿将猎物交给说三八等于二十三的高个儿猎人。

这种判决矮个儿当然不能答应。他气愤地指责孔子说：“三八二十四，这是连小孩子都明白的真理，你却认为三八等于二十三，看样子说你是圣人也是徒有虚名啊！我可不愿意像你那么糊涂！”

听到对方这样指责自己，孔子笑着说：“的确，三乘以八等于二十四是连小孩子都知道的真理，既然它正确无误，你只需要做到坚持自己的真理就可以了，为什么还要花如此多的时间去跟一个根本不需要认真对待的人去辩解这种本身就有答案的问题呢？有这个时间，你还不如多打点猎物。”

听到孔子这样说，矮个儿猎人似乎明白了什么，他看着孔子，孔子拍

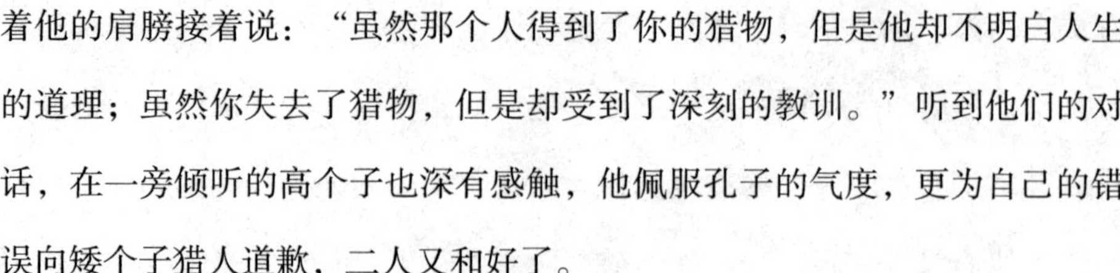

着他的肩膀接着说："虽然那个人得到了你的猎物，但是他却不明白人生的道理；虽然你失去了猎物，但是却受到了深刻的教训。"听到他们的对话，在一旁倾听的高个子也深有感触，他佩服孔子的气度，更为自己的错误向矮个子猎人道歉，二人又和好了。

的确，做人不能游戏人生，更不可能碌碌无为，但是也不能过于认真或者是死板。俗话说"水至清则无鱼，人至察则无徒"，如果过于较真、认死理，身边就会没有朋友，而自己也被社会隔绝开来。众所周知，用肉眼来看镜子，它是非常平整的，然而在高倍放大镜下，它就成了迭起的山峰。我们平时所看到比较干净的食物，如果拿到显微镜之下，其表面必然被细菌所覆盖。大家可以想象一下，如果我们"戴"着放大镜、显微镜生活，可能连饭都吃不下了。因此，在看别人缺点的时候切不可用放大镜，否则别人在你眼中就会成为不可饶恕之人。

在日常生活中，每当评论一个聪明人办了蠢事，就会用"聪明一世，糊涂一时"来评价；如果说一个人只是在表面上比较笨拙，实质上是非常有智慧的，就会用"大智若愚"来形容；如果那些爱耍小聪明的人得到了报应，我们就会说"聪明反被聪明误"……

纵观古今中外，很多仁人志士都是"难得糊涂"，而难得糊涂是郑板桥的杰作。如今，在很多旅游景点，"难得糊涂"的字画被到处张贴，但对于这四个字的真正含义，却很少有人知道。在郑板桥看来，很多事情不需要过于计较，否则就会徒增烦恼，所以，有些时候装糊涂也是一种计策。

从表面上看，"难得糊涂"或许是很多人对命运不公所发的"牢骚"，实际上整个事情的起因就是"不公平"。世界上有很多不公平的事情，这让人们特别头痛，但是对这些不公又无能为力，只能泰然处之，表面上看起来没有什么事情，以掩饰自己心中的不平。大家应该都看过《济公传》，济公是一位表面上看起来既疯又傻、既颠又狂的非正常人。对于外人的看法，他全然不顾，只是奉行“哪里不平哪有我”的人生价值观来为民除害。他能做到我行我素，自得其乐，这也表现为一种“糊涂”。如果你能够做到如济公般洒脱，必然能够进入一种超然境界，烦恼也会远离你。

其实，在功名利禄方面，很多人都是想不开的。做到“难得糊涂”，就可以发现，人生大道非常广阔，不需要在一棵树上吊死。每个人都有自己的活法，无论怎样活都可以特别精彩。这与个人条件和心理素养有很大关系。无论官大还是官小，只要你有能力、有实力，一心为百姓服务，一定可以做得非常好。如果你做官只是为了升得更高，那么你必然会感觉自己走进了象牙塔，再也出不来，整天考虑的就是怎样爬得快，升官快，没有时间去享受人生，更没有精力去规划人生，回过头来才发现自己失去的太多了。如果能够适时做到“难得糊涂”，你一定可以看到不一样的风景，也能够做到享受生活，成为自己生活的主人。

人际交往是一门大学问。那些愚笨之人往往想尽一切办法来表现自己是多么的“聪明”，而聪明之人多采用“难得糊涂”来与他人交往，这样不仅为自己理清思绪腾出了更多的时间，更重要的是它可以避免一些尴尬问题的发生。一次，一位妇人对林肯说：“总统先生，你必须给我一张授衔令，委任我儿子为上校。我提出这一要求，并不是在求你开恩，而是我有权利这样做，因为我祖父在列克星敦打过仗，我叔叔是布拉斯堡战役中唯一没有逃跑的士兵，我父亲在新奥尔良打过仗，我丈夫战死在蒙特

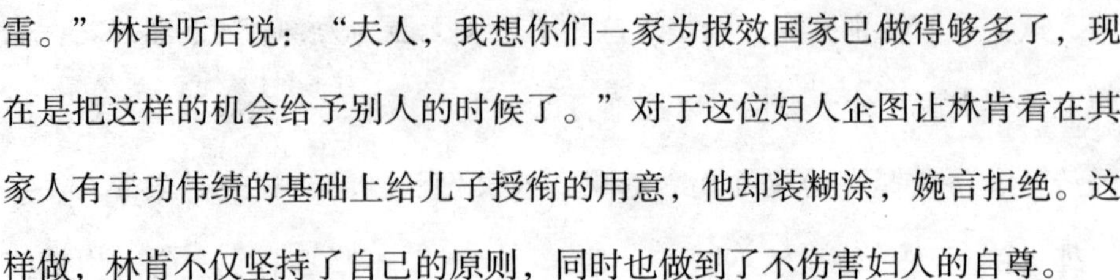

雷。”林肯听后说：“夫人，我想你们一家为报效国家已做得够多了，现在是把这样的机会给予别人的时候了。”对于这位妇人企图让林肯看在其家人有丰功伟绩的基础上给儿子授衔的用意，他却装糊涂，婉言拒绝。这样做，林肯不仅坚持了自己的原则，同时也做到了不伤害妇人的自尊。

如果在需要糊涂的时候没有糊涂，在小事上太过于斤斤计较，最终必然使小事变成大事，情况严重的话，后果不堪设想。

因此，从某个方面来说，“难得糊涂”在为人处事中是非常明智的。曾经有位名叫伊吹卓的日本作家，他认为自己非常聪明，可是奋斗了大半辈子，却没有达到自己想要的那种境界，于是，他在自己特别郁闷的情况下发明了傻瓜哲学，它的主旨就是遇事要“糊涂一点”。而关于“难得糊涂”，郑板桥早已给出“退一步天地宽，让一招前途广……糊涂而已”的解释。

“难得糊涂”是“大智若愚”的体现。实际上它并不是真的糊涂，而是大聪明。聪明之人的确更容易取得成功，但是“傻人”也会让人感觉可爱，当聪明和傻乎乎合为一体的时候，成功就会变得非常容易。人活一辈子不容易，如果整天斤斤计较，算计来算计去，那么就会浪费大把的时间，正所谓得不偿失。

在与他人相处的时候一定要尽量做到“难得糊涂”，如果出现了一些小问题也不要整天郁郁寡欢，那样人生就失去了乐趣，做到大事不糊涂，小事糊涂些才好。作为社会中的一员，每个人都有自己的良知和社会道德责任感，但这并不代表对什么事情都可以装糊涂，很多问题必须弄清楚，否则会造成非常坏的结果。一定要做到具体问题具体分析。

“糊涂一点”，从字面上的意思就是不能完全糊涂。在大事上做到总览全局，不舍本逐末；在一些小问题上可以稍微糊涂一点，只要不关乎根本性的问题就可以了。在生活中，每个人都应当把握“糊涂”的分寸，否则就是真正的糊涂。聪明的人之所以聪明，在很大程度上在于其可以做到难得糊涂。

以身作则倡节俭

一个领导之所以能够成功，是因为其有着强大的个人威信和自身行使权力的身份。当然，这种威信不是无条件建立起来的，它需要领导者自身行为的示范。古语说：“己欲立而立人，己欲达而达人”，其基本含义就是只有自己愿意去做的事，才能要求别人去做，只有自己能够做到的事，才能要求别人也做到。当然，唐太宗的成功与这一点也是很有关系的。在要求属下做事情之前，他一定可以以身作则，起到模范带头作用。

在封建社会中，封建贵族们的豪华生活都是劳动人民的血汗换来的，封建统治者们榨取劳动人民的血汗据为己有，任意挥霍，满足自己的物欲，不能不引起劳动人民的愤慨和不平。因此，每当天下饥荒，或者昏君无道之时，就会爆发农民起义，可以说，正是由于封建统治者毫无节制地榨取民脂民膏，又毫不珍惜地饕餮浪费，导致了劳动人民的反抗。但在封建社会中，由于传统儒家思想的束缚，国人的人权意识十分淡薄，只求温

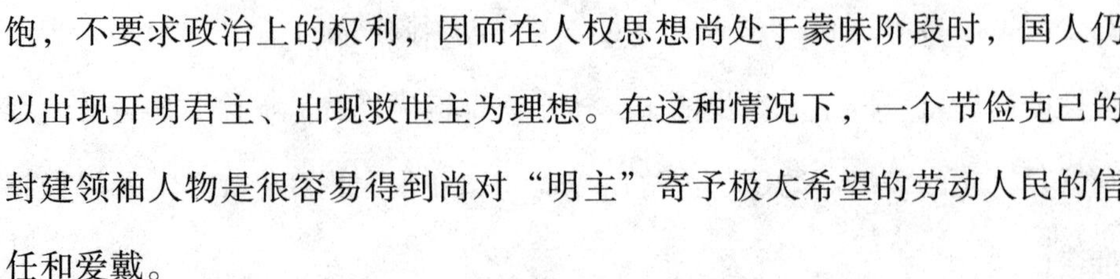

饱，不要求政治上的权利，因而在人权思想尚处于蒙昧阶段时，国人仍以出现开明君主、出现救世主为理想。在这种情况下，一个节俭克己的封建领袖人物是很容易得到尚对“明主”寄予极大希望的劳动人民的信任和爱戴。

隋末经过十多年的战乱，社会经济遭到极大的破坏，百业俱废。唐高祖李渊建立唐朝以后，天下初定，然而霜旱多灾，涝蝗竞至，米谷踊贵，百姓饥疲，突厥侵扰，州县骚然。“当时，从京城到河东、河南、陇右，一片饥荒，一匹绢才能换得一斗米。”直到贞观六年，原来经济繁荣的关东地区仍是一片残破的景象。而这些地区在春秋战国时期就早已是一片繁华，乃魏、赵、韩、齐、鲁之地，当时便有邯郸的繁华、大梁的鼎盛。经过隋末的动乱，这些自古以来经济较好的地区遭到了毁灭性的破坏。面对如此严峻的经济形势，贞观君臣宵衣旰食，克勤克俭，以期百姓能够衣食丰足，不再为乱，国家得治，社稷得安。在这种形势下，贞观君臣提出“与民休息”的方针，指出“隋代的百姓因为富强而破败，是动乱后的原因。我朝因为贫困而安定，是因为我们没有大兴土木，四处征战。不兴建土地，不征战就会安定，而大动干戈必然会导致动乱”。

所谓“静”，就是要求减轻人民负担，给人民提供一个安定的环境，使之能够专一地从事农业生产，以恢复与发展社会经济，增强国力。由于想求“静”，唐太宗就有了“戒奢从俭”的思想，并从自身做起，节制自己的享乐欲望，一切从俭。贞观二年，有人奏请为皇上营造一座宫殿来居住。唐太宗说：“朕有气血虚弱的毛病，确实不应该居住在现在这地势较低、湿气较重的宫殿里。不过如果要营造殿阁，会靡费人力物力。当年汉文帝起造露台，而惜十家之产，朕不如汉文帝有贤德，但是若所花费用超过汉文帝，这不是一国之君应该做的。”虽然大臣们一再请求，唐太宗仍然没有同意建造殿阁。

为了减省宫中费用支出，贞观初年，唐太宗说：“隋朝末年，皇宫选拔了大批宫女，以至于离宫别馆也到处都是宫人，这是花费了大量人力、物力、财力所收取的，但是派不上用场，留着她们又有何用呢？如今应当将无用处的宫女放出宫去，让她们各自寻得好人家，生儿育女，安居乐业，如此不但节约了大批开支，还平复了怨妇之心，使得她们有机会追求自己的幸福生活。”于是，他下诏从后宫前庭放出宫女3000多人，发还民间。

贞观初年，唐太宗基本上没有大兴土木，修缮宫室。更为可贵的是，当洛阳遭大水袭击时，民居都被洪水冲毁，唐太宗还下令拆掉了洛阳的一些宫殿，将拆下来的木料供给居民修房之用。而洛阳宫被大水冲坏，他只令稍加修缮，并且将废明德宫及飞山宫中的玄圃院腾出，安顿因遭遇水灾而无处居住的百姓。

从节俭出发，唐太宗下令严禁自隋以来的厚葬陋习，要求州县府地方官认真严明地检查，一旦发现有违反者从严治罪，并且下令京城五品以上官员及其亲属有丧葬的要向上奏明。他对自己的陵寝也预先做了安排，并亲自规定一切从俭，依山建造陵墓，放得下棺木就行了，以免百年之后，子孙过于劳费，奢侈地安葬自己。他还下令，禁止贵族们过度奢侈，禁止地方官进贡珍奇宝物，以防扰害百姓。唐太宗开创的节俭风气一直延续到他的晚年，直到他去世都没有大兴土木，过分扰民。

贞观十一年，唐太宗行幸显仁宫，沿途官吏有因供奉不周而被谴者。魏徵谏道：“陛下因此而谴责官吏，臣恐怕以后官吏将竞进奢侈之奉，此风一开，以后又要民不聊生。这本不是陛下行幸的原意。当年隋炀帝令郡县献食，见所献饮食器用之丰俭以定赏罚，所以大开靡奢之风，失去民心，天下大乱。这种现象是陛下亲眼所见，难道陛下想效法隋炀帝的作为吗？”唐太宗蓦然惊觉，说：“要不是你提醒我，我差点儿就忘了。”他后来对群臣回忆往事时说：“我当年经过这个地方时，吃住都是自己花费的。如今州县上交的俸供，相比之下，就好像是搜肠刮肚收集来的，我怎么会嫌弃它不够多呢？”

唐太宗提倡节俭，在他的身体力行和号召带领下，贞观时期俭约成风，唐太宗身边的后妃也大多崇尚俭朴。长孙皇后就十分崇尚节俭，并以此教导太子。太子的乳母遂安夫人曾经报告长孙皇后说东宫器用少，请求添置。长孙皇后不允许，说：“身为太子，应该忧虑德不立，名不扬，怎么能以无器用为忧患。”长孙皇后临终时对唐太宗说：“我生前对世人没作过什么贡献，死后更不能连累他人，我希望陛下不要为我修建陵墓而劳民伤财，只需简易安葬，不要金银陪葬品，用瓦木代替即可。”唐太宗为她作铭文刻于碑上：“皇后崇尚节俭，临死时说要薄葬，她认为盗墓贼的目的是为了寻求珍宝，既然没有珍宝，还有什么可贪的呢？我的本意也是如此，君王把天下看作自己的家，又何必把物品放于棺木之中才算是自己的呢？现依九山建造陵墓，动用100多人，几天就完工了，不放金玉、人马、器皿，只放些土木、形具，盗贼也没有偷盗之心，存没也就没有什么关系了。子孙后代都应当以此为榜样。”

在唐太宗的影响下，贞观初年的大臣同样十分崇尚节俭，又因唐太宗惩贪极严，所以一般大臣的生活都俭朴清高。贞观时期，良好的节俭风气在唐太宗的倡导之下蔚然成风。这使封建政权下由于阶级矛盾所形成的贪官当道的现象在贞观时期限制于历史最低水平，对休养民力、安定百姓、建立大唐的基业国本起到了较大的作用，也使得唐太宗的贤明形象进一步在臣民心目中得以提高和加强。

作为现代领导者必须以身作则，用无声的语言说服员工，这样才能具有亲和力，才能形成高度的凝聚力。

在现代企业中，领导者本身的行为也是整个企业的风向标，所有的员工都会拿它作为参照物。所以，在日常管理中，管理者应该像唐太宗那样，勇于承担责任，遇到紧急情况时，如果只待在办公室里发号施令，而不敢带领同仁奋斗在第一线，不仅无法打造一个有战斗力的团队，还会使下属离心离德，不愿奋力一搏。

唐太宗身先士卒的英勇精神，不仅表现在建唐初期，在他登上帝王之位后，仍是这样做的。唐朝前期，社会经济衰落，百姓生活困苦，唐太宗倡导节俭的生活。他身先士卒，衣服用品从不讲求奢华，饮食宴庆也不铺张浪费，带动了宫中的朴实风尚，为当时励精图治的治国政策的施行作出了榜样，也极大地带动了官员们崇尚节俭的良好作风。

现代的企业管理者也应该尽力做到身先士卒，积极参与。如果一位领导者只在会上大讲特讲某项任务的重要性和紧迫性，号召广大员工加班加点，但会下员工看到的却是领导者漫不经心的态度，这肯定是不能调动起员工的积极性，让任务顺利完成的。

管理者要想带动下属认真负责，自己首先就要积极参与到公司的日常业务中去，身体力行。只有这样，才能给员工作出表率，在公司中建立起榜样文化。

这方面做得较好的当属全球零售业巨头沃尔玛的总裁沃尔顿了。在

2004年美国《财富》杂志的500强排名中，沃尔玛排在了第一名。沃尔顿为何能取得如此大的成功呢？有一件小事可以说明问题。

有一次，美国《财富》杂志的一名记者要采访沃尔顿，采访前征求他的意见时问："我明天可以到你的办公室去采访吗？"沃尔顿说道："当然可以。"

第二天，那位记者一早就到了他的办公室，但在办公室足足等了一个小时，沃尔顿还是没出现。记者心中有些生气，不禁想：你以为你是谁，有钱就了不起吗？你看不起我这个小记者，我还就要凭这支笔与你斗一斗。

当沃尔顿的秘书经过办公室时，见那位记者仍在等候，便说："你先别急，让我去找找他。"十分钟后秘书说："找到了，他在附近的零售店门外。"

那位记者按照秘书提供的地址找到了沃尔顿，看见他正在帮顾客将货物装箱，并抬上货车。一位世界级的大富翁，居然在做这种工作。那位记者对沃尔顿说道："昨天我们不是约好了在办公室里谈吗？"

沃尔顿回答道："当然了，所以我在等你过来啊。"

记者不解地问："那你为何会在这里？"

沃尔顿回答道："我的办公室就在街上，这是我的下属与顾客最需要我的地方，难道你认为我应该在空调房里吗？"

任何人都可能获得成功、获得财富，但究竟是怎样做的？答案就是：身先士卒，常常出现在下属和顾客最需要的地方。这正是每位企业老板获得成功的关键所在。

对于任何一个企业来讲，管理者是一个特殊人物，其行为对下属或员

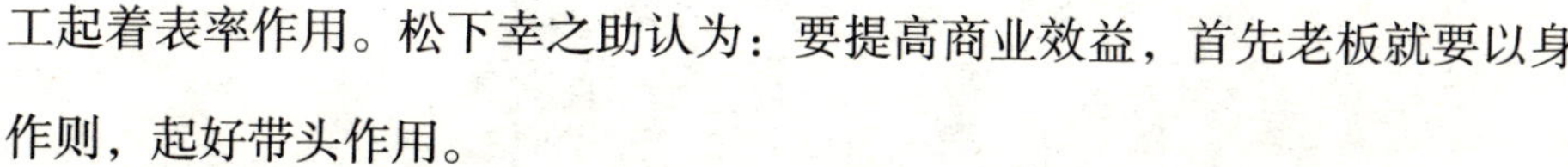

工起着表率作用。松下幸之助认为：要提高商业效益，首先老板就要以身作则，起好带头作用。

著名企业家土光敏夫也认为：在制度面前，管理者如果能够以身作则，身先士卒，不仅能够为企业带来巨大的经济效益，而且还是企业培养员工敬业精神的最佳途径。

在土光敏夫接管日本著名的东芝电器公司时，东芝已经不再享有电器业摇篮的美称，其生产每况愈下。土光敏夫上任以后，每天都巡视工厂，访遍了东芝设在日本的工厂与企业，他亲自到车间与员工一起吃饭，闲话家常。早上上班，他总会比别人早到半个小时，站在厂门口向工人问好，率先示范。东芝内部员工受这种气氛的感染，增加了相互间的沟通，士气也为之大振。不久以后。东芝的生产恢复正常，并得到了极大的发展。土光敏夫有这样一句名言：“上级全力以赴地工作就是对下级的教育。职工三倍努力，领导就需要付出十倍的努力。”如今，日本东芝电器公司能跻身于世界著名企业的行列，这与土光敏夫以身作则、身先士卒的管理制度是密不可分的。

企业管理者在日常工作中，要学会率先示范，以身作则，努力工作，这种热情与精神会影响到下属，让大家都形成一种积极向上的态度，形成热情的工作氛围。可以说，管理者的榜样作用具有强大的感染力和影响力，它是一种无声的命令，对下属的行动是一种极大的激励。

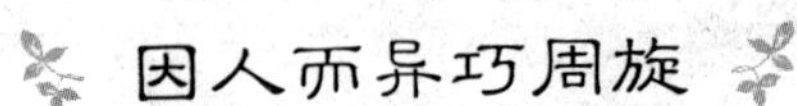

因人而异巧周旋

俗话说："人有人言，兽有兽语。"见人说兽语，人们会把你视为禽兽，说你狗嘴吐不出象牙，胸无点墨；见兽说人话，则是对牛弹琴，不知所云。这就要求我们在说话办事之时，一定要认清对象，因人而异，才能取得理想的效果。

李世民生于官宦之家，长于兵荒马乱的时代，整日与各种各样的人物打交道，练就了一身随机应变的语言表达绝技。

大臣魏徵是正统人物的代表，说话严肃，不苟言笑，经常直言不讳地指出唐太宗的过错，很受唐太宗的尊重。对魏徵说话，唐太宗一般表现得很深沉，语言规范，用词考究，语气平和，态度十分恭敬。叙说过程不时给对方扔几顶高帽戴一戴。

贞观十五年，唐太宗和魏徵商讨纳谏的事，魏徵一出口就把唐太宗训了一通，说完之后，唐太宗还得恭敬地说："诚如卿言，朕每思之，人臣欲谏，辄惧死亡之祸，与夫赴鼎镬、冒白刃，亦何异哉？故忠贞之臣，非不欲竭诚。竭诚者，乃是极难。所以禹拜昌言，岂不为此也！朕今开怀抱，纳谏诤。卿等无劳怖惧，遂不极言。"意思是说，魏爱卿说得太棒了。我每次思考这个问题，觉得大臣提意见，往往害怕招致杀身之祸。这和跳油锅、上刀山又有什么区别呢？所以说，那些忠贞的大臣，不是不想忠诚于皇上，而是忠诚于皇上太难做了。大禹拜昌为师，学习说话，难道还不是这个原因吗？我现在要敞开胸怀，接受大臣的批评，你们不必担惊受怕，我再也不说混账话了。

魏徵一走，唐太宗马上就换了一付轻松面孔，与亲近大臣开玩笑、说浑话，显得十分亲热。

有一天退朝之后，唐太宗笑着对大臣说："此羊鼻公（魏徵的诨号）喜欢什么东西，赏他什么东西能让他动情呢？"大臣们说："魏徵好食醋芹，每次吃醋拌西芹，欣喜翼然，饭还没吃完，菜就吃光了。由此可知羊鼻公的真实心态。"第二天上朝，唐太宗特意给魏徵做了三盘醋拌西芹，魏徵一看，欣然称快，不一会儿就把菜吃完了。

当着魏徵的面，称人家魏爱卿；背着魏徵，就称人家"羊鼻公"。"羊鼻公"是大臣给魏徵起得诨号，原因是魏徵的鼻子又长又大，像个羊鼻子。唐太宗和老部下一起说粗话，称外号，显得十分随便，没有隔阂，拉近了君臣之间的距离。

对于尉迟敬德、李勣等一些粗人、武夫，唐太宗是该骂就骂，毫不留情。打一巴掌揉三揉，恩威并举。

对于房玄龄、杜如晦等一些知识分子，则是温文尔雅，良言相劝。说到动情之时，还当面流下几滴眼泪，以显君臣之间的无限深情。别人给唐太宗进贡美味佳肴、时令鲜果，他都要派人送上一份，略表心意。

对于妻子和孩子来说，唐太宗又表现出大丈夫的婉约柔情和慈父的关爱。他和长孙皇后同居的时间不多，对方生病，他体贴入微，好言宽慰，二人经常是在热泪拥抱中结束谈话的。唐太宗和孩子相处的时候不多，通常是关心多于教育、表扬多于批评，造成十几个孩子都很任性，成才的不多。在这一方面，无须赘言。

唐太宗对于文臣、武将、妻子、儿女分别采用不同说话做事方式，既拢得了臣心，又维护了家庭的和睦，可谓是效果非凡。

当今企业的管理者也很需要讲究语言艺术，根据讲话对象的不同，采用不同的语言表达形式。对于生产一线的工人和农民，讲话要通俗易懂，尽量采用他们喜闻乐见的习惯用语、词汇和俏皮话，把讲故事和讲道理结合在一起，有话则长，无话则短。说得要投机、投情、透心，能使对方产生同感，发生共鸣。千万不要板着面孔、拖着官腔，让人厌恶之极、忍无可忍。

谈话时，究竟用什么策略和方式，才能达到让对方接受自己意见的目的呢?

人们在社会中生活，由于所处的地位与充当的角色各不相同，人的才能和性格千差万别，人的心理也无时不在极其微妙地产生变化。因此，在与他人交谈时，必须针对不同情势下的不同个人，敏锐地察视其心理，灵活运用谈话的方式。

语言尽管如此的奇妙，但是，如果对方缺乏听的能力，那么无论你千方百计想出的话多么美妙动听，都毫无用处。同样，如果对方没有听的欲望，你即使费尽口舌也无济于事。

因此，切忌对牛弹琴，要注意选择说话对象。对不同对象说出不同的话，是至关重要的。比如说：对智者谈话，要运用我们的博学；对愚者谈话，要运用我们的雄辩；对善辩者谈话，要运用我们的沉默寡言；对温文尔雅的贵人谈话，要运用我们的威势；对富人谈话，要运用我们的优越地位；对穷人谈话，要运用我们的财富；对勇敢之人谈话，要运用我们的以柔克刚；对软弱之人谈话，要运用我们的坚强意志；对强敌谈话，要运用我们的坚甲利兵。

在生活中，说话策略得当可以解决很多看似很难解决的问题。同样的一句话，对不同的人说，他们会有不同的反应。例如，你对甲说的时候，他可能全神贯注地听取和接受；而对乙说，他的反应可能就是顾左右而言他，觉得特别不耐烦。之所以会出现这样的情况，与甲乙二人的生活环境有很大关系。

当年赵高打算陷害李斯，他告诉李斯秦二世是如何地放纵行为，于是劝李斯去进谏，并且承诺在秦二世有空的时候，通知他秦二世所在的地点。有一天李斯应约进宫，当时，秦二世正在与姬妾取乐，李斯的突然闯入使他特别不高兴。但是对于这种情况，李斯并没有觉察到，而是坚持进谏。当时，面对众人，秦二世只是敷衍了一下。等李斯走后，秦二世开始发牢骚，说李斯根本就是瞧不起他，这种事情什么时候都可以说，可是为什么偏偏在这个地方。

这使李斯引来了杀身之祸。李斯的遭遇告诫后人：在与对方说话的时候一定要注意场合，众人面前，不能不管不顾，让对方丢子面。同样，如果对方正处于紧张工作的状态，最好不要前去打扰；如果对方正在气头上，也不要去招惹；如果对方正在悲伤之中，更不要说话。如果在之上所提的情况发生时，你去打扰他们，必然不会有好果子吃，受到冷待也是情理之中的事。

在你得意扬扬的时候，得意之人是你的最佳交谈对象；如果你正在失意，应该找那些同为失意之人进行交谈。如果与失意之人，你去谈那些得意之事，必然是让别人讨厌你；如果与得意之人去谈你的失意之事，他们虽然从表面上同情你，但是并不会真正帮助你，此时还可能引起误会，他们害怕你与他交谈是为了寻求帮助，闹得谈话特别不愉快。如果你想要诉苦，应该去找那些跟你境遇相同的人，这样二人可以做到无话不说，你也能从他那里听到想听的话，这是最好的方式。

要说话，必须先看准对象。他是愿意和你说话的人吗？如果所遇非人，还是不说为好；这个时候，你应该说话吗？如果时候不对，还是不说的好。说话的成功与失败，诚然与你的说话艺术有关，而是否得其人得其时，也与你说话的成败有很大的关系。

采用仁孝治家国

“孝”文化是中国文化的精华，中国自古就有“小孝治家、中孝治企、大孝治国”的说法，可见，“孝”文化对一个团队建设产生的重要影响。而唐太宗则是一个大力倡导“孝”文化的君王。在位期间，他大力推行德化，鼓励忠贞，大力提倡孝悌。正是在“孝”文化的影响下，当时的社会得到了和谐发展，天下得到了很好的治理。

唐太宗的妻子长孙王妃成为母仪天下的皇后以后，一如既往地保持着贤良孝廉的美德。对年老赋闲的太上皇李渊十分恭敬，并且每日都会细致地侍奉，每日早晚必去请安，同时，还时时提醒太上皇身边的宫女如何去调节他的生活起居，像一位普通的儿媳那样尽着自己的孝道。

开国功臣房玄龄也是个大孝子。在他很小的时候，其生母就去世了，父亲接着续了弦。而他却还能够真心实意地孝敬继母，对继母极为顺从。继母生病，请医诊视，他必定会流泪拜迎。继母过世时，房玄龄因为哀伤过度，身体消瘦如柴。

太宗为了奖励他的孝行，随即派散骑常侍刘洎前往宽慰劝解，同时还赠送给他许多礼物。堂堂一国宰相，能够带头行孝，有利于教化百姓，不愧为世人的楷模。

贞观年间，有位名叫史行昌的突厥人在玄武门做看守门卫。他每次吃饭的时候，都会把碗里的肉留下来。有人就问他为什么这样做，他回答说：“拿回家侍奉母亲。”

太宗听说这件事后，感叹地说道：“仁孝的天性，哪分什么华人、夷人？”于是赐给他一匹御马，并诏令专门派人每日给他母亲供给肉食。

贞观十二年十二月癸丑日，太宗对长孙无忌说：“今天是我的生日，在民间百姓都认为这是最快乐的日子，而我的心却十分伤感。现在我君临天下，富有四海，想孝敬父母，承欢膝下，却是不可能了。这又使我想起了子路，他父母死后，南游楚国，做了大官，从车百乘，积粟万钟。却因为不能吃到小时候常吃的野菜，不能为父母背米而感到遗憾。《诗经·蓼莪》中曾这样说‘哀哀父母，生我劬劳。（可怜我的爹和娘，生我养我太辛劳）’我怎么能够在父母劳苦之日来举行宴乐呢！”太宗说完后，潸然泪下。

唐太宗在生日时去感恩父母，在他看来，生日应该是缅怀父母恩情的日子，而非大摆生日宴来庆贺的时候。

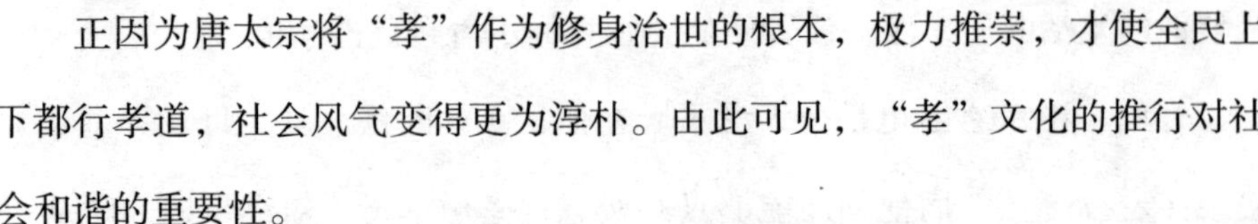

正因为唐太宗将“孝”作为修身治世的根本，极力推崇，才使全民上下都行孝道，社会风气变得更为淳朴。由此可见，“孝”文化的推行对社会和谐的重要性。

现代社会中，“仁孝”之德对管理者所产生的影响也是巨大的。我们可以试想：一个对父母不好的人，一个对兄弟姐妹不好的人，怎么会对下属或员工好？也就是说，一个缺乏“仁孝”之德的管理者，其带领的团队内部必然会缺乏一种感召力、一种凝聚力，这样的团队随时会面临解体的危险。所以，要想成为一个管理者，首先得培养自己的“仁孝”之德，如此才能在其带领的企业内部注入一股强大的精神感召力量，才能带领企业在发展的道路上不断前进。

在中国，孝道是古代社会的一种最基本的道德规范。一般是指社会公德要求子女对父母应尽的义务，其行为包含文明礼貌、尊敬父母、友爱兄弟、家庭和睦等美德，其内容涵盖敬、诚、善、恭、礼、谦、宽等美德范畴。

然而，经过岁月的荡涤，现代意义上的孝文化，主要沿袭和拓展了传统孝文化的精华，被打上了伦理道德、法律规范的烙印，融入了现代文明的元素，成为约定俗成的道德规范。尊老爱幼，孝敬父母，谓之小孝；忠于企业，为单位的发展孜孜以求，谓之中孝；为社会的发展，人类的进步，奉献一片丹心，谓之大孝。而这种“孝文化”对创建企业文化，促进企业发展有着重要的意义。一个不以国家利益为重的企业，损害的是客户的利益，伤的是员工的心，最终丢掉的是客户和市场。所以，作为企业管理者，一定要怀孝心、行孝道、施孝行，如此才能视客户为衣食父母，视员工为兄弟姐妹，才能在企业内部形成一种强大的感召力，促使企业向前发展。

那些大凡在事业上有成就的管理者，都是具有孝心、行孝道的人。

北京九鼎轩国际投资置业公司董事长李元发，是大陆改革开放以后到京发展的第一代台商。记者问他：“您的中国式管理是怎么体现的？”他说：“我主要用孝道进行管理。我在九鼎轩设立了一项‘孝养基金’，每月都会将企业内部员工薪酬的10%提取出来，员工与公司各承担一部分，公司统一管理，直接汇给员工的父母。当他们的父母收到钱时，就意味着他们孩子的收入是稳定的。当然这也是两代人保持联系的机会。”

在记者问他为什么会创办基金的时候，他说明了自己的初衷：“创办企业并不是仅仅为了赚钱，为社会群体带来福利才是最终目的。企业可以为广大群众提供工作机会，当他们的工作稳定之后，家庭也就是稳定的，随之整个社会也就太平了。作为企业领导人，我的责任就是要为员工创造一个在行业内可以长期稳定发展的环境。”

浙江上虞民营企业金鹰铜业有限公司也在企业内部设立了“孝顺公积金”。根据企业规定，每个员工只要任职满一年，都可以自愿参加。每个职工每月只要交出30元，企业拿出30元，这些职工会员的父母就可以每月有60元的进账。这项公积金的享受者是职工任何一方年龄在65岁以上的老人。事实上，弘扬孝道是“金鹰铜业”基金的初衷，由于企业的大部分员工都是从农村来的，与父母的沟通特别少，赡养父母也就变得特别不现实，因此，公司提倡交叉购买，女性职工给公公婆婆买，男性职工给岳父岳母买，稳定职工的家庭。

中华民族是一个以孝道传世的民族，俗话说“百善孝为先”，孝道是决定家庭、社会稳定发展最基本、最重要的道德。试想一个企业家没有仁孝之心，怎么能够与企业共发展，怎么能够爱员工、尊他人呢？这样，他更不可能得到员工的敬佩与尊重。

总之，“孝”文化是中国优秀文化的结晶，孝道乃大，这值得任何一个组织和企业去大力提倡，真正崇尚孝道的人才算得上一名合格的炎黄子孙。一位心怀“仁孝”之心的管理者，才能让企业在发展的道路上越走越远。

在生活中，我们不仅要做到孝，还要劝别人行孝。孔子名丘，字仲尼，是周朝春秋时期鲁国人，他的父亲叔梁纥是一个文人，而母亲颜徵是叔梁纥的第二夫人。在孔子3岁的时候，他的父亲去世了，孔子由母亲颜氏自己抚养。孔子从小聪明过人，而且非常孝顺母亲。为了仲尼的将来，颜氏把当时有名的学者都请来教导仲尼。在母亲和严师的共同教育下，仲尼读遍当时所有的书籍，道德和学术修养也不断提高。所以在年轻时，他已经小有名望。后来，孔子在鲁国教学，宣扬仁爱之道，学生多达3000人，取得重大成就的有72人。在教书过程中，他言传身教，并且教学方法因人而异。他把“不学礼，无以立”的思想贯穿教学的始终，为了能把仁爱精神传递下去，还大量著书立说。

在进入21世纪后，孝道需要得到人们的重新重视。很多人认为，所谓“孝”就是经济独立，自立自强，殊不知这是无法将孝道阐述详尽的。其实真正的孝道不仅在于不索取，更在于子女乐于奉献。很多人在成家立业后，仅仅是照顾自己的“小家”，而把父母遗忘，甚至可能遗弃老人。其实在这样做的同时也会给自己的子女造成恶劣影响，他们会向你“学习”，你父母的今天就是你的明天，最终会恶性循环。所以一定要身体力行，孝敬父母。

上辈养育下辈，下辈反哺上辈，是人类社会的基本法则。每个人都会老去，但到了颐养天年的年龄，人们更期望能与子女团聚，享受天伦之乐，给予他们精神的慰藉远远比物质满足更来得有用。现在的年轻人压力很大，上有老、下有小，更重要的是工作繁忙，竞争激烈，在照顾父母方面仅仅是给予钱财，但这完全是不够的，在给予父母好的物质生活条件的同时，还要使他们精神愉悦。

如何才能准确地理解孝道？其实孝顺并不是一味地听取，在长辈教育自己时要从心理上认识到他们是出于好意，是真心实意地关心我们，但也要明白他们的观念有的已经过时或与现在的事实不符，我们应耐心说服，不能生硬顶撞甚至辱骂。对于代沟，我们应正确看待，并试着去消除。

孝顺不只是尊敬爱护自己的老人，还要力所能及地关爱和尊重其他老人。在学习和继承传统的孝道中，要取其精华，去其糟粕。子曾曰："子不教，父之过"。所有有失孝道的子女必定是父辈做得不够好。虽然这种说法是片面的，但也有一定道理。小辈的做法反映出了父辈和社会的整体状况。所有的责任不仅归咎于自身或父辈，还要从社会中追根溯源，并找到解决的办法，营造良好的社会风气。

孝道是亘古不变的道德规范，"孝道"的地位究竟是怎么样的呢？古人说"百善孝为先"，可见古人对孝的重视。但究竟怎样做才是真正孝顺呢？正所谓"仁者见仁，智者见智"，有的人认为所谓孝就是对父母无条件地绝对服从，其实这种观点有失偏颇，因为人无完人，每个人都有可能犯错，父母也不例外。在父母做错时，我们应帮助他们改正，使他们不断进步，这也是孝的表现；而有的人认为孝就是"善于奉养父母"，"给

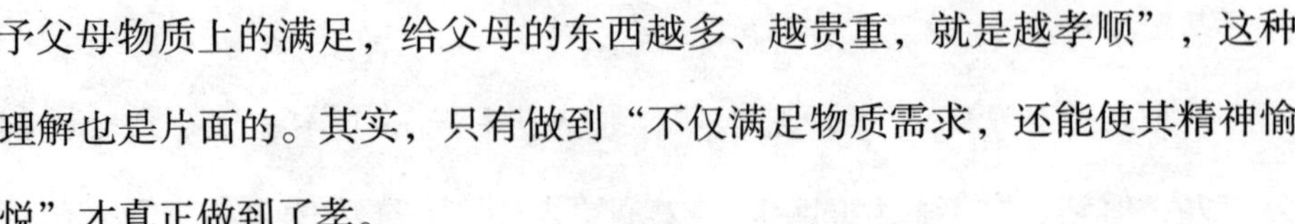

予父母物质上的满足，给父母的东西越多、越贵重，就是越孝顺”，这种理解也是片面的。其实，只有做到“不仅满足物质需求，还能使其精神愉悦”才真正做到了孝。

一改皇家奢靡风

现代社会是个微利的时代，经营企业重在节俭，这既不是口号也不是噱头，它应该是企业管理者应该坚持的经营管理理念，也是企业员工应该坚持的工作习惯与心态。在竞争白热化的微利时代，谁能够做好节俭，谁就拥有强大的竞争力。唐太宗虽然不懂得如何经营企业，但是他却懂得节俭是管理者必须具备的一种品质。

唐太宗在当时之所以能够创造贞观之治的辉煌成就，除了天时、地利的客观条件之外，还与他本人清己清廉，恭俭节用的个人素养有着极大的关系。

唐太宗曾亲自带兵参加反隋战争，亲眼目睹了强大的隋朝土崩瓦解的整个过程，对隋炀帝挥霍浪费、穷奢极欲、穷兵黩武，最终导致天下大乱、民不聊生的教训十分痛心。在他称帝后，他深刻地分析和总结了隋朝灭亡的历史教训，十分注意勤俭节约，在官员中极力提倡戒奢崇俭、艰苦奋斗的生活作风，还提出了“与民生息”的方针，指出“隋民以富强而丧败，动之也；我以贫穷而安宁，静之也。静之则安，动之则乱”。这里所谓的“静”是指减轻人民负担，给百姓提供一个安定的大环境，使他们能够专心地从事农业生产，以尽快恢复与发展社会经济，增强国力。他还引用前人的话：“舟，好比人君；水，就好似黎庶百姓。水能载舟，亦能覆舟”来警示自己，让自己戒奢从简，使天下百姓安居乐业，以巩固自己的统治。

唐太宗即位后，居住的宫殿还是隋朝时期建造的，许多地方已经十分破旧。但是他却考虑到当时正值隋末战乱之后，社会经济受到严重破坏，国力薄弱，百姓生活困难，便没有像其他新王朝的皇帝一样大兴土木，而是强调节俭，不允许修建新的宫殿。

另外，他还严格要求各级官员。在《贞观政要·俭约第十八》中有这样的记载：贞观元年，唐太宗提出：“自王公以下，第宅、车服、婚嫁、丧葬，准品秩不合服用者，宜一切禁断。”就是说，对官员的衣食住行、婚丧嫁娶都按级别作了特别的规定，严厉禁止厚葬，并要求各级官员严行禁止，严格遵守。如果谁超过标准，就要受到严肃的惩处。在唐太宗的号召和领导下，贞观时期节俭成风，出现了一大批以节俭闻名的大臣。这对减轻百姓的负担，休养生息起到了十分重要的作用。如户部尚书戴胄一生节俭，生前一直住在一座破旧的房子中，以致死后连祭祀的地方都没有；尚书右仆射温彦博也崇尚节俭，家中没有正堂屋，他死后遗体只能放在偏房里供人吊唁；而一代名臣魏徵虽然位高权重，但家中也十分清贫，他住的屋子也没有正堂。

勤俭节约自古以来就是中华民族的优良美德。历史上许多仁人志士都以勤俭节约为持家要诀、治国法宝。而贞观之治的出现，与唐太宗大力倡导勤俭治国有很大的关系。

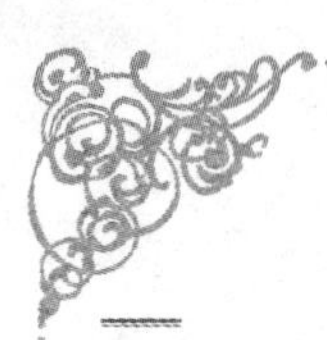

对于现代企业家来说，“节俭是富贵之本”，无论你的资本有多少，企业的规模有多大，要想成功就必须学会节俭。如果将节俭的观念用于企业经营，就能促使你想方设法地降低成本，提高企业的经营效益，这对企业的进一步发展有着极其重要的作用。

由于唐太宗身体力行，很好地带动了唐初的社会风气，各级官员都养成了以艰苦俭朴为荣的风尚。

贞观五年，社会稳定，经济有了好转，唐太宗命大臣窦琎遵循简约的原则，修缮洛阳宫。而窦琎认为这是讨好太宗，立功升迁的绝好机会。于是精心构思，巧妙安排，凿深池、建假山、置亭阁、植佳木，以求整个景观看起来无比奇巧华丽。

然而这事很快就被太宗发现了，他想起民生凋敝，国库空虚，对窦琎一事很是痛心，连忙招来窦琎，严厉责备他修缮太过奢华浪费，下令停止修缮，并毁弃已经修建的台池，同时还免除了窦琎等大臣的官职。

窦琎本想趁修缮洛阳宫之机，大力讨好太宗，以便加官晋爵，谁知弄巧成拙，反倒丢官弃爵了。

贞观七年，唐太宗驾幸临州，刺史赵元楷强迫当地百姓穿上黄纱单衣，在道路两旁热情地迎接皇帝，并在太宗来之前大举修建官署房屋，修整城楼、雉堞，希望能讨好太宗。他还暗地里饲养了百多头羊、几千条鱼，准备送给皇亲国戚。太宗得知后，把赵元楷召来严厉斥责道：“我来巡视黄河、洛水一带的情况，经过几个州，我有什么需要都是由国库的物资供应。你给我们养羊、喂鱼，着力为我们雕饰庭院屋宇，这分明是已亡隋朝的坏风气，现在不能再这么做了。你赶快改变这种坏习惯吧！”

贞观十二年，太宗写了《戒皇属》一文，告诫皇子们要勤俭。太宗说："我在位十三年，谢绝游玩，摒除歌舞。你们生于富贵之家，长自深宫，都是王公贵臣，行事必须要克己。穿衣时，要悯怜蚕妇的疾苦；吃饭时，要念及田间耕夫的艰辛。只有懂得百姓疾苦的人，才能安抚百姓，使其安居乐业。"

另外，唐太宗希望诸位皇子都要向他学习，外绝游览观赏的乐趣，内去歌舞女色的欢娱，处理军国大事不怕辛苦，不骄奢淫逸，不倚仗自己的长处就鄙视别人的短处，这样才能使国家昌盛。

由于唐太宗极为崇尚艰苦奋斗，勤俭治国，当时社会上形成了勤俭之风。这种风气的盛行，不仅减轻了国家与老百姓的负担，同时也大力促进了唐初经济的迅速恢复与发展，为稳定社会、经济复苏提供了良好的条件，也为贞观之治的出现奠定了坚实的基础。

管理者是员工的表率，其善恶好坏直接影响社会风气的走向。唐太宗的伟大之处，就在于他事事都能身体力行，率先垂范，他为当代企业管理者树立了一个难得的好榜样。企业管理者要想在企业内部形成一种勤俭节约之风，就应该率先行动，为员工树立榜样。

著名诗人李商隐的诗句"历览前贤国与家，成由勤俭败由奢"，充分说明了勤俭节约与国家兴衰的关系。一个家庭、一个企业、一个民族、一个国家，如果不能坚持艰苦奋斗、勤俭节约，是不可能不断走向繁荣昌盛的。

那些真正成功的企业家，都是十分崇尚勤俭节约的。他们在奋斗的过程中，深刻地尝到了"一分付出才有一分收获"的艰辛，所以，他们对得来的财富格外地珍惜，这才推动企业不断向前发展。

有台湾"经营之神"、台湾企业界"精神领袖"之称的台塑总裁王永庆一生勤俭节约，他虽然拥有上千亿元资产，但却十分爱惜财物。他总是反复强调这样一句话："节省一元钱就等于净赚一元钱。"他的这一思想被台塑集团员工奉为经典，并被岛内外企业管理者称为"王永庆法则"。他喝咖啡时，必须将奶油球空盒在咖啡中再涮几下，务必让每一滴牛奶都不剩下。对于浴室里剩下的一小片肥皂，他也要拾起来重新黏附在新肥皂上使用。他使用的每一张纸巾，都会一再折叠，直到不能用为止。他给员工写便条用的纸张，都是一面已经使用过的回收纸。他这种处处注意节俭、点滴求合理化的节约理念，正是台塑集团成功的精髓所在。

王永庆给我们的启示就是：企业管理者必须要学会节俭。节俭与企业规模的大小、经营的好坏优劣都没有多大关系，应该是一种自我形成的约束力与良好的习惯。另外，节俭也是理财的一部分，只有具备了节俭的习惯，节俭每一分不该浪费的钱，才能有更多的资金运转并安排得恰到好处。

在微利时代，许多企业都将"唯有节俭才能生存"信奉为一种精神。世界零售业巨头——沃尔玛就是其中之一。

在2001年的沃尔玛中国年会上，与会的来自全国各地的经理级以上代表，所住的却只不过是有洗澡设施的普通招待所。沃尔玛的节俭不只是针对员工，企业老总也坚持率先垂范。沃尔玛的创始人山姆虽然是亿万富翁，但是，他节俭的生活习惯从来没有改变过。他一生都没购置过一所豪宅，还经常开着自己的旧货车进出小镇，每次理发都只花5美元——这是当地理发的最低价，外出也经常与别人同住一个房间。山姆最终的成功告诉我们，要想培养员工的节约意识，管理者首先应带个好头，以身作则，躬身垂范，在工作中努力为员工树立学习的榜样。只有不断培养员工的节俭意识，才能使员工养成勤俭节约的好习惯，最终才能够为企业创造更大的财富和效益。

的确，省钱就是赚钱。勤俭节约是企业发展进步的内在动力，是企业持续发展之本，尤其是对于现代化的企业，效益已经不仅仅取决于生产与销售的业绩，通过节能降耗来实现和创造利润也是企业经济效益的重要组成部分。

所以，现代企业家一定要懂得：钱是用来花的，不是用来浪费的。那些不懂得节俭的人，就是对自己的劳动成果不珍惜的人，而一个不知道珍惜自身劳动成果的人，是很难带领企业在未来的道路上获得永续发展的。

第二章 DI ER ZHANG 用人变通，天下归心

明君治国，人才为本。唐太宗能够戎马征战天下，德行文治家国，最终成就历史上著名的“贞观之治”，和其会用人是分不开的。唐太宗的用人方针是知人善任、选贤任能，以忠诚、职守为根本原则。他认为只有重用贤才，才能治理好国家。忠臣是正君的明镜，奸臣是误国的小人，用人不问出处，凡是有才能的人，都有机会得到重用。在现代社会，用人同样重要，无论是一个企业的进步，还是一个国家的强盛，或者是个人的发展，都离不开人才的帮助。我们可以向唐太宗学习用人之道。

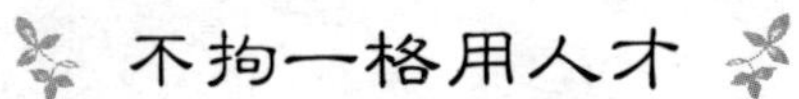

不拘一格用人才

人才，没有肤色之分、亲疏之别，只有贤与不贤。识别人才，只需弄清他是否贤良，无须顾及其他因素。九方皋相马，不辨雌雄与毛色，却关注本质，挑选出来的每一匹都是好马。识人亦然。

既然用人当“唯贤是举”，在用人上就不应当多作限制。只要人才对事业有益无害，就不应当考虑出身、资历、亲疏、恩怨。唐太宗从封建王朝的长远利益出发，在一定程度上打破了“家天下”以及由此而产生的亲疏、恩怨、贵贱、资格、新旧、地域等观念的局限，这是十分难能可贵的。

无论是前朝的旧臣还是隐太子李建成的重臣；无论是皇亲国戚，还是农民起义军的投降将领；无论是年高德劭的宿将，还是初出茅庐的小卒，只要是对国家建设有用的人才，他都会极力重用，做到任人唯贤。因此，在唐太宗的统治之下，他身边集聚了众多的各方面的人才，如房玄龄、杜如晦、王硅、魏徵、薛万彻、长孙无忌、李靖、虞世南、戴胄、封德彝，等等；不管是帝王将相的后裔抑或是寒门小族出身的人，他都加以重用，如刘洎、孙伏伽、马周、张玄素，等等；除此之外，他也重用了一些参加农民大暴动的名将，如尉迟敬德、秦叔宝、程知节，等等。正是在这些人才的辅佐之下，唐太宗才做到贤明统治，人民生活安居乐业，国家繁荣富强。

对于四海为一家的观点，唐太宗特别赞成。做到不“示人以隘”，反对“贵中华，贱夷狄”是唐太宗的追求，他主张“胡越一家”。在唐太宗统治时期，他对少数民族的英才也加以重用，如史大奈、阿史那社尔、执失思力、契苾何力……由于这些人对边疆地区了解较深，因此通过重用他们可以缓解民族之间的矛盾，巩固国家统治。从历史方面来说，对其他少数民族将领的重用可以实现民族大融合，同时这也标志着封建择官制度更加成熟。然而，无论唐太宗做得多么好，他毕竟是一名封建统治者，不可能将所有的封建局限都打破。虽然这样，唐太宗还是有着其他帝王无法比拟的智慧和雄才大略。

为了做到不拘一格录用人才，唐太宗基本上做到了不徇私情、不讲恩怨，一切都秉公而为，选拔人才只以是“贤”还是“愚”为标准。“内举不避亲，外举不避仇”，亲则用有才德和功勋的妻兄长孙无忌，仇则用敢于直谏的名臣魏徵，可谓兼收并蓄。贞观初年，唐太宗对侍臣说：“朕现在孜孜求士，想专心于政事，听说哪儿有贤才便破格提升，使之为朕所用。但有一些人对此议论纷纷，说某某被提拔，只因他是某某的亲故。朕想古人‘内举不避亲，外举不避仇’，只要所举乃是真正的才德之士就行。只要举用得当，是亲人子弟也好，是旧有嫌隙之人也罢，卿等务必不要担心别人说什么，只需举荐便可。”

对于一些关于朝廷用人似有私弊的谣言，唐太宗理直气壮，慷慨而言：“朕秉公治理天下，如今用房玄龄、杜如晦为相，并非因为他们是朕的旧臣，而是因为他们有治国之才，不是别人能比得了的。”

贞观元年七月，唐太宗以吏部尚书长孙无忌为右仆射。长孙无忌虽是长孙皇后的兄弟，却自幼与唐太宗是布衣之交，又有辅佐李氏开基立业的大功，唐太宗将他推为心腹之臣，礼遇殊厚，群臣无能及者。长孙皇后也曾为此谏止唐太宗，说：“我如今位及皇后，家人蒙受的恩泽也无人能比，皇恩浩荡，但我实在不希望我的兄弟担任重职。从前的吕氏、霍氏、上官氏等内戚因手揽重权以致乱国，妾常引以为戒，希望陛下体谅妾心，不要使我处于嫌疑之地。”唐太宗不听，仍用长孙无忌摄相位。

贞观七年十一月，唐太宗又提拔他为司空，长孙无忌坚决地说：“臣身为外戚，恐怕天下人误会陛下有私爱之心。”唐太宗说：“我为官择人，只看重才能，如果没有才能，再亲近的人我也不会用。襄邑王神符，就是因才德不足而不得朕的重用。如果他有才能，就算是仇人我也会照用不误。魏徵也是因为有才，我才重用他，如今我任用你为司空，并不是因为你是我的私亲。”由此可见唐太宗用人不徇私、不避仇、不避嫌原则的坚定性。

唐太宗用人的胸襟相当宽广，那些以前和自己敌对的人，他能理解对方当时也是出于尽忠效主，并不耿耿于怀。对于从前的政敌，除了魏徵之外，他还重用了王琏、韦挺、薛万彻等人。

王琏，太原祁县人，武德年间曾任太子中允，甚得李建成的器重，后因李建成被杀而受牵连，流放祷州。唐太宗即位后，将王琏召回，拜为谏议大夫。他曾赞许王琏说：“你说我的那些事，都是我的过失。自古君主无不想使社稷永远安定，然而很少有人能做到。究其原因，只因不愿意听别人指出自己的过错，或是别人指出了也不愿意改过来。如今我有过失，你们能指出来，我也能改正，国家自然就会安宁太平。”贞观元年，唐太宗任王琏为黄门侍郎，令其参与政事，兼太子右庶子。

正如我们已经谈到的，唐太宗任用人才不拘一格，还表现为他不过分讲究人才的出身。一般的封建专制统治者极其仇视农民起义军，因为农民起义军动摇了他们的统治。所谓“民者，水也，水能载舟，亦能覆舟”，一旦农民不堪压迫，揭竿而起，其力量之强大足以摧毁一切贪暴的政权，历史上很多王朝都是直接或间接地在农民起义中覆亡的。所以封建统治阶级对于敢于反抗的农民起义者恨入骨髓，一旦农民起义军将领落入统治者手中，即使不抄家杀头，也得不到什么好结果。唐太宗也和前代帝王一样，对农民起义又惧又怕，但比前代帝王高明的是，他敢于任用才干杰出的农民起义军将领，并不因他们“造反”出身而心怀疑虑。在他的统治集团中，有李勣这样的一代名将，也有尉迟敬德、程知节、秦叔宝这样的骁勇战将。

李勣，曹州离狐人，本名徐世勣，因功高被高祖李渊赐姓李。起初为瓦岗起义军将领，后李密窃取瓦岗军起义的果实成为首领后，任李勣为左武侯大将军。李密洛阳兵败后降唐，李勣尚据有十几个郡。他并没有以自己的名义献地邀功，而是将军民人数上报李密，由李密献入唐朝。此举得到李渊赞赏，视为忠直，拜他为黎州总管，赐姓李，附属籍与宗正。后跟随李世民平王世充与窦建德。

贞观元年，唐太宗对李勣加以重用，任命他为兵部尚书，而且还把他封为英国公，负责朝中的各种政事。在李勣生病的时候，太医说把胡须烧成灰并以之为药就可以使其早点治愈。为了给李勣配药，唐太宗就把自己的胡须剪下了一绺。李勣感动至极，一再磕头向唐太宗表示感谢。有一次，唐太宗设宴款待群臣，对李勣说：“我想把太子托付给某个人，想来想去没有人比你更可靠。当年作为李密的臣子，你没有辜负他，想必你也

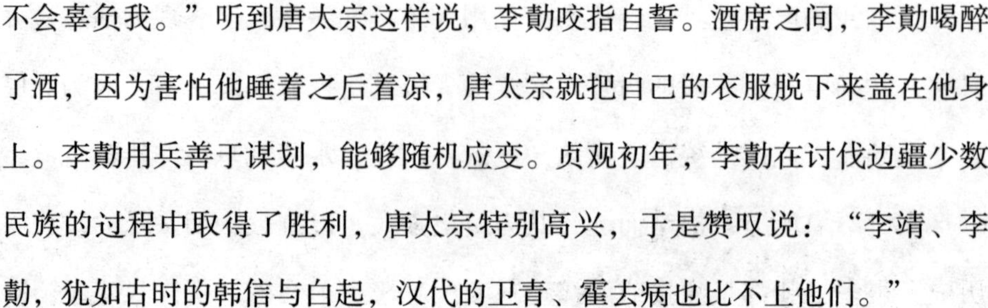

不会辜负我。”听到唐太宗这样说，李勣咬指自誓。酒席之间，李勣喝醉了酒，因为害怕他睡着之后着凉，唐太宗就把自己的衣服脱下来盖在他身上。李勣用兵善于谋划，能够随机应变。贞观初年，李勣在讨伐边疆少数民族的过程中取得了胜利，唐太宗特别高兴，于是赞叹说：“李靖、李勣，犹如古时的韩信与白起，汉代的卫青、霍去病也比不上他们。”

自古以来，中国就被分为九州。在大禹时期就已经有九州之说，而九州之外的一些少数民族则被称为东夷、西戎、南蛮、北狄，总称蛮夷，他们的进居之处被中原人民看做是虎狼之地。中原人民还把中国南部的瑶、苗等各民族称为獠，视他们为野兽，把中国北部的民族称为胡。在当时的条件下，由于那些少数民族的文化比较落后，还处于半蒙昧状态，以原始游牧生活为主，在很多方面都处于启蒙阶段，遭到了中原人民的歧视。其实，如果对唐太宗的身世进行追根溯源的话，他还是一个有鲜卑血统的混血儿。在他当上皇帝之后，之前的“贵中华，贱夷狄”的观念就被突破了。为了安抚少数民族和化解民族矛盾，唐太宗重用了少数民族中的一些将才。正因为如此，很多少数民族首领愿意为这位中原皇帝“肝脑涂地”。

唐太宗用人没有偏见，只要对国家社稷有利，唯量才录用，不拘一格。他调动一切为李唐政权竭忠尽智的积极因素，并将消极因素转化为积极因素。在用人上，他兼顾一切可以为唐政权的稳固和发展作出贡献的各方面人才，并将别人不敢用的人才大胆地加以任用。这种用人办法使贞观时期的封建专制统治集团兼容并蓄，包罗万象，发挥了比较全面的人才优势，为贞观盛世的出现注入了原动力。

古人云：“数步之内，必有芳草”“千里马常有，而伯乐不常有”“用则满目俊才，弃则遍地糟糠”。很多时候，人才就摆在眼前，关键在于欲成大业者会不会发现他们、重用他们。

作为现代企业的管理者，也应该像古代有成就的帝王那样，充分认识到人才的重要性，不断通过各种方式去发现人才，主动求得人才的帮助。关键时刻敢于不拘一格地选拔人才，是体现领导者水平的重要准绳，也是推动企业飞速发展的重要方法。

从谏如流有胸怀

上帝给了我们两个耳朵一张嘴，就是为了让我们少说多听，所以我们要学会倾听，善于倾听。身为管理者，在管理的过程中，更要注意倾听下属的意见，通过下属的意见来完善自己的管理。

古代帝王多大权独揽，专制独断，对下属的劝谏不予理睬，甚至会因此而迁怒下属。但是在古代上百位的帝王之中，唐太宗无疑是其中的一个“异类”，他经常鼓励下属进谏，甚至多次下诏求谏，对于那些敢于进谏的谏官也是礼待有加。

贞观四年的六月，唐太宗发了一道命令，说以后朝廷总会要去洛阳为政，因此要修建洛阳宫。有一个叫张玄素的大臣提了意见，说是修建洛阳宫，非天下急务，陛下还有很多重要的事情要做。于是，张玄素开始细数隋朝的历史——这是贞观君臣经常讨论的问题，他们经常拿隋朝

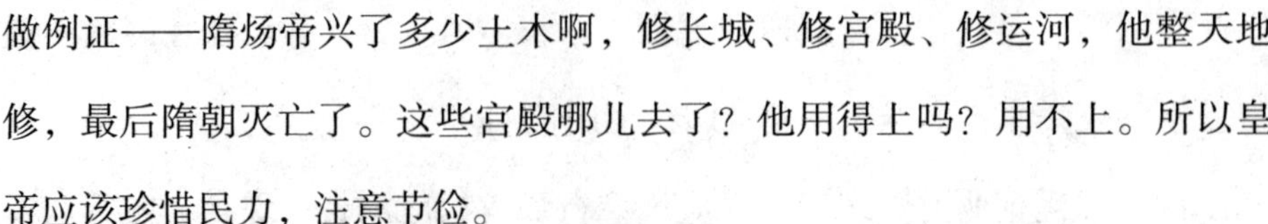

做例证——隋炀帝兴了多少土木啊，修长城、修宫殿、修运河，他整天地修，最后隋朝灭亡了。这些宫殿哪儿去了？他用得上吗？用不上。所以皇帝应该珍惜民力，注意节俭。

张玄素的上疏和说法，涉及对皇帝的评价，唐太宗当时非常不高兴。所以唐太宗问道："你说我不如隋炀帝，那比夏桀、商纣王如何？"张玄素从容回答："如果这宫殿非要修下去的话，那最后一定是同归于乱。"他改变了角度，不是涉及对皇帝的评价而是突出国家的存亡。唐太宗理解了张玄素的苦心，原来张玄素不是要为自己盖棺定论，而是确实替国家担忧，他最终改变了态度，并且赏赐了张玄素，马上下令停止修建洛阳宫。

贞观八年，中牟丞皇甫德参上言："修洛阳宫，劳人；收地租，厚敛；俗好高髻，盖宫中所化。"皇上很恼怒，对房玄龄等说："皇甫德参想让国家不役使一个人，不收斗租，宫人全是光头，是什么用意？"

皇甫德参是个县丞，最多是八品官。当时，官分九品，八品当然是很小的官员。他主动谏议，而且言辞激烈，开始唐太宗受不了，以为不符合事实，是讪谤——讥笑毁谤，要将他治罪。魏徵解释说，自古以来，上疏皆言辞激烈，否则不会引起君主的注意，看起来如同讪谤，其实不是。皇帝明白了，下令赏赐皇甫德参。过几天，魏徵又说，近来皇帝纳谏，心胸不如从前豁达。唐太宗立刻知道魏徵说的是什么事情，干脆提拔皇甫德参当了监察御史。

对于皇甫德参的进谏，唐太宗感情用事，十分生气。他认为皇甫德参的话言过其实，总不至于让国家不收税吧。如此不负责任地攻击国家，攻击皇上，不是诽谤是什么呢？但是，经过魏徵的解释后，皇帝不但没有处分皇甫德参，反而两次嘉奖，一次赏赐绢，一次提升为监察御史。在这个过程中，唐太宗的心理发生了怎样的改变呢？是什么让他做出了这样的改变呢？

第一，魏徵的解释有一定道理。进谏者言辞激烈，不是为了攻击皇上，而是为了提醒皇上注意。这样，理性地理解对方的动机，从而化解了所谓攻击的问题。他既然没有这样的动机，自然不该从这个动机出发去处理他。第二，通过魏徵的再次进言，太宗明白了一个更大的道理，纳谏本身比具体采纳意见与否更重要，因为纳谏能证明帝王的胸怀，能证明君臣关系的良好，能保证宽松的气氛等。这样，唐太宗的认识有了飞跃，他不再局限于进谏的言辞，而是超脱出来，发现纳谏的真正意义。

理性地对待具体问题，很重要。充满自信，对于当权者尤其重要。唐太宗也有暴露人性弱点的时候，但是他用自己的理性和自信，虚己怀人，从容纳谏。

当人们在进行交流的时候，往往会有语言障碍的存在。关于这一点，唐太宗找到了克服人性弱点的好办法。首先应当做的就是理解他人。其次是要超脱地看事情，对于皇帝来说，最为重要的是如何看待纳谏这件事。一旦超脱出来，人就会看到事情的最初形态，只有这样，才能全方位地看待事情，对事情有更加全面的了解，避免了过于急躁或者是感情用事的情况。因此，唐太宗之所以能够做到从谏如流与他的心理素质有着非常密切的关系。从某个方面来说，虽然他是一个感性的人，但是在对待朝臣方面是非常理智的。在贞观时代，理性行政是非常重要的方面。

俗话说“伴君如伴虎”。唐太宗作为一代天子，在臣子进谏的过程中，如果有些方面激怒了皇帝必然会惹祸上身。与其他帝王相比，唐太宗是较为自信和豁达的。那么他是如何做到鼓励臣子们不断谏言的呢？

一是唐太宗经常发布要求大家建言献策的命令，凡是官位在四品之上的都必须提意见，如果不提就是违背了皇命。另外，臣子所提的意见并不是无中生有的乱提，如果实在提不出来怎么办呢？有一位将军叫常何。他没有什么文化，对谏言之事一筹莫展。他家里有一位房客叫马周，是位文人，当他得知常何的遭遇时，自愿献计为其想办法。他写了20多条意见。于是，常何就把这些意见呈给了唐太宗。当唐太宗看到奏折之后发现常何的这些文章写得非常好，于是对常何进行了一番夸奖。但是常何知道欺君之罪是多么的可怕，于是就把事情的真相告诉了皇帝。皇帝赶快派人请马周，如果没有请来则继续派人去请。最终，皇帝的诚意打动了马周，他到皇宫中与皇帝进行了彻夜深谈。他还提了很多其他建议，得到了唐太宗的重用。后来做官一直到中书令，也就是皇帝的秘书总长。

二是强化谏官功能。谏官是专门给皇帝提意见的官员：包括谏议大夫、左右拾遗、左右补阙等。谏议大夫官职为正五品上，他的责任是“侍从赞相，规谏讽喻”，就是跟在皇帝身边，提出赞同或者反对意见。魏徵就是谏议大夫。贞观元年春正月，唐太宗下令：“自今中书、门下及三品以上入阁议事，皆命谏官随之，有失辄谏。”皇帝跟宰相们讨论问题的时候，谏官都要跟着，也要一起参加讨论。谏官参与朝廷的最重要会议——御前会议，能够了解朝廷的重要政策，所以可以随时提出意见。隋炀帝取消谏官，而唐太宗如此重视谏官，真是有天壤之别。

三是强调各个部门要各尽其职。不同意见一定要充分表达，特别要求官员尽职，要动脑子。唐太宗认为，人人照顾面子，谁也不说真话，日积月累，就会出大问题。难违一官之小情，顿为万人之大弊，最终会导致国家祸乱。

正因唐太宗有这种虚心纳谏的开明作风，贞观期间涌现出了一大批敢于直谏的大臣：贞观前期著名的有魏徵、王圭、杜如晦、房玄龄等，后期著名的有马周、刘洎、褚遂良等，他们促使封建王朝的谏议制度得到了前所未有的发展和完善。

其实不只是古代的国家治理，当代的企业管理过程中，沟通和反馈也是公司运作的纽带。领导者要知道，好的制度想发挥作用必须能得到彻底的贯彻施行。只有所有的员工真正能够且愿意畅所欲言，才能使沟通制度发挥作用，才能真正达到领导者设想的沟通效果。

微软就很鼓励员工们畅所欲言，对公司在发展中存在的问题，甚至领导者的缺点，员工都可以毫无保留地提出批评、建议或提案。之所以能做到这点，是因为比尔·盖茨明白，只有人人都能提出建议，才能说明人人都在关心公司，公司才会有前途。

很多企业都存在一种强势逻辑，认为使用经过长期的经验积累和验证沉淀下来的方法才是最正确的，这没错，但在无形当中也限制了对新方法的寻求。一旦市场状况发生变化，而企业内部没有及时察觉、应变，原来的成功经验反而会成为阻碍企业发展的绊脚石。从这个角度看来，管理者更应该鼓励员工畅所欲言，帮助员工打消顾虑，让他们大胆发言，以便集思广益，为企业的发展出力。

在这方面，杰克·韦尔奇就做出了表率。他担任通用电气总裁后，力争把通用打造成一家“没有界限的公司”，于是，“毫无保留地发表意见”就成为一条重要的工作准则。

每年通用电气都会不定期地召开约有2万～2.5万员工参加的“大家出主意”会，每次与会者大约50～150人，主持者引导大家坦率地陈述自己

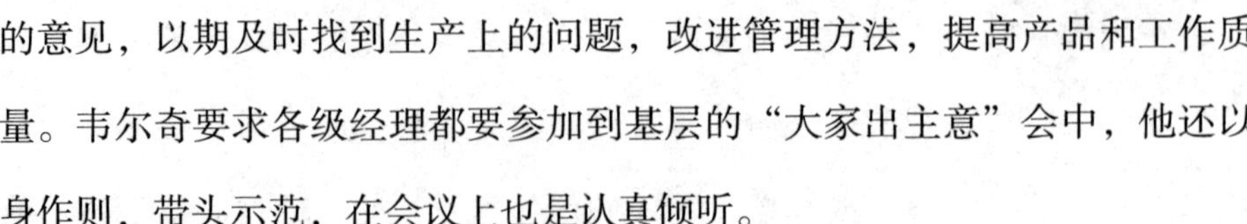

的意见，以期及时找到生产上的问题，改进管理方法，提高产品和工作质量。韦尔奇要求各级经理都要参加到基层的“大家出主意”会中，他还以身作则，带头示范，在会议上也是认真倾听。

这一活动给企业员工的精神面貌带来了很大改善，也给公司带来了生机，取得了很大成果。有一次，一个员工提出在建设新电冰箱厂时，可以借用公司的哥伦比亚厂的机器设备。哥伦比亚厂是生产压缩机的工厂，与电冰箱生产正好配套。如此“转移使用”，就可节省一大笔开支。而这样生产的压缩机将是世界上成本最低而质量最好的。

此后，韦尔奇还研究出了很多让员工畅所欲言的好办法。他经常举行各阶层职员参加的讨论会，与会者在会上要做3件事：动脑筋想办法；如何取消各自岗位上多余的环节或程序；共同解决出现的问题。最基本的模式是大家七嘴八舌发表意见。

这种让员工畅所欲言的激励方法，增强了员工对企业的主人翁意识。韦尔奇说：“（20世纪）90年代，我们通用电气公司具有创造这样一种公司气氛的根本性的机会。在这种公司气氛下，毫无保留地发表意见在文化上是可以接受的，讲真话受到奖赏，而对下属一味喊叫的上司们则不会受到奖赏。”后来这逐渐上升为一种管理理念，成为了通用电气走向成功的基石。

一个充满民主氛围的企业，可以帮助员工摆脱各种顾虑，充分运用自己的智慧发现企业所存在的问题，进行大胆发言、创新，为寻找企业发展的新思路出力。

领导者应致力于为员工提供一个畅所欲言的机会，虽然员工的“真心话”不一定都是真知灼见，但一定是他们的肺腑之言，领导者只有听到了他们的真心话才能使企业的各项决策做到有的放矢，才能避免因主观武断而导致决策的失误。

能够得到他人的认可是每个人都渴望的，无论是国家元首、世界首富，还是流浪汉、乞丐。因此，要想获得他人的喜欢或尊重，你自己在想说什么事情前，首先要知道他人会说什么。学会说话之前倾听他人的心声，不仅能避免说错话，还是一种能够认可他人的有力方式。

西方有一句著名的谚语：沉默可使傻子变成聪明人。善于倾听是一种美德，是一种境界。美国女企业家玛丽·凯曾经说过：“不善于倾听不同的声音，是管理者最大的疏忽。”由此可见，学会倾听比侃侃而谈更重要，特别是作为管理者，善于倾听别人的意见或建议，是一种自身修养的体现。

在沟通中，倾听是一种非常重要的交谈技巧。可惜的是，绝大多数领导者都不善于利用这一技巧，他们在与员工沟通时，只是简单地聆听而并不是倾听。聆听与倾听有明显的区别：“聆听”只是做出听的样子，至于理解不理解、是否给予反馈是不重要的；而“倾听”则包括了理解与反馈在内的所有听的过程，倾听需要注意力、理解力和记忆力。

能提升沟通效果的倾听，应该是积极的，而不是消极的。消极的倾听就像是录音机，只记录了信息，但没有任何反馈，更谈不上互动。而积极的倾听，则需要领导者深入理解谈话者的思想，从对方的角度来思考问题。一个积极倾听的领导者，会尽力去理解说话者想表达的思想，而不是他自己想象的一个结果。同时，他还会把倾听之后所得的信息反馈给说话者，自始至终保持一种客观态度，不会妄加评论。最后，他会作出适当的总结，发表自己的看法，来结束这场谈话。

一名优秀的管理者，首先具备的素质就是能够用心倾听员工的意见、建议和观点。要做到这一点是比较容易的，我们只要安静地倾听就可以了。切记：不要像个圣人似的“一本正经”地说话，即使我们不做任何事情，也要倾听。而且我们可以在任何场合倾听，在办公室里、酒吧里、装货仓库里、工作车间里，随时随地都能学会倾听。

此外，有相当一部分管理者自以为是地认为，下属员工们对于他们的意见就是要绝对地听从。一些经理人在滔滔不绝之后，经常会说：“我说了这么多，你们觉得我的观点怎么样？”此时此刻，可能没有几个人愿意回应这样的问话。上帝给我们创造了两只耳朵一张嘴，就是为了让我们少说多听。如果总是张着嘴不停地说话，我们肯定学不到更多的东西，了解到的真相也会少之又少。

一位管理者要想获得成功，重要的一点就是要多听听自己的职员都在说什么，他们有什么意见和建议，这样对管理工作是非常有帮助的。

当然，在工作中，像“一直以来，我们都是这么干的”这样的话是永远不能说的。因为这句话看似简单、常用，实际上没有任何积极的效果，反而会影响工作效率。

从现在开始，在你的下属带着问题来问你应该怎么做的时候，你需要看着他们的眼睛，然后回答他们：“能告诉我，你是怎么想的吗？”如果下属员工说出了自己的想法，你要做的就是倾听。通常，你会看到以下3种情形发生：

他们想的正是你想要对他们说的。既然他们就是这样想的，他们就会竭尽全力支持这种你和他们都共同拥有的想法。可想而知，效率就可以得到很快提升。

他们的想法你从未想过。即使你是老板，也不能保证你的想法就是正确的，就能在市场上最多的赚钱。要想赚得更多，就继续倾听吧。

他们的想法根本不可行，原因他们可能不知道。这时，你要做的就是解释为什么他们的想法是错误的。

只有认真倾听下属的意见，你才会拥有一支高效能的队伍，并且，这样的高效会持续很久。

捐弃前嫌纳良才

人才作为一种资源，就会在用人者之间进行流动，对于人才之前的身份，用人者一定不能太过计较，而是要怀着一颗大度的心，包容人才，感化人才，即使是曾经的竞争对手，也能够吸纳进自己的人才队伍，为自己的发展贡献力量。玄武门之变后，唐太宗在处理太子和齐王的势力人员之事上就表现出大肚能容的胸怀。

在玄武门之变之后，太子李建成战死，魏徵被俘。魏徵作为李建成的智囊，为他出谋划策，使得唐太宗多次险遭暗算。这次唐太宗命令武士将他押上殿来，厉声责问道："你大肆挑拨我与兄弟之间的关系，你可知罪？"魏徵毫无惧色地说："太子如果早听了我的话，岂能有今天的杀身之祸？"

唐太宗虽然心中怒火燃烧，但是他知道像魏徵这样难得的人才，实

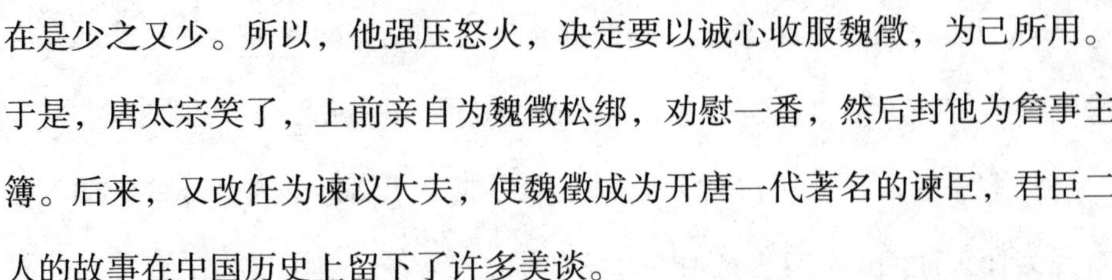

在是少之又少。所以，他强压怒火，决定要以诚心收服魏徵，为己所用。于是，唐太宗笑了，上前亲自为魏徵松绑，劝慰一番，然后封他为詹事主簿。后来，又改任为谏议大夫，使魏徵成为开唐一代著名的谏臣，君臣二人的故事在中国历史上留下了许多美谈。

贞观六年，唐太宗在九成宫丹霄楼的赏月夜宴上，满怀喜悦地说道：“魏徵往者实我所仇，但其尽心所事，有足嘉者。朕能擢而用之，何惭古烈？”在古代的君王中可能也只有唐太宗这样的人才能做到这样的“弃怨用才”。为了消除玄武门之变在封建伦理道德方面的不良影响，申明玄武门之变的正义性，唐太宗特地追封李建成为息王，谥曰：“隐”；李元吉为海陵王，谥曰：“刺”。

在唐太宗下令以礼安葬隐太子李建成之时，以皇子赵王李福为李建成的后嗣，亲自送李建成棺柩到千秋殿西门，痛哭致哀。

礼葬李建成前夕，魏徵从山东返回京城，迁尚书右丞兼谏议大夫；王珪也升为黄门侍郎。他们联名“上表”说：“臣等昔受命太上，委质东宫，出入龙楼，垂将一纪。前宫结衅宗社，得罪人神，臣等不能死亡，甘从夷戮，负其罪戾，置录周行，徒竭生涯，将何上报？陛下德光四海，道冠前王，陟冈有感，追怀棠棣，明社稷之大义，申骨肉之深恩，卜葬二王，远期有日。臣等永惟畴昔，忝曰旧臣，丧君有君，虽展事君之礼；宿草将列，未申送往之哀。瞻望九原，义深凡百，望于葬日，送至墓所。”这是一篇感情真切而富于策略的奏章。首先肯定李建成“结衅宗社，得罪人神”，他的被杀是理所当然的。同时颂扬唐太宗“明社稷之大义，申骨肉之深恩”，以礼改葬二王。接着，从封建礼仪上陈述了送葬的道理。很清楚，这里丝毫没有煽动东宫旧属的怨恨情绪，反而从道义上弥补了骨肉相残所留下的伤痕。对此唐太宗当然乐意接受，于是原来十分激烈的秦王府与东宫、齐王府之间的矛盾也借此机会得以消除，唐太宗也进一步取得了各位臣僚的忠心支持和拥护。

由于当初李建成为了增强自己的实力，在地方积极谋求支持者，于是采纳了魏徵的建议，在河北、山东两地发展势力，“阴结豪杰”，使这两个地区成为他的势力范围。李建成在玄武门之变中被杀的消息传到河北、山东时，当地百姓内心不安，有许多人思索着为太子报仇。一些别有用心的军事集团首领如幽州都督李瑗，就利用这种形势起兵反叛，对唐太宗刚刚建立的新政权构成了严重威胁。唐太宗在消灭了原东宫、吉王府的敌对势力后立即着手去平抚这两地的威胁。他经过慎重的考虑，还是决定派魏徵前往山东担任宣慰使，以瓦解李建成在山东、河北建立的势力。

广大的山东地区既是人才荟萃之地，又是当时财政命脉所在。而李唐皇室出于关陇地主集团，要想实现全国范围的统治，就必须任用山东人士。正如武德六年初，秦王李世民所意识到的“山东人物之所，河北蚕绵之乡，而天府委输，待以成绩”。可见，山东、河北两地在太宗的这盘棋里极为重要。

为了尽快安抚河北、山东两地，唐太宗在玄武门之变的一个月之后，便封魏徵为谏议大夫，派他安揖河北，并让他“便宜从事”，赋予了他随机处理事务的权力。当魏徵到达磁州（今河北磁县）时，正好遇上了州县官吏押送前东宫、齐王府的属官李志安、李思行前往京师，魏徵上前与副使商量说：“前宫、齐府左右，皆令赦原不问。今复送思行，此外谁不自疑？徒遣使往，彼必不信，此乃差之毫厘，失之千里……今若释遣思行，不问其罪，则信义所感，无远不臻。”

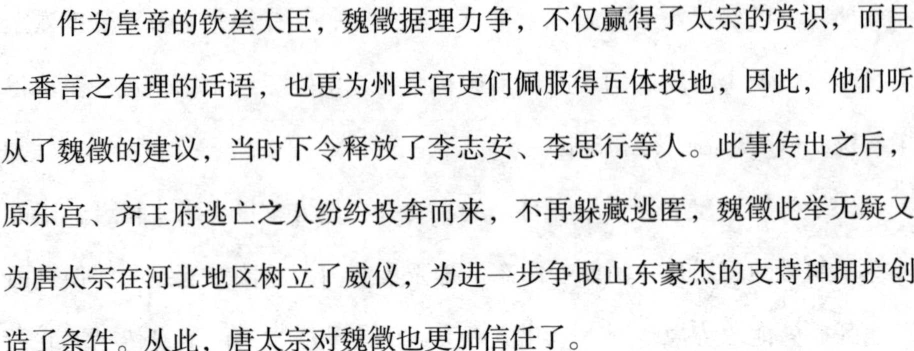

作为皇帝的钦差大臣，魏徵据理力争，不仅赢得了太宗的赏识，而且一番言之有理的话语，也更为州县官吏们佩服得五体投地，因此，他们听从了魏徵的建议，当时下令释放了李志安、李思行等人。此事传出之后，原东宫、齐王府逃亡之人纷纷投奔而来，不再躲藏逃匿，魏徵此举无疑又为唐太宗在河北地区树立了威仪，为进一步争取山东豪杰的支持和拥护创造了条件。从此，唐太宗对魏徵也更加信任了。

唐太宗曾经说过："观古今用人，必因媒介，若行成者，朕自举之，无先容也。"所以在贞观元年，"太宗尝言及山东、关中人，意有同异"，殿中侍御史张行成跪奏说："臣闻天子以四海为家，不当以东西为限；若如是，则示人以隘。"这些话引起了太宗的注意。

定州义丰人张行成，少师事著名经学家刘炫，后在王世充那里当过度支尚书，与山东各种势力联系广泛。而唐太宗之所以器重他，让他预议大政，就是因为张行成的意见反映了山东豪杰的愿望。

为了进一步笼络山东士人，唐太宗开始重用山东地区出身的人才，其中魏徵、崔仁师等人就是其中的代表。值得注意的是唐太宗所擢拔的这些山东人士，往往不是士族高门，而是普通的微族寒门。这些人出身低微，但熟悉基层民情，重用他们有利于迅速稳定河北、山东地区。所以这一举措出台后，唐太宗很快就在这两个地区树立了威信，稳定了当地的政治局势。

正是这些从宽安抚政策的出现，才使得唐太宗在玄武门之变后，在短短的一年时间之内，就迅速缓解了原东宫、齐王府臣属对自己的仇视情绪，并对他们委以重任，使他们成为自己的得力助手，和原秦王府臣属共同辅佐自己，为"贞观之治"的形成作出了应有的贡献。由此可见，拨乱反正之后巧妙加以运用这些敌对势力也是“贞观之治”繁荣局面出现的一个重要因素。唐太宗这种敢用对手之人的做法和胸怀，也许能够给当今的管理者一些启示。

洛克菲勒虽然一生树敌无数，并且和他的敌人间存在着一种难以调和的矛盾——利益的冲突，但是他却很善于利用这种矛盾，并不断地从敌人阵营中，把那些最有生存力和竞争力的强者挖到自己的阵营中来，为己所用。在洛克菲勒帝国的核心领导层中，有许多人才都是从他的敌人转变而来的，正是这些优秀的人才不断支撑着美孚石油的扩张。

其中，受洛克菲勒笼络，在他之后继任美孚石油公司第二任董事长的阿吉波特的经历最为传奇。当时，洛克菲勒为了控制石油行业，达到彻底垄断的目的，成立了一家名为“南方开发公司”的控股公司，他计划凭此公司来吸收并控制一些有影响的石油公司。南方开发公司甚至还与铁路大联盟签订了运费协议，将参加这个控股公司的石油企业的运费削减为其他公司的一半。一旦这个石油联盟成立，如果不加入这个联盟，破产就成了其他中小企业的唯一选择。

当时的阿吉波特年仅24岁，是一位领导天才，他仅凭800美元投身于炼油业，经过苦心经营，月生产量达到了25000桶。即使如此，他也面临着被南方开发公司收购的危机。在众多中小生产者一筹莫展的时候，阿吉波特提出了大封锁对策。他计划成立一个生产者同盟，并组成自卫武装，限制向洛克菲勒集团提供原油。同时，他还印刷了3万份传单，分别送给华盛顿联邦议员和州法院。此举让舆论哗然，社会公众纷纷指责洛克菲勒心狠手辣，置他人的生死于不顾。在这种压力下，南方开发公司的计划胎死腹中，洛克菲勒也经历了人生的第一次大败，遇到了平生第一位劲敌。

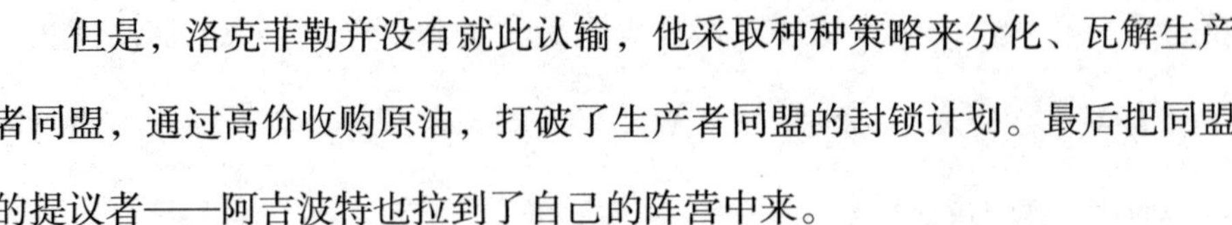

但是，洛克菲勒并没有就此认输，他采取种种策略来分化、瓦解生产者同盟，通过高价收购原油，打破了生产者同盟的封锁计划。最后把同盟的提议者——阿吉波特也拉到了自己的阵营中来。

阿吉波特成立了一家叫艾克美的新公司，并以其曾领导生产者同盟的威望开始收购同类经营者的股票。在站到洛克菲勒一边后，他开始煽动解散生产者同盟，这时众多的小生产者却并不知道，艾克美公司的股权实际上掌握在洛克菲勒手中。终于，在阿吉波特的帮助下，洛克菲勒完成了一统天下的霸业。

阿吉波特在洛克菲勒建立庞大的托拉斯组织的进程中，起了非常重要的作用，并成为了美孚公司领导层中的后起之秀，深得洛克菲勒的信任。洛克菲勒退休之后，力举阿吉波特作为第二任董事长，领导他庞大的帝国进一步拓展。

同样的人物还有律师多德，他是当时最有才干的一位律师，也是最早的专门接受公司委托的律师。在洛克菲勒推行南方开发公司方案期间，他曾多次在公开会议上指责美孚公司是条“蟒蛇”，还代表产油区对美孚公司进行诉讼。但这并没有妨碍洛克菲勒将他收为己用，当他的石油帝国规模膨胀到足以与美国的法律相抵触时，他向多德伸出了求援之手，他希望多德能利用法律知识帮助他建造一个完美的经济帝国。多德于1882年根据洛克菲勒的授意炮制出托拉斯协定，美孚石油公司改组为美孚托拉斯，使洛克菲勒能以信托方式来掩盖明目张胆的垄断。这一托拉斯体制成功地防止了外界对它进行调查和揭露，不但使洛克菲勒精心勾画10年的垄断蓝图得以实现，而且也改变了资本主义社会的发展史，形成美国历史上独特的托拉斯垄断时代。对此，多德实在功不可没。

在洛克菲勒的庞大帝国中，还有许多各具特色、足以独当一面的优秀人才。正是由于洛克菲勒不断地把眼光投到敌对的阵营中，去挖掘人才、吸引人才，他才得以广揽天下人才，成就了一代霸业。

领导者要学习唐太宗和洛克菲勒这种襟怀，对敌人不仅可用，更可大用。那些足以和你为敌的竞争者都是具备了极强的实力的，如果能让他们为己所用，必然就能扩大自己的优势，在竞争中占据有利位置。

用人不避亲与仇

俗话说，一人得道，鸡犬升天。在封建时代的专制体制下，许多封建皇帝一旦即位，其亲族无论贤愚皆列位公卿。而在这方面，唐太宗的所作所为却有所不同，但是这并不表明他根本就不任用亲属，而是以量才取人为原则。

贞观初年，唐太宗在委任官职时说："朕现在勤勉不懈地求取有德有才的人，想专心致志地治理国家。听说有贤达的人，就提拔任用。但是许多人纷纷议论，说这些人是朝廷大臣的亲戚故友。其实，只要你们办事尽量公正，就不必因这些话而顾虑重重，可无拘无束地去做事情。古人的'内举不避亲，外举不避仇'，就是为了能举荐真正的贤者。因此，只要能举得人才，虽是子弟或仇嫌，也不得不举。"

从前文介绍可知，在对自己皇后的哥哥长孙无忌的任用上，唐太宗就做

到了内举不避亲。

长孙无忌的先祖为北魏拓跋氏，其祖、父、舅父等历代都是高官。长孙无忌自小聪明好学，年轻时就是李世民的好朋友，他的妹妹13岁时就嫁与李世民，即先称秦王妃，而后又称皇后的长孙皇后，这种亲属关系可谓十分亲近了。

早年李渊在晋阳（今山西太原）起兵时，长孙无忌就常与李世民一起征战沙场，做了李氏父子手下的吏部郎中，封为上党县公。武德九年，太子李建成联合齐王李元吉阴谋暗害李世民，长孙无忌献策让李世民先发制人，终于在玄武门杀了李建成和李元吉。事变之后不久，李世民即帝位，封长孙无忌为左武侯大将军，这似乎是顺理成章的事，如果要以外戚之嫌来硬套，反而有不近情理之嫌。

贞观元年，长孙无忌被委任为吏部尚书，以功位列第一，唐太宗又晋封他为齐国公。我们知道，长孙无忌和唐太宗是布衣之交，又是开国元勋，还是外戚，更重要的是他很有才干。所以，唐太宗多次想让他做宰相。虽然长孙皇后多次上奏反对任用其兄做宰相，以免引起猜度，但唐太宗用人主要是看其才华，不计较其人是否是自己的亲友，于是坚持让长孙无忌出任吏部尚书，接着又拜为尚书右仆射，其实就是宰相了。

这件事果然引起了一些人的猜疑。贞观二年（628年），有人密奏说长孙无忌是外戚，权势和皇帝的恩宠过盛，恐怕引起外戚之患。唐太宗听了不以为然，他还将密奏给长孙无忌看，并说："朕与你君臣间无事相疑。如果我们各怀鬼胎而从不信任的话，那么，君臣之间有什么想法便不能了解。"

由于关系毕竟特殊，唐太宗对长孙无忌的信任势必会引起其他臣子的猜度，为了给长孙无忌壮气势，唐太宗特意召集百官，为长孙无忌澄清做宰相的原因。唐太宗说：“朕现在的孩子都还年幼，而长孙无忌对于朕，又确实立了大功，现在朕委派他，就像对待自己的儿子一样。”既然皇帝都说无忌像他的儿子一样，大臣们谁还敢说三道四呢？而无忌能不感恩戴德地回报唐太宗吗？唐太宗这些话就足以表明他对长孙无忌的任用是因其才而非因其亲，他不仅对长孙无忌重用，而且信之不疑。

长孙无忌也是一个深明大义之人，他熟读历史，对外戚之患心有警惕，亲自向唐太宗提交辞呈，让妹妹长孙皇后帮他说话，请求免掉自己的宰相之职。出于无奈，唐太宗让长孙无忌当了一个虽居一品却没实际权力的散官，长孙无忌这才接受了任职。

贞观七年（633年），唐太宗不愿让长孙无忌的才德埋没于平庸之中，又拜他为司空。长孙无忌总是恳辞此职，并且对唐太宗说：“臣是外戚，真担心这样做让天下人都认为陛下徇私情。”唐太宗却说：“我选拔官员唯才是用，如果他没有才能，即使是皇亲也不任用。今天我所选拔的人才，并不是因为他们是我的亲人。”长孙无忌苦苦请辞，唐太宗仍不同意。长孙无忌虽是外戚，但在杜绝外戚专权问题上态度十分坚决，不能不说是唐太宗驭臣有方。

贞观十一年（637年），唐太宗想学周朝分封诸侯，便拜长孙无忌等14人为世袭州刺史。世袭制其实是政治上的一种倒退，所以，以长孙无忌为首的受封之人联名上表推辞，表中说：“三代时期实行封建制，是因为当时形势的使然，秦汉罢诸侯设郡守，革除时弊，乃是大势所趋。今天为了照顾我们，复又变更，再行封建，使我们不安，深恐为此乱了朝纲。再说后世子孙如有愚幼不肖，或者触犯法律，自取诛夷，岂不是因为世袭之

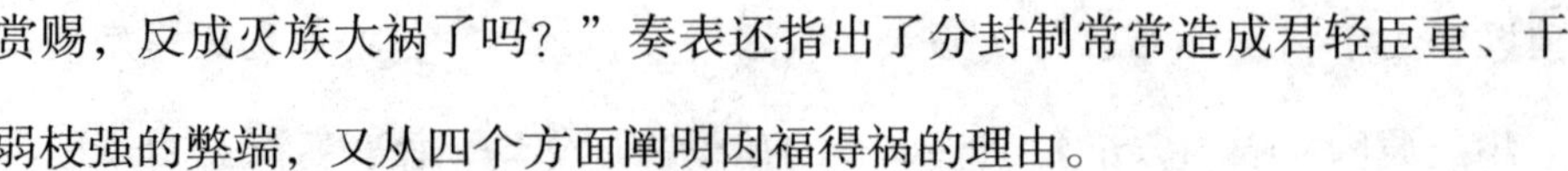

赏赐，反成灭族大祸了吗？”奏表还指出了分封制常常造成君轻臣重、干弱枝强的弊端，又从四个方面阐明因福得祸的理由。

长孙无忌等人均是唐太宗的肱股重臣，他们处世无不深谋远虑，深知不经艰苦奋斗得来的世袭王爵只能是一个陷阱，坑害子孙。这种明智也是促使贞观盛世形成的原因之一。

当时，唐太宗的女儿长乐公主既是长孙无忌的甥女又是其儿媳。长乐公主回宫见到唐太宗，谈起分封的事，她说：“长孙无忌对分封并不感恩，反倒很不高兴，说我们披荆斩棘效忠陛下，现在天下太平了，怎么反被遗弃外州，这跟迁徙有什么不同？既然如此，分封之事干脆取消。”唐太宗只好收回了分封的诏命。封王称侯本是一件光宗耀祖的事情，而长孙无忌却心怀冷静，明白历史不能倒退，故辞分封之名，确实不枉唐太宗重用一场。贞观十七年（643年），为表彰对大唐有功的长孙无忌等24位功臣，唐太宗将他们的图像绘于凌烟阁。

贞观末年，太子李承乾谋反被废，唐太宗为再立太子之事颇为踌躇，他欲立晋王李治为太子，但苦于没有力量支持，正在为难之时，长孙无忌站出来，说：“就立晋王，若有不服的人，臣马上杀了他！”唐太宗正好顺水推舟立李治为太子。在关键时刻，长孙无忌再次起到了重要作用，使人想起他玄武门之变时的忠勇。

贞观二十二年（648年），唐太宗在病危之际，亲自召来长孙无忌和褚遂良二人，嘱托他们共同辅佐太子李治，并对太子李治说：“有无忌和遂良在，你就不必忧虑如何治理天下了。”他对长孙无忌的信任可见一斑。接着唐太宗又对褚遂良说：“长孙无忌尽忠于朕，朕能得天下，多是他的功劳。朕死后，请不要让小人以谗言害他。”这里对长孙无忌的关心更是溢于言表。

长孙无忌在高宗李治即位后，常常进献治国的良策，得到李治的采纳。到了李治即位后的第五年，李治想立武则天为皇后，长孙无忌屡言不可。李治秘密送给长孙无忌金银宝器各一车，为了永保李唐江山，长孙无忌丝毫不为所动。此时礼部尚书许敬宗又屡次劝说长孙无忌，都被他厉声斥走。

后来，许敬宗进献谗言，说长孙无忌与先帝谋取天下，天下人都服其智，当宰相30年之间，百姓畏其威，威能服物，智能动众，恐怕为大唐之患。高宗李治竟听信谗言，将长孙无忌削官流放，许敬宗随后又派人逼他自杀，抄没其家，一代忠臣就此陨落。然而，长孙无忌到死也没有背叛李唐江山，他没有辜负唐太宗对自己的信任。

一些领导者在用人的时候，往往顾虑太多，对自己的仇人和亲戚都不敢选用。对于仇人，怕他不会和自己一心；对于亲戚，又怕别人说自己任人唯亲，因此，即便有些职位要求很适合的亲戚仇人，都采取置之不理，摒弃不用的态度。其实，大可不必如此，如果领导者一心为公，没有私心，那么他选择出的人才必定是合适的人选，做到适人适职，工作自然能出色完成。这样，不但能够使工作如期完成，也会使别人理解而且心悦诚服。唐太宗在选人用人之时，便能够做到任人唯贤，不避亲仇，没有让人才浪费流失。

从古至今，英明的领导者都会考虑大局，不会因小事斤斤计较，更不管亲疏，只要有才能，凡贤者都加以重用，所以成就大业。而这些贤者往往也有宽阔的胸襟，所以对国家的发展作出了贡献。

据《吕览》记载，春秋时期，晋国大夫祁黄羊自知年事已高，腿脚已

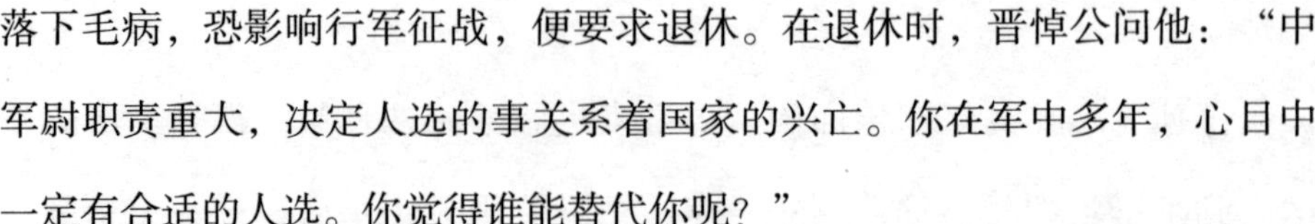

落下毛病，恐影响行军征战，便要求退休。在退休时，晋悼公问他："中军尉职责重大，决定人选的事关系着国家的兴亡。你在军中多年，心目中一定有合适的人选。你觉得谁能替代你呢？"

祁黄羊便向晋悼公推荐道："我看解狐就很不错。"晋悼公很是吃惊，说："解狐不是你的杀父仇人吗？你怎么举荐他呢？"祁黄羊说，"主公问我谁可以担此重任，并没有问他是不是我的仇人哪！"晋悼公答道："好吧，就照你的意见办！"

解狐继任后，果然成绩斐然，深得民心。

过了一些日子，悼公又问祁黄羊说："现在朝廷里缺少一个法官。你看，谁能胜任这个职位呢？"

祁黄羊说："祁午能够胜任。"

悼公又奇怪起来，问道："祁午不是你的儿子吗？你怎么推荐自己的儿子，不怕别人讲闲话吗？"祁黄羊说："你只问我谁可以胜任，所以我推荐了他，你并没问我祁午是不是我的儿子呀！"

悼公就派了祁午去做法官。祁午当上法官，替人们办了许多好事，很受人们的欢迎与爱戴。

晋悼公对此赞叹不已。孔子听到这件事情后说："祁黄羊，外举不避仇，内举不避亲。他可说是一心为公了。"

而美国的总统约翰·肯尼迪也是能够做到用人不避亲仇的好例子。约翰·肯尼迪是美国历史上比较有作为的一位总统。在他还没有成为总统时，作为一个政治家已经取得了相当大的成就。

1960年当选总统之后，肯尼迪马上开始选拔优秀的人才，组建自己的内阁。在决定谁来担任司法部长这一重要职位的时候，他想到了自己的弟弟鲍比。他觉得鲍比是个合适的人选。但有一个问题是，如果一个总统任用自己的弟弟，很容易给人以“任人唯亲”的感觉，肯尼迪知道自己将受到裙带关系的指责。但经过深思熟虑之后，他决定任用自己的弟弟鲍比。这样决定主要有两方面的原因，其一，在传统上，美国总统不常干涉司法部的执法工作。但是，司法部形同联邦政府的法律部门，司法部长等于总统的首席律师，因此，在可能的范围内，总统大半委任自己的亲信为司法部长，以便于司法工作的开展。其二，肯尼迪认为刚从法学院毕业的鲍比精通法律知识，对司法工作有着深刻而独特的认识，他相信，鲍比一定能够胜任这一工作。

肯尼迪声明，他的任命要经过选民和选民产生的议会的认可，要经过复杂的当选与就任程序。就是说鲍比当司法部长，也是要通过选民自己的同意，因为他们有透明的选举制度。这样的话，弟弟进哥哥的内阁，两人都会心安理得。

无论是选用显要人才，还是起用潜力人才，领导者只要出于公心，不必考虑这个人跟自己的亲疏关系，只要适合就可以。这样就能选用合适的人才，做到适人适职，而不必在乎被别人说成“任人唯亲”。

英明的领导者总是能够广纳贤才为自己所用，在用人的过程中，领导者的胸怀要足够宽广，无论是什么人，有什么样的缺点，甚至是与自己为敌，只要是对自己团队的发展有利，领导者就应该海纳百川，利用他们为自己谋利。以一种包容的态度，将其吸纳进自己的人才队伍。总而言之，就是要做到用人唯才，亲仇不避。

胸怀体现了人的品格和道德，是人生志向和抱负的表现，更是人对待世界万物气量和风度的定位。拥有宽广的胸怀可以使弱者走别人不敢

走的路，攀上别人难以达到的高峰，更会使弱者变得强壮。可见，胸怀对成功的事业是如此重要。身为领导，就是要有宽广的气度，能够在任用人才的时候，不计较细枝末节，而是看重人才的才能，真正地任用人才，亲仇不避。

用人先学尊重人

人人都爱面子，这就是人维护自尊、渴望被别人尊重的需要，是人自重的表现。那些有着一技之长的人才，更是有自己的面子和虚荣，这时候，对人才的尊重就越发显得重要。只有礼贤下士，让人才切实体会出领导者对自己的尊重，才能让人才甘心为自己所用。

尊重人才是用人的根本，马克思认为：尊重是人类较高层次的需求。既然是较高层次的需求，自然就极为不容易满足。一旦满足了，它所产生的重大作用也是不可估量的。

唐太宗为人理智而又富有人情味，懂得如何去尊重每一位人才。据《隋唐嘉话》卷上记载，唐太宗对自己所任用的大臣，都会主动与其亲近并努力去尊重他们。在非正式场合，他对名将李靖以兄长相称；对直臣魏徵说话，从不用“朕”，而是自称“世民”。这种谦逊待下、尊重贤能的态度，使这些重臣都竭尽毕生才智去辅佐他，为国家献策出力，这也是他取得成功极为重要的因素之一。

一天，太子李承乾的老师张玄素因患脚疾，行走极为不便。唐太宗知道后就特许张玄素坐轿进宫为太子讲学，并且还令太子亲自到门外去迎接老师。

为了培养太子尊师重道的品格，唐太宗下令制定太子去接待三师（即为太子太师、太子太傅、太子太保，又称东宫三师）的礼仪制度。详细规定：太子必须出殿门迎接三师：太子应先拜三师，三师再答拜；每逢过大门，都要让三师先走；三师坐定后，太子才可以就座；给三师的信中，开头要先写“惶恐”二字，最后要写“再拜”的字样。

有一次，唐太宗知道自己的四儿李泰对老师说话很不尊重，就极为生气。他当着老师的面严厉地批评儿子，说道：“以后你每次见到老师，要如同见到我一样，应当尊敬，不能有半点放松。否则，就要惩罚你了。”

由于唐太宗对所有的子女要求都很严，他的孩子们也因此对老师非常尊重，从不敢失礼。太子的三师极为感动，都尽心尽力地教育太子，从不敢怠慢。

唐太宗以九五之尊一再告诫子女一定要尊重老师，可见他对人才由衷的尊重。这也充分表现出他对人才高度重视的态度，才使得太子的老师勤勤恳恳地潜心于教育他的子女们。

他的这种尊重下属的管理思想，对当今企业的管理者也有着极为重要的指导意义。正如美国著名企业家玛丽·凯认为：“企业成败的关键在于管理者是否能将下属与员工视为最为重要的财产，是否尊重每一位员工。如果做到这一点，就能够依靠员工创造出不同凡响的工作业绩。”

对于企业家而言，要想使自己的员工发挥其最大的积极性，就要学会尊重他们。不要对他们发布强硬的命令，不对其进行粗暴的指挥、

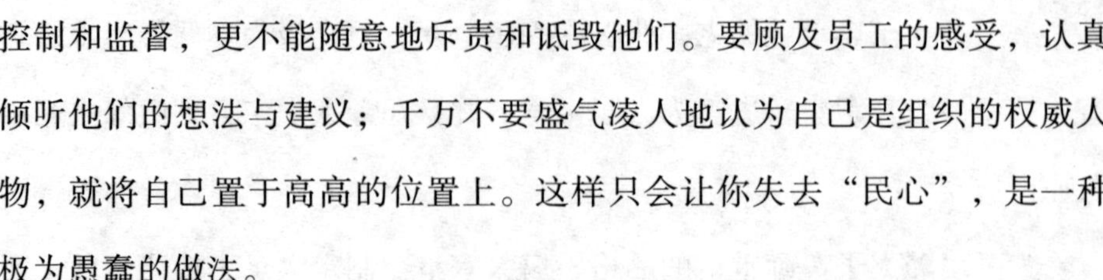

控制和监督，更不能随意地斥责和诋毁他们。要顾及员工的感受，认真倾听他们的想法与建议；千万不要盛气凌人地认为自己是组织的权威人物，就将自己置于高高的位置上。这样只会让你失去“民心”，是一种极为愚蠢的做法。

唐太宗曾说：“治理国家首先要经营好人才，而经营好人才，首先要尊重人才。”他经常对大臣说：“作为一个官员，必须要学会去关心人、理解人、尊重人、爱护人，这样才能激发人才的积极性，才能让人才更愿意为国家效力。同时，尊重人才才能吸引大批精英来为国家服务，这样你才不会感叹身边无人可用了。”同时，他还认为，尊重是最为有效的激励方式，它可以激发出下属官员的无限潜能。

有一次，杜如晦跟唐太宗在聊天的时候说：“扬州府出现了令人头痛的问题。扬州府中的捕快们蓄意怠工，办事很没有效率。扬州知府想尽了办法去整治，但效果还是不明显。”唐太宗就让杜如晦派专人去调查此事，查清其中的具体原因。

杜如晦派去的人到府衙转了一圈，了解到那些捕快们懒惰是因为平常在府衙做事时被呼来喝去，回去后就向杜如晦如实汇报。杜如晦又向唐太宗报告了此事。唐太宗对此事开出的“药方”极为简单：他们所需要做的，就是希望知府官员们能够尊重他们每个人的劳动成果。如果能这样做，问题便会迎刃而解。

杜如晦对唐太宗的建议半信半疑，就将此法告知扬州知府，扬州知府照做了。

10天过后，杜如晦收到扬州知府的书信，上面写着：“圣上英明，自从按照圣上的方法做后，捕快们的热情顿时高涨起来，办事效率明显提高

了许多……”

唐太宗总是对大臣们说：“国家的每个官员都是人才，也都是朝廷极为宝贵的财富，每个官员都应该受到朝廷的尊重。”他之所以这样说，因为他十分清楚地知道朝廷最为重要的资产是人才。正是因为他懂得去尽力尊重每个官员，才最大效能地激发了每个官员的积极性，才开创了令世人惊叹的“贞观之治”。

由此可见，尊重对激发人的积极性可以产生多么大的作用。在生产力极为低下的封建社会中，唐太宗却能以自己的远见卓识去尊重每一位有用之才，可见他的心胸有多么宽阔。他的这种管理思想，对当今企业有着极为重要的指导作用。

唐太宗的这套用人理念，与现代著名企业管理者沃森的言论是相同的。沃森曾说：“通过我们对人们的尊重与帮助人们自己尊重自己这样的简单信念，我们的公司一定会赢利。”

现代著名管理者韦尔奇也认为：尊重别人是企业管理者的基本素质。要想成为一名成功的经理人，就必须要从尊重你手下的员工开始。

尊重是管理过程中最为有效的激励手段，尊重会使你的下属感受到自己的重要性，让他们感到一种满足感；尊重还是一种极为强大的精神力量，它有助于企业员工之间的和谐，有助于企业团队精神与凝聚力的形成。当一个管理者懂得去尊重下属时，他也一定能够考虑到组织内外所有的人，而这种尊重别人的信念只有在行动中才能得到加强。这也是唐太宗能够吸引诸多人才成功的奥秘所在。

同样，在现代企业中，尊重下属是人性化管理的必然需求。只有下属的私人身份得到了上司的尊重，他们才会真正感到被重视、被激励，做事

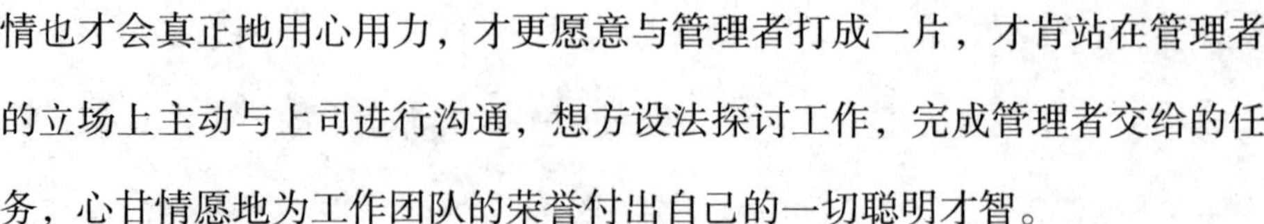

情也才会真正地用心用力，才更愿意与管理者打成一片，才肯站在管理者的立场上主动与上司进行沟通，想方设法探讨工作，完成管理者交给的任务，心甘情愿地为工作团队的荣誉付出自己的一切聪明才智。

然而，尊重人才这句话，绝非只是说说而已，它不但要求企业的管理者从心理深处意识到尊重人才是管理好企业的根本，更要求管理者要将其转化为自己的言谈举止。具体要从哪些方面去做呢？

一是尊重人才先从细节开始。

如果去问一位企业管理者：“进下属的房间是否需要敲门？”

相信许多管理者都会不以为然地说：“整个企业都是我的，还需要敲什么门呢？”

其实，在工作中，能否让下属感受到受到尊重，往往取决于点点滴滴的小事。

英特尔的前首席执行官格鲁夫的办公室与员工的办公室的大小是一样的。许多参观者十分不解，有的甚至批评格鲁夫这样做显得太过虚伪。而格鲁夫却说道：“我之所以这样做，是不想让自身的权力不自觉地放大，这样会给员工们造成一种心理压力，不能与他们进行真正平等的交流。”

二是将帮助人才成功作为一种工作职责。

尊重人才就是要尽力地满足其心理需求。每个人才都有渴望成功的心理需求，所以，管理者也要尽力地帮助他们成功，如此才能消除与他们之间的隔阂，拉近双方的心理距离，激发他们的灵感、信任、热情与责任心。

原惠普中国公司副总裁吴建中曾说：“尽力帮助企业中那些精英，是对他们最大的尊重，每个管理者都应将其当成一种工作职责加以履行。”

而如果一个经理擅用权力去欺压人才，限制他们发挥自身的才能，就一定不是个称职的管理者，至少说明其不是一个具有现代意识的管理者，最多也就是个旧社会的工头。管理者最为重要的事情是用他的权力、他的专长、他的影响力去尽力地帮助员工成功。这样才能满足那些精英人才最深层次的心理需求，才能为企业发展献策出力。

三是采用正确的沟通方式。

造物主给我们两只耳朵一个嘴巴，本来就是让我们多听少说的。在工作中，管理者也只有善听那些精英人物的心声，积极采纳他们的意见，积极让他们参与到管理中来，才能让他们感受到被尊重。

要知道，世界上几乎没有任何一个人真正地喜欢听从别人发号施令，相反地，大多数员工更愿意管理者以协商的语气与自己交谈，他们认为这是对他们最起码的尊重。

所以，在工作中，管理者要尽量与员工进行心灵上的沟通，了解他们的想法，积极采纳他们的意见与建议，如此才能让员工感受到被尊重，也才更愿意与企业融为一体，愿意竭尽所能献策出力。

对人才的尊重和使用既体现了一个人的胸襟和气度，又体现了他的战略眼光。在如今这样的知识经济时代，没有知识和人才实际上在某种程度上就意味着保守和落后。以创业为例，对于创业者来说，如果在创业之初就已经落后于时代，那么其创业的结局也就可想而知。因此，一个人真正要想有所作为，一定要有强烈的尊重知识、尊重人才的意识，并将其付诸行动，把众多的有识之士延揽至自己的麾下，充分发挥他们的积极性、创造性。只有在一群志同道合的人才的协助之下，你的成功之路才会焕发出勃勃生机。

很多人知道尊重人才的重要性，不过，对于尊重人才这个问题，很多人在认识上还存在误区。其中比较常见的一种错误认识是：很多领导者都希望各类人才云集到自己的麾下，然而，一旦他们真正拥有了这些人才，又往往把人才当作装点门面的工具，甚至对人才颐指气使，随心所欲地使唤，把人才当成专属于自己的奴隶。这种做法实际上不是尊重人才，而是在压抑和埋没人才，对自己的发展毫无帮助。其实，真正尊重人才的人不仅会想方设法地把人才延揽至自己的麾下，而且还要学会主动给各类人才提供充分发挥其特长的条件和空间，使他们的智慧得到充分展示，群策群力，集思广益，推动自己走向成功。

用人不疑得人心

用人不疑，疑人不用。这是处理上下级关系的一条基本原则。无论是在古代，还是在现代；无论是在中国，还是在外国；无论是在硝烟弥漫的战场，还是在杀机四伏的商场，它都是一条锦囊妙计，用起来十分有效。

李世民起兵打天下的时候，手下收容了大批降兵降将，如何使用这部分人，让李世民颇费心机。“害人之心不可有，防人之心不可无。”为防止这些人阵前反戈一击，或人在曹营心在汉、内外勾结、进行破坏，李世民制定了一些管理办法，防止意外事件发生。

有一天，李世民清点将士时，发现降将寻相逃跑了。寻相和尉迟敬德是好朋友，是同时投奔李世民的农民军将领。寻相一跑，有人就对尉迟敬德产生了怀疑。屈突通、殷开山等人没有请示李世民，擅自做主把尉迟敬德抓了起来，带到李世民的帐下。屈突通等人报告李世民说：“尉迟敬德勇猛异常，一般人不是他的对手。他和寻相是把兄弟，寻相跑了，他留在这里也不保险。为防后患，不如趁早杀了，省得给自己找麻烦。我们已经把他抓起来了，现在进帐报告，听候秦王的处决。”

李世民道：“二位因为寻相逃跑，就怀疑尉迟敬德会逃跑，是这样吗？你们要知道，尉迟敬德要想逃跑，是不会落在寻相之后的。如今敬德没有逃跑，就说明他不想逃跑。”接着，李世民亲自到帐外去见尉迟敬德。他帮助尉迟敬德解开绳子，取出金银说道：“大丈夫志向高远，胸怀宽广，性格都是一样的，请不要因为误会，受点冤枉就放在心上。如果你想走，这些金银可作为路费，以表示我们俩的战斗友谊。我明人不做暗事，不会陷害你的。”

尉迟敬德听了李世民的话，放声痛哭，跪在地上说道：“大王对我这样好，我要誓死为大王效力，但您的赠礼实在不敢接受。”李世民把尉迟敬德扶起来，接着说道：“将军如果还想在我身边干，就把金银收下。”尉迟敬德坚决不收。李世民就说：“收下吧！这金银就作为以后的奖赏！”尉迟敬德拜谢后退出。

从此以后，尉迟敬德就像变了个人似的，成了李世民的得力干将。事隔不久，李世民率500名骑兵在战地巡逻，突遇王世充的骑兵、步兵不下1万余人，为首的是单雄信，他手持长枪，直刺李世民。李世民慌忙拔刀迎战，无奈短刀难抵长枪，频频后退，难以招架。

正在此时，从侧面杀出一员猛将，拿着兵器直奔单雄信而下，猛然一

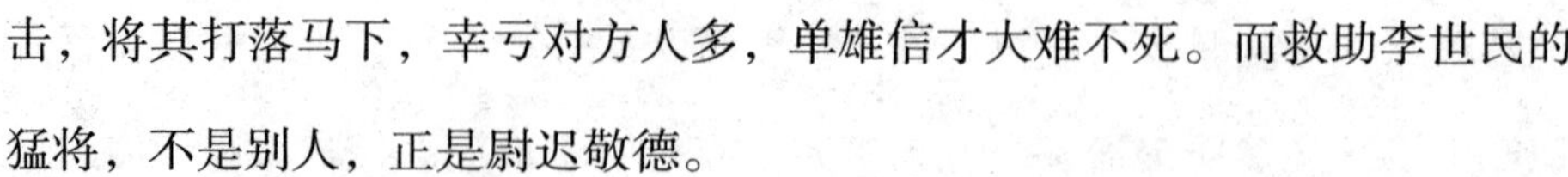

击，将其打落马下，幸亏对方人多，单雄信才大难不死。而救助李世民的猛将，不是别人，正是尉迟敬德。

正是因为李世民的信任，才挽留住了尉迟敬德这员大将，才在关键时刻得其相助。其实古往今来，凡是优秀的领导者在用人方面都能够做到用人不疑，疑人不用，这既是一种胸怀，更是一种大智慧。

解放战争时期，在国共两党的历次大决斗之中，毛泽东就用人不疑，疑人不用，自己坐镇延安，放手让将领去战场上拼杀。将在外，君命有所不受，刘伯承、彭德怀、林彪等可以充分发挥主观能动性，随着战场、形势的变化，制定正确的战略战术。不必缩手缩脚，打没有把握的仗。

而蒋介石就不一样了，他的部队不仅有嫡系、杂牌之分，而且其最高决策层也是貌合神离，明争暗斗，相互提防。像李宗仁、白崇禧、阎锡山、何应钦等人，不用不行，用了又不放心，结果是疑人必用，用人必疑，相互牵制，内部矛盾错综复杂，形同乱麻。国民党岂有不败之理？所以说，国民党的失败是历史的必然。

组织成员如果想要维护好内部的关系，最为重要的就是做到相互信任。关于信任，我们可以从3个方面来加以理解：首先，信任是我们选择生活方式的原则和基础，是我们评价自身和他人行为的标准。只有做到了对自我和他人的信任，才能体现出最为重要的品质。其次，信任是自尊的衡量标准，也就是自我感觉。如果连自己都不相信自己，那么我们很有可能就会自暴自弃，最终放弃自我。如果对他人信任不够，就会心生猜忌。而一旦有了信任，我们做事情则会变得更加有效率。最后，信任是由内而外产生的。在强调信任的时候应当优先考虑的是自己是否能够得到别人的信任。只有自身做到了，才可以要求别人对自己产生信任。当然，能否做到相互信任，这是一个非常大的难题，需要人们作出各方面的努力。

信任，通常在工作契约上获得体现。工作契约往往是领导者与员工达成的一种隐性协议，确定双方对风险、技能、劳动和报酬权衡的理解。它还解释了双方的相互对待方式。

在以关系为基础的单位中，契约规定了工作关系的性质、质量及真诚程度。它是我们相互对待和单位管理经营体制的一种具有约束力的义务。

这种新的契约将让每个人获得自尊和尊重。承认员工来自不同背景，具有不同程度的自尊和不同的技能，能增强员工的主人翁精神，并使其个人远景目标与单位的战略方向高度一致。使员工能全面融入单位，与单位共同走向成功。

这种新的契约不仅是关于薪酬福利，而且与关系和贡献紧密联系。因此，业绩可以通过客户和同事来评估，也通过自我评价来评估。

这种新契约的关键在于重新界定管理层和员工之间建立信任工作关系的能力。我们所讲的这种新的信任制度，是要将过去以“我”为中心的单位文化，转变成一种以“我们”为中心的文化。

为了能实现这个目标，应当对契约进行有效管理，以发挥其效能。每个人都有责任确保协议顺利达成。当团队有一个自理结构来确保团队成员各尽其责时，效能就取决于团队所设立的目标。

虽然契约的基本原则是既定的，但随着员工的发展和成熟，学会了如何以不同的方式工作时，契约的应用方法也在时刻变化。从这个意义上来说，契约可以由契约订立者灵活解释。

工作关系和客户关系正由害怕竞争逐渐转为以信任为基础的合作。由于文化是建立在互相尊重的基础上，因此关系重在诚实可靠的沟通和对

话，而绝不是阳奉阴违、虚情假意。

这样，单位创造业绩的速率将大大提高。内部冲突减少了，信任程度提高了，员工就会更注重客户需求，提高工作效率和质量。内部沟通增强了，目标一致了，员工工作起来就更灵活机动。如果大家都没有部门保护主义，业务流程就会简化。

总之，现代的企业是要创建一种以关系为基础的单位，是要创建以信任和相互尊重为原则的工作场所。

在软件大国爱尔兰，各软件公司都变控制管理为信任管理，公司对员工更多地提供价值观的满足而不仅仅是物质上的满足。

在沃尔玛，每一个领导人都用上了镌有“我们信任我们的员工”字样的纽扣。这正是沃尔玛从一家小公司发展成为美国最大的零售连锁集团的秘诀之一。

在现代社会中，如果想要把企业做大做强，进行信任投资是必不可少的。只有做到了信任，一个企业才能做好管理文化，而管理文化对企业的发展方向有着重要影响。例如，日本著名的松下集团，它的商业机密对员工都是开放的。在新员工上班的时候，他们就做到了对员工进行开放的技术培训。当然，关于这一点，很多人都在担心泄露机密的可能性，然而松下幸之助却说：“如果为了保守商业秘密而对员工进行技术封锁，员工会因为没掌握技术而生产更多的不合格品，加大单位的生产成本，这样的负面影响比泄露商业秘密带来的损失更为严重。”的确，对于那些以脑力劳动为主的一些单位，他们根本无法对人的思想进行完全控制，只有做到信任才是明智的。

如果企业对员工不够信任的话，企业需要付出更大的成本来进行管理。其实，在人与人相互信任的过程中，如果做不到真正的信任，必然会付出高昂的代价，这是很多人的观点。缺乏信任，一个企业中的员工不可能凝聚在一起产生更大的生产能力。但做到相互信任之后，整个工作都会有很大的起色。然而，在信任与不信任相互转化的过程中，起着最为关键作用的是企业的领导者。

或许在每个单位中，领导者都会强调信任的重要性。如果做不到，员工们也不会有大的反应。但这种情况一直持续下去的话，不信任的氛围会越来越浓。为了避免受到领导的批评，很多人会对他人提出的意见或者是建议嗤之以鼻，最终使大家不欢而散。因此，它对企业发展的危害是非常大的。

当然，想要打破这种局面也是有办法的。其中最为直接的办法就是尊重和承认每一个员工的想法。在他们提出意见或者建议的时候，领导要以倾听者的态度去接受，而且还要鼓励大家继续发扬这种精神，更要做到实干，千万不能因为某种情况就终止了自己的想法。另外，对于员工的想法还要考虑他们的践行能力，只有这样，才能让领导感觉员工间的信任是多么的重要，久而久之，整个工作局面就会得到改观。

防微杜渐远小人

自古以来，封建帝王的身份地位都是至高无上的，所以在如何树立权威这一点上，几乎不必花什么心思，只要不是愚如胡亥、钝似刘禅，帝王

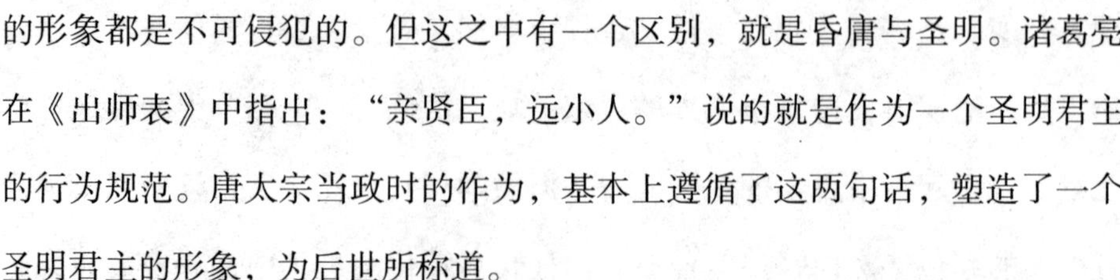

的形象都是不可侵犯的。但这之中有一个区别，就是昏庸与圣明。诸葛亮在《出师表》中指出：“亲贤臣，远小人。”说的就是作为一个圣明君主的行为规范。唐太宗当政时的作为，基本上遵循了这两句话，塑造了一个圣明君主的形象，为后世所称道。

作为一国之主，唐太宗的压力也是非常大的。除了害怕别人篡权之外，对军事也极为上心，整天都不能睡个好觉。在办理国家大事的时候，唐太宗还需要考虑哪些臣子是忠诚于自己的，哪些需要得到重用，哪些需要被剥夺权力……

对于如何清除那些喜欢造谣或者是谗言之人，贞观初年，唐太宗曾这样说：“朕综观前代谗佞之徒，都是国家的叛贼。他们或巧言令色，迷惑国君；或结党营私，贻祸朝野。若国君昏庸无道，必然被他们蛊惑。忠臣孝子泣血含冤，好比大片兰花竞相开放时，却被秋风所摧折，君王想要明察事理时，却被小人所蒙蔽。如此之事记载于史籍上的，已不胜枚举。比如北齐、隋朝时小人谗言惑主的事，朕选择一些亲见亲闻的事说给你们听一听：斛律明月是北齐良将，他的声威令敌国闻风丧胆。北周每年冬天凿开汾河上的冰封，就是担心斛律明月会率兵从坚冰上过来攻打他们。等到后来斛律明月遭到祖孝征散布谣言诬陷，被问罪诛杀以后，北周才开始有进攻北齐的打算。隋朝的开国大臣高颎很有治理国家的才能，曾辅助隋文帝统一霸业，执掌朝政20余年，天下因他的治理而得以安宁。可隋文帝偏信妇人之言，一味排斥高颎。后来高颎被炀帝所杀，隋朝政法因此衰败。还有隋太子杨勇，统率全国军队、代理隋朝朝政20年，居功甚伟，并早有储君的名分。宰相杨素却欺君枉上，陷害忠良，对文帝极言太子杨勇不才，以致文帝废杨勇立杨广。杨素欺骗文帝，残害良善，使父子伦常一朝失位，叛逆祸乱之源也因此而生。隋文帝废嫡立庶，终被杨广和杨素合谋害死，祸及自身。杨广即位后，荒淫无道，大兴土木，致使隋朝灭亡。古人说：'朝纲乱则谗言多。'这句话说得非常有道理。朕常常在祸事刚露出苗头之际便加以制止，不使其发展，以此法来禁绝谗言，防止诬陷之事发生，但仍然担心有所不及，或不能觉察先兆。前代史书说：'猛兽居于山林之中，百姓不敢去采摘东西；朝廷中有耿直的臣子，奸邪之臣便不敢轻举妄动。'并因此严格要求自己以及大臣们要远离小人。"

唐太宗在防微杜渐方面有一个非常好的例子，足以表现出唐太宗对待弄臣的态度。唐太宗想要看看杨思齐的技艺，而段纶就建议杨思齐造演戏用的傀儡，把它呈献给唐太宗。唐太宗说："傀儡制造得确实精巧绝伦，杨思齐可谓当代巧匠。征得如此巧匠，理应令他制造一些有利于国家工业的器具，可你却令他先造戏具，这岂是当初戒令百工不为奇技淫巧的本意？"所以，段纶被贬了。事实上，段纶受到这样的处置有些冤枉，但是他的做法确实有误导皇上以狎邪之嫌，这极大地触犯了唐太宗的禁忌。因为在唐太宗心中，皇上应当做到"远小人应防微杜渐"。

贞观十六年，唐太宗对谏议大夫褚遂良说："你主要负责记录朕的言行举止，这段时间，你记录的我的行为是好还是不好呢？"听到皇上这样问，褚遂良说："之所以设置史官就是为了能如实记录。当然，如果做了什么好事一定要记录下来，但是如果有什么过失也不能隐藏。"唐太宗说："朕现在正在努力去做三件事情，而做这些事情的目的就是为了减少史官记录朕过多的过失言行。其中第一件事就是借鉴之前君王治理国家的成败经验和教训；第二件事是为了把国家治理得更好，需要提拔和重用真正有才干之人；第三件事是对于那些妄进谗言、品行恶劣的小人采取废弃

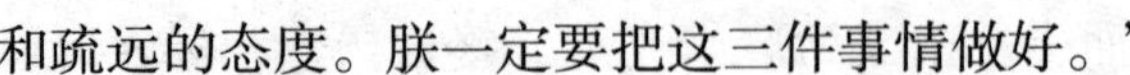

和疏远的态度。朕一定要把这三件事情做好。”

在唐太宗统治时期，“远小人”是非常重要的事情。特别是对于那些爱使用小伎俩的小人，唐太宗更是采取重重措施加以防备。

当然，如果有人真的进谗言了，唐太宗也会慎重采取措施来加以处理。贞观时期，唐朝内部有两个小人，那就是权万纪和李仁发，他们经常刺探朝中大员的隐私，倘若发现有造反的态势，就会如实告诉唐太宗。经过长期发展，无形中，权万纪和李仁发就成了唐太宗的眼线，得到了皇帝的宠信。在得到了唐太宗的宠爱之后，他们开始恃宠而骄，变得更加肆无忌惮起来，向唐太宗进的谗言更多，甚至是捕风捉影。一旦他们与其他官员有什么过节，必然会变本加厉地告诉唐太宗。所以，很多人因为“莫须有”的罪名而受到谴责。魏徵直谏道：“万纪等这些人都是小人，根本没有什么学识修养，为了表示自己对您的忠诚就采用告密的方式。陛下，你应该知道他们是不能被重用的，表面上重视他们只是为了显示出对他们没有什么避讳罢了。但是万纪等人却因此挟恩仗势，逞其奸谋，屡进谗言。现在他们告状的人其实没有什么罪名，只是与他们之间有一点小的恩怨。如果陛下想要改变这种情况，只能是任用真正有才之人。即使无法使用贤才，但也与这些小人保持距离，因为他们会损坏你的圣明。”听魏徵这样说，唐太宗顿时觉悟了，于是奖赏了他。在这之后，如果权万纪等人进言诬告大臣，唐太宗都不会相信了。渐渐地，唐太宗疏远了他们。后来，权万纪等因为诬告别人而被判处死罪。

如果说，“远小人”表现了唐太宗的圣明，那么亲近贤臣更加说明了他是一位明君。得知魏徵是非常有见识和思想之后，唐太宗打算重用他，于是把魏徵引入内寝，两人席地而坐，然后让魏徵来说明国家大事应当如何治理以及自己有什么地方处理得不对，而对于魏徵的建议或者是意见，唐太宗都会虚心听取。

纵观中国古代历史，真正能够做到“远小人，亲贤臣”的皇帝并不多见。但是，在这一方面，唐太宗却做到了。

无论是大唐帝国这个庞大的团队，还是当今企业的小团队，都不可能做到团结一心。在团队内部，总是存在着一些不和谐的声音，一些成员造成了团队内部的不稳定，成为了团队中的害群之马。这时候，管理者一定要像唐太宗那样尽快做出反应，及时去除团队中的害群之马，以保证团队的稳定。

一个公司老板向自己的朋友埋怨说：他的公司里有一个员工，总是挑拨是非，在背地里说同事的闲话，弄得公司里的气氛十分尴尬。但是由于公司正处在起步的关键阶段，正是需要人才的时候，因此他还不想开除这个员工。朋友听完他的话之后，在他的面前放了两个桶：一桶是浑浊的污水，另一桶则是飘着香气的美酒。朋友首先在污水桶里倒入一勺酒，然后笑着问老板：“你看这桶污水有什么变化吗？”老板看着依旧浑浊的污水，摇了摇头。接着，朋友又在美酒桶里倒入了一勺污水说：“你再看看这一桶。”老板伸头一看，原本香气四溢的美酒，已经被那勺污水所污染。

这个简单的实验，道出了管理学上的一个重要的理论，即“酒与污水定律”。其含义就在于，决定一个企业好坏的重要因素，并不在于你有多少美酒，而在于你有多少污水。即使是一个团结合作的团队，只要掺入了一两个不好的员工，就足以使得整个团队就此瘫痪。

这和中国俗语中常说的“一粒老鼠屎坏了一锅汤”在道理上是异曲

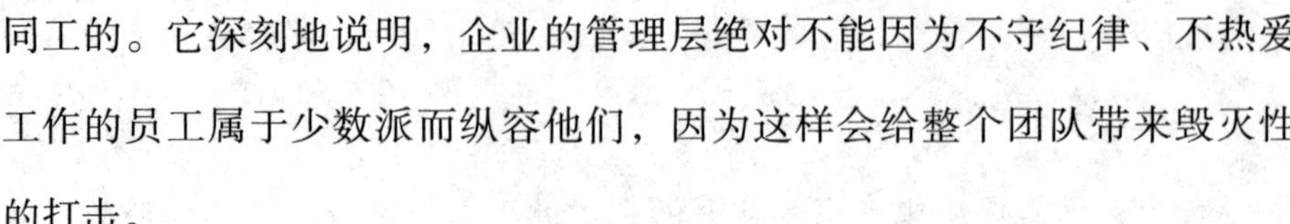

同工的。它深刻地说明，企业的管理层绝对不能因为不守纪律、不热爱工作的员工属于少数派而纵容他们，因为这样会给整个团队带来毁灭性的打击。

然而在现实中，很多企业却都会犯这样的错误。他们或者出于对现实成本的考虑，或者是管理的不擅长，使得他们对员工的一些不职业行为置若罔闻，最终带来的结果却是伤害了企业自身。

素质差的员工就像箱子中的烂苹果，如果不及时进行处理，那么最终必然会导致整个箱子中的苹果都烂掉。管理者需要做的，就是在发现烂苹果后及时对其进行处理，避免危害的扩大。

但一个现实的问题又摆在了管理者面前：哪个企业敢说自己的公司内部没有“污水”员工的存在呢？既然这种存在是一种社会普遍现象，管理者究竟应当如何杜绝？

在现实中，好员工和坏员工之间有一个互相较量的过程。好员工相信并服从公司的管理，“污水”员工则对公司的制度处处进行抵制。管理者要做的，就是坚定不移地站在好员工一边，给予那些认真工作、努力为公司服务的员工较好的待遇，让他们了解到公司对他们的重视和培养，使他们能够更加坚定自身的立场。这样一来，不但好员工会从中受益，更加支持公司的工作，那些“污水”员工也会重新进行价值评估，转而向好员工看齐，问题也就迎刃而解了。

如果公司给予好员工的较好待遇和积极认可对于那些“污水”员工依旧没有任何效果，那么管理者就应当坚决将这些人从企业的队伍中清除。企业是用人单位，而不是培养和教育人的场所，没有义务对这些不能融入企业文化的员工进行培训。企业的根本目的是为了获利，而这些坏员工恰恰是企业达成这一目的的最大障碍。只有清除这些妨害企业发展的毒素，企业才能够不断地获得新的进步。

扬长避短用人才

金无足赤，人无完人。人总会有自己的短处与毛病。如果用求全责备的眼光去看人，就会有眼不识人才。因此，在选人上，“人才有长短，不必兼通”，否则必将无才可用。对此，唐太宗有着深刻的认识。他一再强调“因其才取之”“舍短取长，然后为美”，并坚持认为“良匠无弃才，明主无弃士”，若得用则满目皆为俊才，若弃之不用则一无可用之人。

贞观二年，唐太宗指示尚书右仆射封德彝举荐贤才，可是几月过后，却毫无动静。他掩饰不住求贤的急切心情，斥责封德彝说：“要治理天下使之安定，最根本的就是要有治国的人才。我一直请你推举贤才，可是总不见你有所推荐。朝廷事务如此繁重，你应该替我分担忧劳，如果你不发言推举，那么我还靠谁呢？”封德彝回答说：“臣虽然愚昧，但是怎敢不尽心去办这件皇上交给的事呢？只是至今所见，确实还没有发现有什么特殊才能的人。”唐太宗感到极为生气，驳斥道：“前代贤明的君主，使用人才就像使用器物一样，都是取材于当时，没有一个是到另一个朝代去借用人才的。难道非要像商汤那样梦见了傅说，像周文王那样遇到了吕尚，然后才能施政吗？何况，哪一个朝代没有贤才，恐怕只是我们遗漏而不知

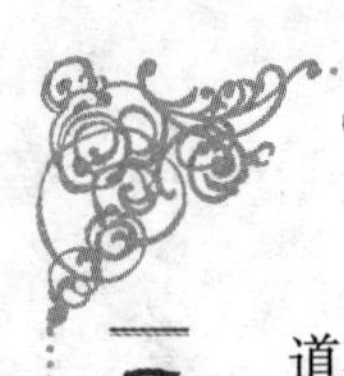

道罢了。”

唐太宗的择人思想由此可见一斑。他认为人才不会没有，关键在于物色，如果不去发掘人才，也就不能发现人才，必不知人。相形之下，封德彝就难以认识到这一点。其实封德彝所有的缺陷是常人所有的，这就是不善于从身边、从现实生活中去发现，只把人才与历史的名哲圣贤相比，犯了按图索骥的错误，这样也就很难发现贤才了。

其时的大理寺卿戴胄，就是唐太宗取长而用的一个典型。戴胄曾任隋朝门下事，他为人正直无私，通晓律令，但对往史却是一无所知。对此，唐太宗看得十分清楚。他认为，法律要得以维护和执行，必得有公正无私之人，而这样的人则首推戴胄。于是，他便任命戴胄为大理寺卿。上任之后，戴胄在执法上的确是十分公正严明，但在任职官吏时他却总是压制文人而屡屡褒扬明法的官员。唐太宗并没有因为这些小过而放弃对他的重用，他说：“戴胄与朕无骨肉之亲，但却忠直励行，情深体国”，对其长处大加褒扬。

旧臣萧瑀出身于帝王之家，深通封建法度，但其性情偏倔，议论明辨，却不容人之短。因气量太小，他常与群臣发生争执，每每声色俱厉，不仅使得同僚失和，也经常惹得唐太宗很不高兴。但萧瑀为臣极为忠直，唐太宗对此极为欣赏，他曾亲自对萧瑀说：“卿之忠直，与人不过。”并赐诗给他说：“疾风知劲草，报荡识忠臣”，也因而对其缺点一再予以耐心教育和容忍，一直没有放弃对他的起用。直至最后实在没有办法的情况下，才忍痛将他贬为商州刺史。

“人之行能，不能兼备，朕弃其所短，取其所长。人主往往进贤则欲置诸怀，退不肖则欲推诸壑，朕见贤者则敬之，不肖者则怜之，贤与不肖各得其所。”正是基于这一认识，唐太宗才有了以上的做法，而对他的众多肱股之臣，唐太宗虽然任之有加，但对其才干得失，优缺长短，他却也并非无所察觉。

贞观十八年八月，唐太宗曾对其大臣作过品评：“长孙无忌善避嫌疑，应物敏速，决断事理，古人不过；而总兵攻战，非其所长。高士廉涉猎古今，心术明达，临难不改节，当官无朋党；所乏者骨鲠规谏耳。唐俭言辞辩捷，善和解人；事朕三十年，遂无言及于献替。杨师道性行纯和，自无愆违；而情实怯懦，缓急不可得力。岑文本性情敦厚，文采华赡；而持论恒据经远，自当不负于物。刘洎性最坚贞，有利益；然其意尚然诺，私于朋友。马周见事敏速，性甚贞正，论量人物，直道而言，朕比任使，多能称意。褚遂良学问稍长，性亦坚正，每写忠诚，亲附于朕，譬如飞鸟依人，人自怜之。”这年3月，他对当时的名将亦作了评价，他说：“于今名将，唯世勣、道宗、万彻三人而已，世勣、道宗不能大胜，亦不大败；万彻非大胜即大败。”由此可见，唐太宗对自己的文臣武将，可谓了如指掌。他并非看不到他们的缺点和劣势，不过是凭着自己的驭人之智，巧妙地用其所长，避其所短，使其尽才而用而已。

正是由于唐太宗能客观地对待人才，不求全责备，善于容纳别人的缺点和不足，才使得具有不同性格、个性棱角的人能聚拢于一朝，各得其所，尽其所能，也使得一些有着较为严重缺点的偏才不致埋没，充分避己之短而扬己之长，利用自己的优势来为大唐江山服务。这样，就调动了各种积极因素，并使得消极因素亦向积极因素转变，终于成就了“唐多能臣，前有汉，后有宋，都望尘莫及”的局面。

俗话说：“事之至难，莫如知人”。其实要想真正辨别一个人的好坏非常困难，如何辨别他们是否有才，则更是难上加难。每个人都不是完美的，都是优点和缺点的集合体。在看待他人的优缺点时，每个人都有自己的标准，当然也有自己的观察角度。如果在看人的时候，自己的心理是比较灰暗的，那么在你的眼中，别人是不会有任何优点的，如果你的心中充满了阳光，看到的人也是非常美好的。因此，在观察他人时一定要保持客观，只有这样才能真正全面了解一个人。

吴用，表字学究，道号加亮先生，平生机巧聪明，曾读万卷经书，是宋江的军师，被人称为“智多星”，一生屡出奇谋，屡建战功。吴用不但在军事上有建树，在识人用人上也是别具一格。《水浒》第五十六回记载的就是吴用在破连环马时，慧眼识时迁，派时迁偷甲骗徐宁上了梁山的故事。

时迁，祖籍高唐州，曾流落江湖到蓟州，整天做些飞檐走壁、跳篱骗马的勾当。时迁知道自己的长处和短处，面对信奉“蛮力打江山”的水浒世界，时迁无疑是自卑的。他有些胆小，形象也颇为猥琐。其短处非常突出——偷鸡摸狗成性。但军师吴用就很善于从人的短处来看其长处，他发现时迁有非常突出的长处——有飞檐走壁的功夫，而且身手敏捷、胆略过人、有勇有谋。吴用想此人以后定有大用处。果不其然，吴用的眼光很是独到，时迁的长处很快就被派上了用场。在一系列的重大军事行动中，军师吴用都委其以重任，使时迁成了这些军事行动能够成功的重要人物。

有一次，梁山好汉需要钩镰枪破阵，铁匠汤隆建议请他姑舅哥哥金枪手徐宁来一物降一物，而诱饵便是徐家祖传的宝贝——雁翎圈金甲。可是大家知道徐宁断然不肯借来一用。汤隆建议：“徐宁先祖留下一件宝贝，世上无对，乃是镇家之宝。汤隆彼时，随先父知寨往东京视探姑姑时，多曾见来，是一副雁翎砌就圈金甲。这一副甲，披在身上又轻又稳，刀剑箭矢，急不能透，火都唤作赛唐猊。多有贵公子要求一见，造次不肯与人看。这副甲是他的性命，用一个皮匣子盛着，直挂在卧房中梁上。若是先对付得他这副甲来时，不由他不到这里。”吴用听了，马上想起时迁的短处，也是其最大的长处，便说，“若是如此，何难之有？放着有高手弟兄在此，今次却用着鼓上蚤时迁去走一遭。”时迁随即应道：“只怕无此一物在彼，若端的有时，好歹定要取了来。”汤隆道：“你若盗得甲来，我便包办赚他上山。”

这个光荣的任务就毫无疑义地落在神偷头上，时迁从此时开始展露出他那惊人的传奇经历！时迁不仅手脚轻敏，而且知道灵活多样地和主人进行迂回包抄：踩点—望风—埋藏—潜伏—换位—吹灯—盗甲—口技—出门—交货。时迁出色地完成了任务。《水浒》中有首诗就是对这一情节的概述，这首诗是：“狗盗鸡鸣出在齐，时迁妙术更多奇。雁翎金甲逡巡得，钩引徐宁大解危。”吴用使时迁盗甲，汤隆赚徐宁上山，就是善用时迁“梁上功夫”的特殊才能，盗走挂在屋梁上的祖传雁翎锁子甲，引诱徐宁上了梁山，教习“钩连枪”，破了“连环马”。

不但如此，时迁在以后的作战中也立下了汗马功劳。他为救卢俊义，和一干好汉潜伏进北京城，放火烧翠云楼，还一针见血指出伪装成乞丐的孔明孔亮兄弟“面皮红红白白，不像忍饥挨饿的样子”。最值得一提的是，时迁还打入了敌人内部，不仅胆大，而且心细，将情况摸得了如指掌。尔后，时迁坦然作为梁山的人质，被关押在法华寺内。听到外面杀声大作，直接就爬上钟楼敲钟为号，打响了决战的第一枪，真可谓智勇双

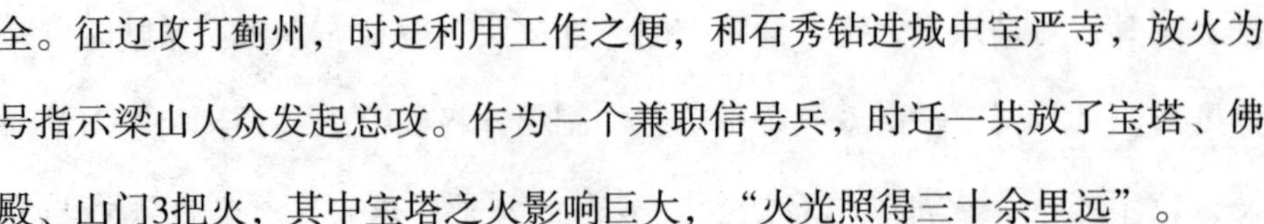

全。征辽攻打蓟州，时迁利用工作之便，和石秀钻进城中宝严寺，放火为号指示梁山人众发起总攻。作为一个兼职信号兵，时迁一共放了宝塔、佛殿、山门3把火，其中宝塔之火影响巨大，“火光照得三十余里远”。

攻打方腊时，时迁和李立、汤隆、白胜几个，从小路混入独松关，祭起看家本领——放火。在方腊看来，昱岭关是坚如磐石的，在卢俊义损兵折将、敌人不知所措的时候改变策略，可以说：“已有一万宋兵过了关去了，及早投降，免你一死。”这句话对敌军的打击特别大。在南兵处于手忙脚乱之时，林冲、呼延灼率领大批士兵配合了这一场精彩的演出。从这个方面来说，如果没有时迁，这场战役也不会打胜，更不可能载入历史史册。此时，陈世龙也感恩戴德，尽心效力。

“短中见长”，是一种高明的识人方法。一些人有着看似明显的缺点，但如果用人者独具慧眼，则会把这些缺点看作是某个时候的优点。在一些特定的环境下，这些“缺点卓著”的人将会发挥旁人无法企及、代替的作用。

从这个故事可以悟出一个道理：若先看一个人的长处，就能使其充分施展才能，实现他的价值；若先看一个人的短处，长处和优势就容易被掩盖和忽视。因此，看人应首先看他能胜任什么工作，而不应千方百计挑其毛病。

为了能更好地用人，首先应该识人，所以，把注意力集中在一个人的优点上是着眼点。正如管理专家杜拉克所说：“一个聪明的经理审查候选人绝不会首先看他的缺点，至关紧要的是要看他完成特定任务的能力。”的确，每个人都不是完美的，都是矛盾的统一体，既存在优点，也存在缺点，领导如果能够做到扬长避短，所有的员工都是可以在重用之下大放异彩的。可见，做领导是有着非常大的学问的。

在制造感光材料的时候，美国柯达公司需要有人在暗室工作。视力正常的人在进入暗室的时候，马上就会变得不知所措。鉴于这一点，有人建议领导说："盲人已经习惯了在黑暗中生活，如果让他们来做这种工作，工作效率一定会大大提高的。"于是，柯达公司经理下令："将暗室的工作人员全部换成盲人"。如果在正常条件下，盲人是无法与正常人相比拟的，但是在暗室这种环境中，盲人的优点就被凸显出来了。柯达公司正是做到了发现人的长处，才得以提高了工作效率，增加了企业利润，获得了成功。正因为这样，公众眼中的柯达公司是一家"重用人才"的公司。

总之，每个人都有优点和缺点。在领导用人的时候一定要明白这一点，只有充分利用员工的优点，才可能成功。

第三章 DI SAN ZHANG 管理变通，“智”理帝国

管理是一门高深的学问，任何经营成果的取得，都是在管理中应运而生的。因此，掌握管理的方法，必将对团队的良好运作和健康发展起到关键性的作用。然而管理并不是一成不变的定律，也没有一种可以遵循的套路，这就要求管理者学会变通，运用发展的眼光去看待问题，去解决问题，如此，便是一种成功的管理。唐太宗治理国家，可以说是管理变通的一个典范，是值得我们现代人学习和借鉴的。

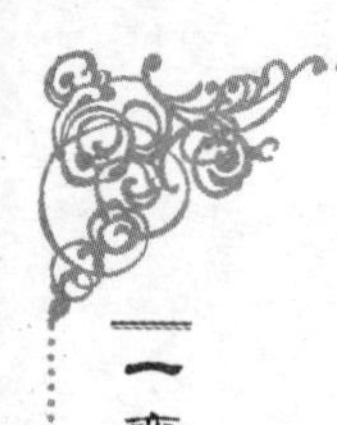

以民为贵君为轻

贞观时代，国力兴旺，政治清明，四海升平，社会稳定，是后世帝王无法逾越的一座高峰，也为帝王治世树立了一个楷模。这一时期，出现了像魏徵、房玄龄、长孙无忌这样一批位高权重的大臣，他们的故事和传说永远定格在人们的记忆之中。那么，为什么贞观君臣会给后世带来这样不凡的印象？他们的魅力到底在哪里？唐太宗凭借什么创造了这个伟大的盛世？

以人为本，是现在的流行语。按照我们一般的理解，就是国家在制定政策的时候，应该充分考虑到人的因素，围绕人来下工夫，重视人性，重视人情，重视人心。人比神重要，人更比钱重要。所谓以人为本，它原本完整的意思是，人民是国家的根本，即“民为邦本”。“以人为本”即“以民为本”，因为唐太宗的名字中有一“民”字，唐代人就尽量改用其他字。以人为本，强调治理国家要重视根本——人。

以民为本的思想，也可以叫做民本思想，是中国古代很理性很先进的一种思想。说这种思想先进，是因为在同一时代，这种思想最重视人民的利益。贞观时期，坚持“以德化民”与“以民为本”相配合，是贞观路线的表现，也是贞观时期治理天下的基本原则。

民本思想在中国思想史上，以孟子的学说最有代表性，那就是“民为贵，社稷次之，君为轻”，“得民心者得天下”。唐太宗曾经这样说过：“君依于国。国依于民。刻民以奉君，犹割肉以充腹，腹饱而身毙，君富而国亡。故人君之患，不自外来，常由身出。夫欲盛则费广，费广则赋重，赋重则民愁，民愁则国危，国危则君丧矣。朕常以此思之，故不敢纵欲也。”

这是什么思想呢？这就是孟子的民贵君轻思想的具体化。他把问题发生的源头归于君主。君主的欲望很多，于是就需要更多的费用，费用从哪里来？只能增加赋税。如果赋税沉重，百姓就会生活艰难，国家就危险了。国家如果不存在了，还有君主吗？当然没有了。

贞观时期的统治者非常重视民众，不仅在思想上重视，还在法律、政治等方面努力实践这一思想，这是贞观之治得以产生的重要原因。贞观时代是中国历史上社会和谐的典范。在国家与社会之间，国家当然是矛盾的主要方面。社会稳定与否，社会治安状况如何，民众道德水准高下，凡此等等，都与国家政策密切相关。贞观政府，即唐太宗君臣有着高度的自觉性，他们坚信国家的责任与国家的道义，从一开始就认为天下治乱的关键在于国家的政策。

唐太宗作为贞观时代的国家领导人，是一国的总指挥，他的思想状态，在很大程度上决定了贞观之治的方向，决定了处理各种关系的基本原则。比如，君民关系实际上就体现着国家与百姓的关系，而社会是否和谐发展，这一对关系发挥着重要作用。唐太宗说：“为君之道，必须先存百姓。”这种民本主义思想在当时是很了不起的。

有一次，朝堂大臣一起讨论问题，说天下有盗贼，怎么消弭这种刑事犯罪呢？当时有人主张严刑峻法，唐太宗不同意这种观点，他说：“民

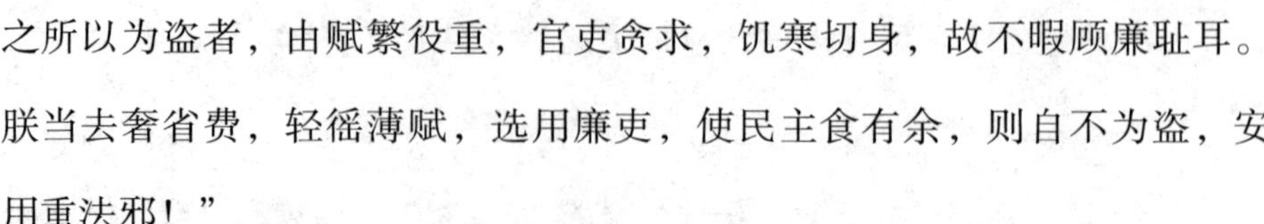

之所以为盗者，由赋繁役重，官吏贪求，饥寒切身，故不暇顾廉耻耳。朕当去奢省费，轻徭薄赋，选用廉吏，使民主食有余，则自不为盗，安用重法邪！”

唐太宗在分析具体问题的时候，显然沿了人道主义路线。对于盗贼这样的犯罪问题，他不是归罪于百姓觉悟不高，而是认为他们是不得已，因为赋敛太重、饥寒交迫，所以就顾不得廉耻了。统治者能够如此理解百姓、贴近百姓，他们制定的政策的人性化就值得期待了。对于社会诸多问题包括犯罪问题，唐太宗认为，其根本的解决之道是减轻民众的负担而不是严刑峻法。严刑峻法是治标的做法，唐太宗的养民政策是治本的方针。

另外，要想成为成功的管理者，必须在身边聚集一批忠于自己的员工。这就要善于关爱员工，及时满足员工的需求。

有这样一个小故事，可以很好地让人从侧面认识到关爱员工的重要性。

一个商人要赶到十几公里外的集市做生意，他将货物放在驴背上，牵着驴子就出发了。

时值酷暑，很快驴子就累得大汗淋漓，它喘着粗气说道：“主人啊！我快热死了，让我歇一会儿再赶路吧！”

“你就想偷懒！前面的集市既有新鲜的干草，又有清凉甘美的井水，到那儿再休息也不迟。”商人吆喝着。

听了主人的话后，驴子打起精神继续赶路。

驴子和商人又走了几公里，路旁边正好有一个水塘，驴子用哀求的口吻说道：“亲爱的主人，让我喝点儿水吧，我实在坚持不住了。”

商人一听，一鞭子挥了过去，咆哮道：“都什么时候了？如果再不赶路，集市就散了。还剩下几里路了，到了集市就让你休息。"

驴子无奈，拖着疲惫的身躯继续艰难地行走着。走着走着，它突然眼前一黑，腿脚一软，倒在了地上。商人用力地拉缰绳，可是用尽了全力，仍然无法把驴子拉起来。

商人的目光是短浅的，为了一桩生意而毁了一头可以不断为他服务的忠实驴子。管理者要想使员工全心全意地为企业作贡献，就应该时时处处体贴员工，让他们意识到自己的重要性。只有这样，他们才会对企业产生一种归属感，从而不懈地为企业创造效益。

斯凯特朗电子电视公司是美国一家研制电视的公司，第一台闭路电视就是出自于此。该公司的总裁阿瑟·利维是一位关心人才胜过关心事业的企业家，在闭路电视的研制过程中，就有他关心员工的一个例子。

当时，该公司有一位名叫比利的技师。比利不仅富有才干，而且非常敬业。为了使闭路电视尽快问世，比利投入了十二分的工作热情。每当走进实验室后，他便仿佛与外界隔绝了，在他的脑海里，只有一样东西存在，那就是实验、实验、再实验！有一次，他在实验室里竟连续待了近48小时！

由于实验是分段进行的，比利总是坚持到一段实验完成后才休息。为了实验，他的精力已经严重透支，但他从来没有抱怨过，休息过后，便再次投入到研究工作中。

一次，阿瑟·利维在与比利交流的时候，看到了他憔悴的脸色，感到非常心酸，因为他知道比利的疲惫是由于熬夜造成的。他对比利说："你的工作方式需要改变一下，如果你不愿意的话，公司将不再研制闭路电视。"

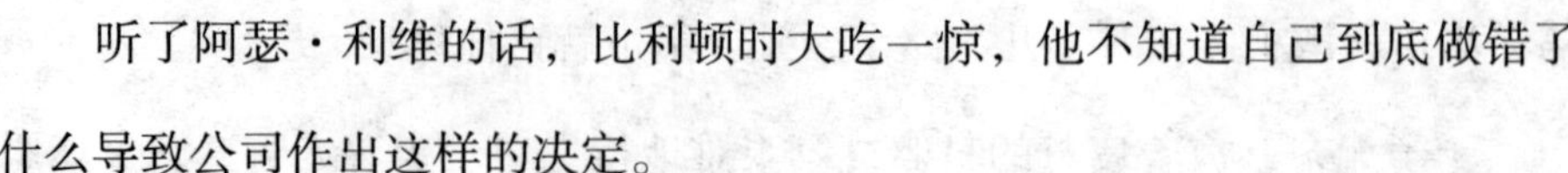

听了阿瑟·利维的话，比利顿时大吃一惊，他不知道自己到底做错了什么导致公司作出这样的决定。

阿瑟·利维看到比利疑惑的眼神后，立即解释道："你要明白一点，你的生命比闭路电视重要。如果你因为研制闭路电视而把身体累垮了，即使闭路电视问世了，对我们来说又有什么意义呢？我可不愿意做这种赔本生意。"

比利这才明白阿瑟·利维那句话的意思，感激地对阿瑟·利维说："谢谢总裁的关心，我会注意身体的。我已经习惯这样的工作方式了，总裁不必担心。"

比利这样说，阿瑟·利维更加难受。他心疼地说道："无论如何，我都希望你不要透支精力。你的敬业和执着是有目共睹的，我知道你一直在努力。所以，你千万不要把压力都扛在自己一个人身上。即使你不能研制出闭路电视，也不必责怪自己。"

阿瑟·利维的真心关怀彻底打动了比利的心，为了报答阿瑟·利维，他下定决心要将闭路电视研制成功。在他的继续努力下，第一台闭路电视成功问世。

华尔连锁商店是美国的第四大零售店，在谈到成功经验时，他们只用了一句简洁明了的话："我们对自己的员工关怀备至。"

华顿是华尔的创办人，自1962年开始，他每年都要视察下属的各个连锁店。公司的经理们在他的带动下，每年也会花大量的时间到连锁商店里工作。华顿曾经说过，他们最好的主意都是员工提议的，因为他们在日常工作中常常让员工们说话，并且请他们参与管理。

在与员工的沟通方面，华顿做得尤为出色。一次，华顿到批货中心去检查工作。在与货运甲板上的工人聊天中，他了解到那里的工作条件和职工的需要，后来专门为工人建了两个淋浴大棚。

又一次，华顿乘专机到得克萨斯州的蒙特皮雷森镇。结果他却在途中就下了飞机然后在公路上拦了一辆华尔连锁店的运货车。在搭乘过程中，他与货运司机聊得很投机，并从中了解到很多情况。

在华尔人的共同努力下，到1970年，华尔连锁店的员工发展到2万多人，销售额猛增至十几亿美元，连锁店分店由最初的10多家发展到300多家。

如今，管理者如果认为只要按月给员工发工资，员工就会死心塌地地工作，那么他就大错特错了。现在的社会形势已经发生了很大的变化，员工不会像以前那样，只要给口饭吃就对老板感恩戴德。他们现在不仅需要按月得到工资，还需要老板的重视。如果管理者不能深入基层去了解员工的不满或一些合理的需求，即使员工纷纷辞职离去，管理者也无法弄明白原因。管理者在举手投足间便可以表达出对员工的关心和体贴，但是有些管理者并没有意识到这样做的意义，所以事倍功半，这不是一个好的管理者应该具备的素质。

对事无情人有情

作为一个合格的管理者，要重视企业的制度，下属如违反了制度，不能讲情面，理应按制度办。但是，如果管理者能将按制度办与讲人情巧妙地结合起来，既坚持制度的严肃性，又能够向下属表达你的仁爱之心，不伤彼此间的感情，是一种极为高明的做法。

党仁弘是秦王府里一位极为有才能的将军，曾立有奇功，有政绩。但是，任广州都督后，他便贪图享乐，买官卖官，鱼肉乡里。他的手下杀人越货，被马周偶遇，并掌握了十分确凿的证据。马周回到长安后，将党仁弘的种种罪行汇报给了太宗。

唐太宗听后极为生气，便派人将党仁弘以及两名侍卫押送上殿。唐太宗看到他明显苍老了许多。党仁弘也不敢与唐太宗对视，觉得有愧于唐太宗的知遇之恩，低下头痛哭起来。

唐太宗对其感叹道："你的行为真让朕伤心啊。"

党仁弘道："陛下，我已经知道错了。"

"从太原起义开始，我们死了多少人，流了多少血，不就是因为隋朝的暴政不能使百姓安享生活吗？但是，你现在的所作所为，与隋朝的暴政又有什么区别呢？"唐太宗十分痛心地说道。

党仁弘说："臣也曾经想到这一层，但是又想到自己曾跟随陛下九死一生，就应该好好享受，看着朝廷给的俸禄不够用，就做出了如此荒唐之事！"

党仁弘依法应当处死，当唐太宗问及殿下的近臣如何处置他时。长孙无忌、房玄龄、杜如晦、魏徵都主张"杀一儆百，让天下知道陛下治国不徇私情。借着这件事堵住那些封王与武德老臣们的嘴，将来处理到他们的头上，也让他们无话可说"。

唐太宗此时仰天长叹，对众臣说道："党仁弘案件让朕寝食不安。党仁弘是国家的功臣，但是他竟然如此不顾国法，为所欲为，作为朝廷命官，祸害百姓，死有余辜。现在，众多大臣也认为他罪当一死，所议至当。魏徵常对朕说，天子更应当去私立公。但是，党仁弘一家为了大唐的江山社稷，有两个儿子战死在沙场上。他大儿子死于薛举之战。我们中了埋伏，第一个被薛举的排箭穿透的人就是党仁弘的大儿子，他满身的箭杆竟有十几支。党仁弘趴在儿子的尸体上，用舌头舔干儿子脸上的血，然后转身上马，又去冲杀陷阵。武德五年，洛阳城下，我们与王世充拼杀。党仁弘抱着受伤的二儿子来到朕的面前，其胸部已经被长矛刺穿，奄奄一息。朕接过他，党仁弘依然没有说话，转身继续冲杀。他二儿子躺在朕的怀中，声音断断续续地说道：'我不能尽孝了，请帮我照顾好父亲。'人之将死，朕如何能不答应他呢。他的两个孩子为了大唐的江山付出了生命。如今，朕却为了大唐的法律要处死他们的父亲，朕真是不忍心呀。在这里，朕求求你们，就饶党仁弘一死吧。作为皇帝，朕不能向大家下跪，但求你们饶他一死吧。好，朕是皇帝，朕不能下跪，但是朕可以跪求上天吧！"

唐太宗说完走出大殿之外，跪下去："上天啊，请留下党仁弘一条性命吧。"满脸泪水流了下来。

殿内，群臣齐跪下来，多为唐太宗的举动所感动，也是满脸泪水。

宰相房玄龄见此情景，感动地说："陛下，这天下都是您一个人的，为什么如此自苦呢？"

因为唐太宗跪求于天，便免除了党仁弘的死罪，将他流放到钦州。

唐太宗本是一个讲求原则的人，党仁弘本该按律处罚，但他念及旧情，设身处地地为党仁弘往昔为大唐作出的突出贡献着想，表现了他仁爱、宽容的个人修养。他的这种仁爱也深深感动了群臣，最终达到了极好

的处理效果。

作为一个管理者，在日常的管理过程中，都可能遇到下属犯错误的情况。如果下属有意或无意地犯了错误，你就要从原则出发，该批评的就批评，该处罚的就处罚，这样才能够做到一视同仁，能够对其他人起到警醒的作用。但是，你也要知道，事情是人做的，对事无情，有可能会伤害到对方的心。所以，处理要做到对人有情。对人有情，既能够使对方心服口服，又能使对方对你产生好感，从而赢得人心。对事不对人，对事要按照制度办事，而对人要始终怀着一颗仁爱之心，讲情面。如果对事无情，对人也无情，只会招致对方的反感，让下属觉得你是一个冷酷无情之人，久而久之，会使人心涣散，影响企业的发展。

一天，有人参奏蜀地一位重要的官员经常酗酒闹事，办事极为不力。唐太宗知道后，很是不能容忍，心想，作为一个重要官员却不能为百姓办实事，整日酗酒闹事，还怎么能为官呢？唐太宗考虑了一下，随即就在奏折上写下了“立即罢免”4个字。

唐太宗曾与这位官员在太原起义的时候有过交情，此人当时办事老道，为官也极为清廉，到如今怎能做出如此之事？他决定遣人前去调查。

调查的人回来之后，唐太宗才知道此位官员因为家中遭到仇人的劫杀，全家上下几十口全部被杀死，包括其老母亲、妻子和儿子。因为伤心过度，他每日都沉浸在痛苦之中，借酒消愁，结果却贻误了公事。

了解到事情的真相后，唐太宗感到十分震惊，对朝上的近臣说道：“我真是太糊涂了！什么都不了解，就要罢免其官，这是对下级官员的关心不够呀！”随后，他对调查此事的人说：“去告诉他，让他赶紧料理家事。我会派人到蜀地去调查真相，查出真凶，还会帮他打理日常的公事。

但是，作为一名重要官员来说他往日的行为确实是极为失职的，必须要降职，以儆效尤。"

那位官员得知这个消息后，感动得热泪盈眶，哽咽着说："真想不到圣上如此英明，这段时间来是我愧对了皇上的恩德啊！"

于是，这位官员很快从悲痛中走出来，将满怀激情投入到公事中去。

唐太宗坚持原则，将这位官员适当地降了职，以维持法律的同时，还命人前去清查其仇人。他这样做，不仅解决了这位官员的忧难，更赢得了这位官员的心。这位官员认识到像唐太宗这样一位能体谅官员的皇帝，是值得为其效力的，便很快摆脱了痛苦，将全身心的热情投入到公事中去，可见"仁爱"管理的威力。

管理既能坚持制度的严肃性，又不伤及员工的感情，是"管理就是一种严肃的爱"这句名言的最好诠释。一个企业，对员工的严格要求，是为了帮助大家自觉养成容易成功的习惯。疲软的工作、涣散的纪律，会像慢性毒品一样，让你的企业渐渐地倾斜、倒塌。管理者在强调制度的时候，千万不要忽视人情的重要性。在很多时候，人情的威力远远大于冷冰冰的制度影响。只有在讲制度的同时，又给员工以关心与爱护，让员工感受到你的"仁爱"之心，才能够让员工在感动之余更服从制度的约束与管理。

范旭东是一位民族资本家，他创立了永利碱厂，并聘请侯德榜担任总工程师，研制纯碱。为了研制纯碱，侯德榜夜以继日不停地干了4年，但是由于永利制碱在技术上无法与洋碱竞争，永利面临着倒闭的危险。

面对这种情况，股东们终于沉不住气了，要另请外国人担任总工程师。这让侯德榜忧虑重重，再也没有心思将研究进行下去了。然而，范旭东却给了他极大的鼓励，力排股东们对他的质疑。在董事会上，他肯定了侯德榜的辛苦努力，并要求董事们“要像支持我一样支持侯博士的工作，在紧急时刻，千万不能挫减他的锐气”。同时，在以后的生活中，他给予了侯德榜更多的激励和关怀。这让侯德榜很是感动，他说：“范先生至诚相待、相濡以沫的精神使我终生难忘，今日只有一意死拼，以报范公之诚。”也正是由于范旭东对他的信任与支持，使得侯德榜更加努力，最终，永利纯碱在国际博览会上一举夺魁，挽救了面临倒闭的永利厂，也为祖国赢得了荣誉。

范旭东正是用仁爱之心打消了侯德榜的种种顾虑，最终激发出他内心的研究激情，获得了巨大的成功。

要知道，在企业中，任何一个员工都有“归属感”的心理需求，渴望在企业中找到“家”的感觉，渴望得到管理者的关怀与温暖，而当管理者心存仁爱之心时，就会不自觉地积极创造条件让他们的心理需求得到满足。这时候，下属或员工的思想认识也会得到升华，无论在什么时候都会以企业的利益为重，严格要求自己；工作态度就会从被动转变为主动，愿意以实际行动为团队增砖添瓦。

圣贤王道治天下

企业文化是企业中一整套共享的观念、信念、价值和行为规则。这种企业文化一旦建立起来，将会吸引拥有一样文化理念的人们接踵而至，真正做到“以类相求，以气相引”，从而汇集志同道合的人才共同奋斗。在相同的文化理念指导下，企业成员得以促成一种共同的行为模式。这种共同的行为模式将凝聚全部力量，形成强大的合力，从而促进企业的快速发展。因此，如何吸引人才、留住人才也是一个企业持续发展的战略重点。

一个没有企业文化的企业是苍白而空洞的，无法长久立足于商海。树立独特的企业文化，企业就有了灵魂。我们可以从唐太宗的“偃武修文”中学得一些经验。

唐太宗毕生的事业，前有以武拨乱之功，后有“偃武修文”之盛。贞观之初，魏徵曾经建议：“偃武修文，中国既安，四夷自服。”唐太宗欣然采纳，推行数年，成效显著。所谓“修文”，主要是指尊崇儒术，兼隆佛道，兴办学校，制礼作乐，广收图籍，编纂史书等。这些文治措施，对巩固唐初专制主义的中央集权的封建国家起到了重要作用。

唐太宗年号“贞观”，历史上称他在位期间为“贞观之治”，这是一种至高评价。那么贞观之治是怎么开始的？贞观路线是如何确定的呢？确定贞观路线之后唐太宗又采取了哪些措施？唐太宗在具体治理国家的过程中，是如何考虑百姓利益的？贞观之治的治国核心究竟是什么？贞观之治究竟是怎样的一个治世效果呢？

唐太宗刚刚接手天下，在和解的问题上，处理得有条有理，层次分明，充分显现出一位卓越的国家领导人应有的胸怀和气度，以及新的领导集体处理危机的能力。这不仅解决了当时的难题，而且团结了已有的力量，为今后治理天下打下了人才基础和政策基础。史书对此有很高评价。

天下大乱之后，人心不一，能否治理好国家，是一个方向性问题，用

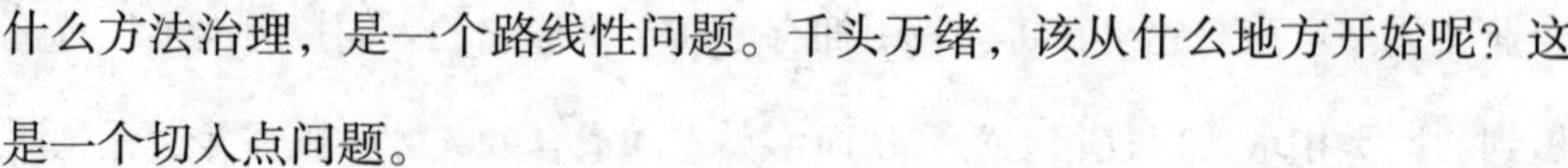

什么方法治理，是一个路线性问题。千头万绪，该从什么地方开始呢？这是一个切入点问题。

贞观之治，可以说经过了三个阶段，即定策、实施和见效。

天下到底能不能治理好？究竟怎样治理天下？贞观之初，朝廷有一次大辩论，这次辩论决定了贞观时代的政治路线。

唐太宗是从戎马生涯中闯荡出来的。按他自己的话，他从前是不读书的，他喜欢宝马、良弓和鹰犬。可是，当上皇帝后就不能这样了，还必须学习，寻找治国的经验教训。于是，他开始努力学习。聪明的唐太宗，把与大臣们的讨论，也当成是一种学习的方式。

大概在武德九年十月，即唐太宗即位之后两个月，面对天下乱局，对治理前景不敢掉以轻心的唐太宗和魏徵、封德彝等有过一次重要的讨论。唐太宗引起话题："天下大乱之后，恐怕治理起来不会很快就见成效。"

魏徵应对："不是这样的，乱后的社会容易治理，就像饥饿的人容易吃饱一样。"

唐太宗说："善于治理的国君，取得天下大治恐怕也要百年之后。现在大乱刚过，能指望很快达到理想的境地吗？"

魏徵答："一般人如此，但是圣人治理天下，上下同心，三年成功已经算是晚的了。这个话孔子说过。"

这时，封德彝说话了。封德彝是仆射，说话是很有分量的。封德彝说："上古以来，人心日益恶化，秦代用法律，汉代王霸之道杂用，不是不想治理好天下。但是做不到而已。魏徵是个书呆子，如果听信魏徵的，恐怕会导致国家败坏混乱。"他主张加强统治力度，用严刑峻法。不少人支持他的观点。

魏徵坚决反对："'易代不治'，就是说一个时代有一个时代的统治方法。因此，大乱之后常有大治。历史上的黄帝、颛顼、商汤、周成王，都是在大乱之后达到大治的。如果上古以来人心不断恶化，那么现在哪里还有人类，不都成了鬼魅了吗？"

封德彝虽然辩论不过魏徵，但反对魏徵的意见。朝臣中多数人其实也不同意魏徵的观点。

这是贞观之治历史上最重要的一次辩论，是事关国家基本政策的思想交锋，也可以说是一次思想解放运动。这个争论代表了唐初的两种统治路线。两种路线，一是王道，一是霸道。前者为仁政，以怀柔治理天下；后者强调法律镇压，用强力统治天下。这两种路线，核心是国家与百姓的关系问题。

所谓王道，即强调国家与百姓之间应该和谐共处，当国家政策对的时候，百姓自然积极响应。同时，国家是矛盾的主要方面，国家是源，百姓是流。国家的统治者应该以身作则，引导百姓向善。问题发生时，国家应该主要从自身寻找原因，而不是把责任推给百姓。

所谓霸道，即强调人心不古，风俗恶化，面对如此社会，除了用强力镇压以外别无他法。国家只能采用强力，而且是迫不得已的。不是统治者没有良好的愿望，而是人心恶化不给统治者机会。很显然，如果国家治理得不好，那也不是国家的责任，而是老百姓自身出了问题。

这种问题的讨论，看起来像是历史学的讨论，其实是对现实问题的反思，即对现实社会的治理，朝廷到底有没有信心？主张王道者有信心，而主张霸道者信心不足。当时在王道与霸道的路线之争上，同意霸道的人占大多数，只有魏徵一人坚持王道，那么为什么坚持霸道的人占大多数？贞

观路线最后究竟是怎样确定的呢？

这个背景说起来还是挺复杂的。为什么坚持霸道的人很多呢？为什么只有一个魏徵在力顶千钧呢？北周以来，在中国北方有一个统治集团，叫做关陇贵族。这拨人都是军事贵族，靠打仗起家。他们建立了北周、隋朝还有唐朝。所以历史学家就给它命名为关陇贵族。关陇贵族的特点就是能征善战，所以这些人迷信武力，崇尚强权。封德彝的观点就是关陇集团传统的代表。

可是他们不了解，隋朝为何灭亡。隋朝就是迷信在武力上，征打辽东，爆发动乱无数，还不知悬崖勒马。这也是关陇贵族的一套惯性做法，一直到唐初武德时期。在武德时期，河北为什么成了一个大问题呢？窦建德被打败活捉，本可以不杀，结果杀了，刘黑闼立刻以给窦建德报仇为名号召起兵反唐，就是因为朝廷不会用怀柔的手段。刘黑闼第二次起事，不就是魏徵劝太子李建成请兵镇压吗？而且在镇压的时候，李建成接受了魏徵的建议，攻心为上，这是比较高明的。他把刘黑闼的部下俘虏了，又释放了。然后刘黑闼很快失去支持者，不攻自破。攻心为上，还是杀人为上？不就是王道还是霸道吗？

贞观之初的这场辩论，魏徵一个人抵抗的是关陇贵族多少年的传统，应该说是力挽狂澜。在很多人反对的情况下，唐太宗决定采纳魏徵的建议，采取王道，即实现以德化民的统治手段和路线。

在这个问题上，唐太宗自身有一个变化过程，初始信心不足，后来受到魏徵的启发，开始倾向于王道路线。这种变化十分重要，因为唐太宗后来功成名就和贞观之治的历史地位，都取决于这次政策从霸道向王道的转变。这次在魏徵的主张下发生的转变，不仅仅标志着唐太宗个人思想的转变，也是关陇集团传统政策的转变。魏徵精通儒家《公羊春秋》，由于他的坚持，贞观的王道路线得以确立，儒家思想最有代表性的政治实践也得以展开。

确定正确的路线是十分重要的，否则就会迷失方向。一个人没有方向就会无法正常发展，一个国家更是如此。思想指导行为，正确路线确定之后，就是如何实行的问题。唐太宗代表的贞观统治集团，后来果然按照这条路线走了下去。

现在的管理者不需要治国，那么作为治国之策的“偃武修文”，如何才能借鉴呢？其实，企业好比一个小国，麻雀虽小，五脏俱全。从一个企业的方方面面，可以看出管理者的能力。这个“武”和“文”，便是企业的经营理念、企业文化。

松下电器公司是日本最大的家用电器生产厂商之一，其子公司遍布全世界，素有“松下电器王国”之称。松下电器公司能取得如此辉煌的成就，是与松下幸之助经营有道、管理有方密不可分的，尤其是松下幸之助倡导的“松下精神”对松下电器公司的迅速发展起了重要作用。

松下幸之助认为：任何一个企业要想创造非凡的业绩，都离不开全体员工的勤奋努力、协同进取。所以，他在公司的生产经营活动中，时刻不忘培养员工对“松下精神”的理解。

首先，松下幸之助亲自填写了一首歌，作为厂歌。歌词是：“为了建设新日本，要贡献智慧和力量，要尽力增加生产，让产品行销世界，像泉水源源涌出，大家要精诚团结，松下电器万岁。”他要求每个员工都以厂歌为座右铭，指导自己的行动。松下公司的员工每天上下班都要高唱厂歌，精神饱满地为公司建功立业。

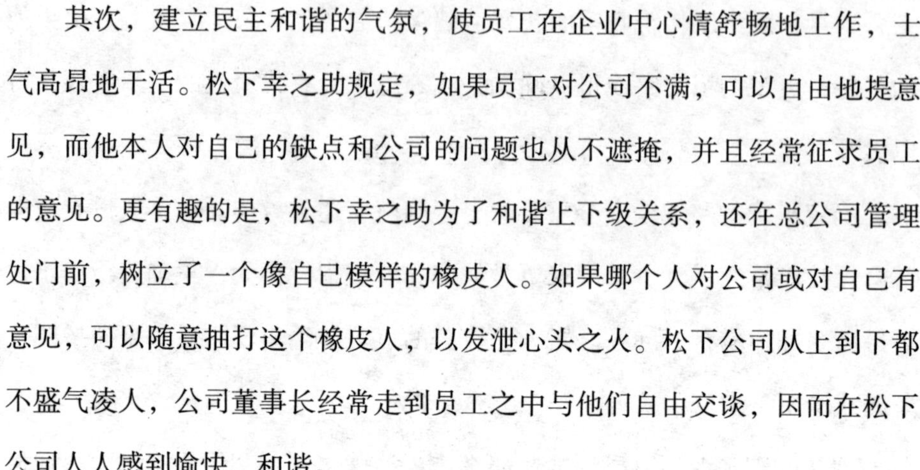

其次，建立民主和谐的气氛，使员工在企业中心情舒畅地工作，士气高昂地干活。松下幸之助规定，如果员工对公司不满，可以自由地提意见，而他本人对自己的缺点和公司的问题也从不遮掩，并且经常征求员工的意见。更有趣的是，松下幸之助为了和谐上下级关系，还在总公司管理处门前，树立了一个像自己模样的橡皮人。如果哪个人对公司或对自己有意见，可以随意抽打这个橡皮人，以发泄心头之火。松下公司从上到下都不盛气凌人，公司董事长经常走到员工之中与他们自由交谈，因而在松下公司人人感到愉快、和谐。

最后，松下幸之助还特别重视对年轻人的培养工作。他把公司的兴旺发达全都寄托在人才上面。他认为：人对于企业来说，是第一位的因素，培养人才必须先于生产。为此，他明确地提出一个响亮的口号：“在出产品之前出人才！”早在公司成立之初，松下幸之助就要求各部门负责人必须明确见习员工是松下公司未来的骨干，必须以家长式的亲切态度来关心他们的生活、工作和学习。松下公司在安排工作上，坚持用其所长、人尽其才、才尽其用的原则。通过大量的培训来提高公司骨干的业务能力和专业素质，不仅坚持让他们在实践中增长才干，而且舍得花时间让他们参加脱产学习。对培养出来的骨干，公司不分资历大小、经验多少，只要可信赖，一律予以重用。

通过以上措施，松下公司在企业员工中灌输了“企业如家”的思想，培养起员工的“松下精神”，增强了公司的凝聚力。因而，在困境中，员工能与企业同甘共苦，齐心协力渡过难关；在顺境中，团结奋进的员工集体能为企业的腾飞插上翅膀，取得更大的成就。

过去，当评价到某个企业是好是坏的时候，人们总是以企业为标准进行判断。然而，在现有条件下，人们已经开始关注企业文化了，因为只有优秀的企业文化才能使企业产生持续的竞争力和凝聚力，它对于企业发展是必不可少的。相关资料显示：美国企业的平均寿命是40年，日本企业为13年，而中国企业只有5～8年。我国民营企业是很难达到1亿元的。通过资料，我们可以了解到：在20世纪70年代杂志中所排出的世界500强企业，如今已经有很多企业早就不复存在了。如果要对其消失的原因进行追根溯源的话，就会发现是不健康的企业文化导致他们缺少竞争力。关于这一点，香港经盛国际执行董事叶生曾经说："人类因梦想而伟大，企业因文化而繁荣。"事实证明也是如此。

如果一个企业的文化特别优秀，那么全体企业员工就会感觉自己真的属于这个公司，有着非常强烈的归属感。这样对企业也是非常有好处的。优秀的人才希望待在这里，而且还能吸引更多的人才参与进来。除此之外，当优秀人才汇聚在一个公司的时候，整个企业的运行效率会大大提高，对外也会留下良好的印象。公司领导应该鼓励员工积极为建立优秀的企业文化而建言献策，只有这样，企业才能适应不断变化的外部环境，在市场竞争中立于不败之地。

休养生息积实力

国家发展，经济优先。无论是在古代还是在当今，经济实力一直是衡

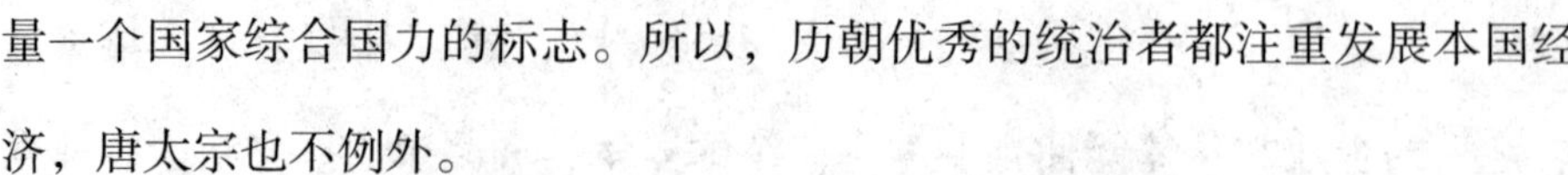

量一个国家综合国力的标志。所以，历朝优秀的统治者都注重发展本国经济，唐太宗也不例外。

隋末以来，经过10多年的战乱，社会经济遭到了巨大的破坏。唐高祖李渊建唐之后，战争仍在继续，社会经济不可能得到恢复。“（唐太宗）自即位之始，霜旱为灾，米谷踊贵，突厥侵扰，州县骚然。”“是时，自京师及河东、河南、陇右，饥馑尤甚，一匹绢才得一斗米。”一直到贞观六年（632年），原来经济繁荣的关东地区，仍是一片残破景象：“自伊洛之东，暨乎海岱，萑莽巨泽，茫茫千里，人烟断绝，鸡犬不闻，道路萧条，进退艰阻。”

戴胄分析说：“乱离甫尔，户口单弱，一人就役，举家便废。入军者督其戒仗，从役者责其糇粮，尽室经营，多不能济。”

唐太宗认识到，即位伊始，“国家未安，百姓未富，且当以静抚之”。魏徵也向他提出警诫，说：“百姓欲静而徭役不休，百姓凋残而侈务不息，国之衰弊，恒由此起。”亡隋之鉴，使李唐君臣认识到，徭役繁多，百姓不堪其苦，这是国家衰敝的根本原因，而轻徭薄赋，不夺农时，使百姓安心耕种，方能使天下富足，人民安宁，国运也方得久长。既然“为君之道，必须先存百姓”，那么必须使百姓休养生息，以清静无为，去奢寡欲而使百姓安居乐业，“人人皆得营生，守其资财”，如此，方能安定百姓之心。静之则安，动之则乱，于是，唐太宗“夙夜孜孜，惟欲清静，使天下无事”，制定了开源节流的总体方针，开始了他以静抚民的治国之途。以下几件事情，可以看作是有代表性的措施。

1. 释放宫女

唐太宗刚刚当上皇太子时，宣布释放宫女3000多人。贞观二年九月，唐太宗再次释放宫女。唐太宗说："妇人幽闭深宫，情实可愍。隋氏末年，求采无已，至于离宫别馆，非幸御之所，多聚宫人，皆竭人财力，朕所不取。且洒扫之余，更何所用？今将出之任求伉俪，非独以惜费，兼以息人，亦人得各遂其性情。"

这次释放宫女，可不是为了安定人心，唐太宗把话说得很清楚，一是为了节约费用，二是为了繁衍人口，三是为了顺从人的性情。后一点十分重要，这表明皇帝对民情人伦的重视。"各遂其性情"，就是顺应人性，让宫女们结婚生子，以享天伦之乐。

2. 降封宗室

战争时期，皇帝给宗室很多利益，最重要的就是封爵。亲王之下有郡王，郡王之下是县公。因为当时封王很多，消耗了国家很大一部分财力。而开源节流，正是要减少国家开支，以滋养民力。唐太宗显然意识到皇室封王过多过滥的问题，有一次他跟封德彝商量，说，我们今天封王的情况怎么样啊？封德彝说，有史以来我朝是最多的。唐太宗说，这合适吗？封德彝说不合适，不能示天下以公啊。意思是说李家当了皇帝，国家那么多收入都被你们一家用了，这不是太自私了吗？唐太宗当即决定削减封王。一人得道，鸡犬升天，这本来就是帝制下的常态。但是，分封过多，违反了唐太宗"养民"的目标，所以他决定减少封王，主要的办法就是降低郡王，除了确有功劳的以外，一律降等为县公。这样，国家的负担一下子减轻了很多。身为皇帝，也有公私问题。皇族的利益是私，国家的利益是公。通常，皇帝对于公私问题最不容易立场分明。损公肥私是主流，因一己之私而破坏公共利益，最后天下崩溃，这样的事遍及史书。但是，唐太宗把主次关系看得十分清楚。他没有彻底取消宗室的分封，那样做会出问题。他这是以身作则，从自己家开始，给天下给臣下作出榜样。

第三件事是省并州县。地方官向有“十羊九牧”之说，十个老百姓由九个官管。贞观元年二月，唐太宗决定合并州县，划分全国为十道。州县的分割、合并，各个时期都发生过，武德时期、贞观时期也不例外。唐太宗因为“民少吏多，思革其弊”，于贞观元年二月，开始了省并州县行动。省并州县，有利于统治，有利于节省民力，唐太宗考虑更多的显然是后者。省并州县，就会有一批州县官员失业。而总体上，州县官员的数量自然大量减少。拿俸禄的人少了，国家财政负担大幅度减轻，民众的负担也就减轻了。

3. 精简机构

贞观元年唐太宗对房玄龄说：“官在得人，不在员多。”命房玄龄并省，中央留文武官计总643员。“当须更并省官员，使得各当所任，则无为而理矣。卿宜详思此理，量定庶官员位。”精简机构，向来是最难办的事，但是因为唐太宗坚决主张，房玄龄、杜如晦才能够全力以赴，所以顺利完成。

精简机构，不仅为唐太宗时代节约了政府开销，降低了政府运营成本，也为唐朝制定了基本的制度，为唐朝后来的繁荣发展打下良好的基础。特别是这种制度建设，既承接南北朝的制度，又完善了新制度，实际上是隋朝以来一直在努力的一个方向。从隋文帝以来，隋炀帝、唐高祖都在进行着这个方面的努力，到唐太宗时代基本完成。

4. 避免战争

战争是最消耗国力的一件事，不仅要消耗财力，还要牺牲生命。在当时，人力是最重要的财富。益州大都督窦轨奏称獠民造反，请求发兵讨伐。此事遭到唐太宗的训斥。唐太宗说：“獠民依阻山林，有其风俗，地方长官如果能够抚以恩信，自然率服，怎么可以动辄就大动干戈，渔猎其民如同禽兽，这哪里是为民父母啊。”有些地方军事官员希望打仗，特别是针对弱小族群的战争。因为只要有战争，他们就可以从中受益，不仅可以立军功，还可以通过物资调配发大财。他们当然没有国家观念，对他们而言，个人升官发财才是最重要的。这不符合唐太宗养民的宗旨，他当然要坚决制止。

虽然总体来说，唐太宗是一位贤明的君主，但有些时候，唐太宗也会被地方官员所蒙蔽。例如岭南的冯盎，在很早的时候就已经归顺了唐朝，但是并没有按时进贡。针对他的这一行为，很多地方官员纷纷举报，说冯盎想要叛乱，这种情况出现了很多次，久而久之，唐太宗也就相信了，于是决定派兵前往镇压。一切准备就绪，魏徵却出面反对。他说：“说冯盎叛乱是没有充足证据的。”唐太宗说：“这么多州屡次报告还不是证据吗？”魏徵说：“如果他真的要发动叛乱，首先应当做的就是分兵据险，攻打州县。这些年来，人们只是在告状，有谁真正看过岭南的兵马呢？”唐太宗说：“那为什么不进贡朝廷呢？”魏徵说：“整天有人在告他的状，而皇上也没有派人前去抚慰，人家当然不敢来朝了。”听魏徵这么一说，唐太宗觉得有道理，于是就让人前去抚慰冯盎。看到唐太宗这样做，冯盎立刻派出儿子朝贡。问题解决了，唐太宗高兴地说：“魏徵的建议实在是太好了，这一个使者顶得上十万大军，因此应当奖赏魏徵。”

通常情况下，由于地方存有利益冲突，所以这些地方军事长官喜欢打仗。作为皇帝，唐太宗从上进行全面控制，不仅节省了物力，更重要的是节省人力，这受到了周边人民的好评。他本身就是一个贤明的君主，身边

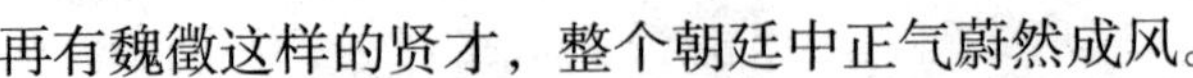

再有魏徵这样的贤才，整个朝廷中正气蔚然成风。

贞观时期，北方的突厥连续受到沉重打击，首先是天灾，如雪灾和饥荒；后来是人祸，颉利可汗大大增加了税收，使得突厥内部矛盾更加突出。后来他又兴兵攻打其他民族，真是内忧外患。贞观元年开始，突厥没有力量捣乱了，在这种情况下，很多大臣都建议唐太宗抓紧攻打突厥。但是，唐太宗并没有采纳，而是与突厥达成盟约，既保证了周边环境的安定，又节省了人力物力。

要想积蓄力量，不仅要开源，更要节流。通常来说，积蓄力量分为两种：一是政府仓库的积累，二是社会积累。在唐太宗看来，社会积累更为重要。隋朝失败的经验教训时刻在鞭策着唐太宗，正是因为隋朝出现了两极分化，才导致了灭亡的结局。在民间特别贫困的时候，政府却非常富有，并没有把国家仓库打开来救济人民。于是，为了生存，隋末农民只能通过起义来反抗。著名学者周一良先生在很早就有一个很重要的研究，在他看来，隋末农民起义可以说是由饥饿引起的，为了打开粮仓，第一支农民军队出现了，而野心家也顺势而出。如果得不到民众的支持，这个野心家也只能是隐藏着了。那么，民众为什么会支持野心家？其根源就是政府的不合理政策。根据唐太宗的说法，隋朝留下的粮食，可供五六十年之用，但是，隋炀帝却兵败亡国。因此，唐太宗从中总结出了“凡理国者，务积于人，不在盈其仓库”的经验，他明白只有民众生活富裕了，社会才可能安定，国家才会繁荣。

从唐太宗的治国之道可以看出，一个人只有拥有一定实力之后才有称雄的资本。国家有了实力，才能岿然屹立于民族之林；个人有了实力，才能在竞争激烈的社会中取得成功。

分权而治防弄权

权力是个好东西，有了权力就有了赚取利益的资本，所以谋权之心，人皆有之。配置人才，不能不赋予权力，也不能权倾朝野。善为政者，将权力细分下授，不让任何一方压制他方或制约己方。一个成功的管理者，仅仅掌握了权力是不够的，还要学会如何控制权力。

分权的哲学，多数为君者和为臣者均深谙其道。从上古细细数来，范蠡助勾践打败了夫差，便携着美人西施泛舟湖上，富甲一方；韩信帮刘邦得了江山却不知及时引退，终不免兔死狗烹的悲剧，被吕后设计杀害；宋太祖得天下后，杯酒就让功臣们交出了兵权。

同样对于唐太宗来说，在其平定天下之后，虽然拥有了皇权，但他还是不放心，因为对许多权力仍然不能进行有效的控制。

李唐政权建立之后，它的基本制度是“唐承隋制”，但皇位传到唐太宗这里之后却有了变化——唐太宗并不拘泥于隋制，特别针对宰相制度进行了一番革新，充分体现出他的英明和智慧。

唐朝和隋朝都在中央政治机构实行尚书、中书、门下三省制，三省的长官分别是：尚书省的尚书令和副职左、右仆射，中书省的中书令和副职中书侍郎，门下省的侍中和副职门下侍郎。唐初，三省的最高长官尚书

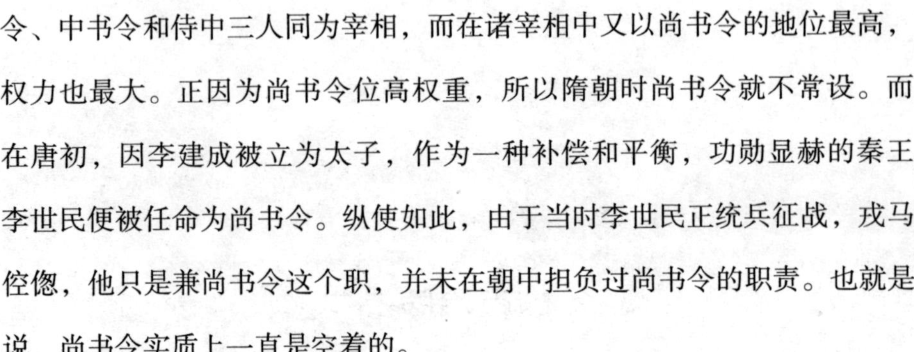

令、中书令和侍中三人同为宰相，而在诸宰相中又以尚书令的地位最高，权力也最大。正因为尚书令位高权重，所以隋朝时尚书令就不常设。而在唐初，因李建成被立为太子，作为一种补偿和平衡，功勋显赫的秦王李世民便被任命为尚书令。纵使如此，由于当时李世民正统兵征战，戎马倥偬，他只是兼尚书令这个职，并未在朝中担负过尚书令的职责。也就是说，尚书令实质上一直是空着的。

即是李世民当上皇帝之后，尚书令一直空缺，空缺的原因之一便是李世民曾担任过此职，其他身为臣子的岂敢与皇帝争名？因而历史上也记载说“后人臣莫敢当”。另外一个原因是，唐太宗并不想让朝臣有那样重的权位，以免影响到整个国家政权的完整。于是他便以宰相“品位极崇，不欲轻以授人，故常以他官居宰相职，而假以他名”为原则来任用宰相。这时，朝中多是以左、右仆射和三省长官为实权宰相的。

贞观时期，唐太宗为分散朝臣权力，调整了三省长官的地位和作用，其本质就是扩大了政府最高决策层的人数，以防少数大臣专权谋位。唐太宗根据自己任用宰相的原则，只起用了一些资历较浅、品位较低的官员参与朝中大政，也就是说，只是让这些人在本职之上再兼一点宰相的职责来共同决策朝政。贞观元年，唐太宗让尚书省下属六部之一的吏部尚书杜淹兼任宰相朝政；贞观三年，提升检校侍中、摄吏部尚书杜如晦担任尚书右仆射，而房玄龄则以中书令升任尚书左仆射；其后，魏徵以秘书监参与朝政，刘洎以黄门侍郎参知政事，岑文本以中书侍郎专典机密。而这些官名如“参议得失”“参议朝政”“参知政事”，虽名目不一，其实都是担任宰相的职位。起初，唐太宗任命的宰相人数是不固定的，而且职位并不常设。后来，这种以其官职而兼职宰相的官名逐渐趋于一致，但唐太宗所任

用的宰相仍是不固定的兼职宰相。

贞观八年（634年），任尚书省仆射的李靖因病辞位，深谋远虑的唐太宗才开始了另外一种宰相任用法，逐渐地分离了执行权和议政权，使朝政更加趋向于集中。李靖辞位后，唐太宗下诏令，让李靖的病稍有好转后，隔两三天就去“中书门下平章事”，即去中书门下执行宰相职权，参与朝政决策。

到了贞观十七年（643年），唐太宗又颁布诏令：“李勣以太子詹事同中书门下三品，谓同侍中，中书令也。”中书令、侍中在唐朝是官居三品，而“同中书门下三品”，意即同中书令、侍中一样参与朝政。此后，“同中书门下三品”“同中书门下平章事”便成为以他职而兼任宰相的固定名称了。

唐太宗以这些名称来提拔那些品位比不上宰相，但有才干、有政治远见的官员参与朝廷的最高决策。这样，这些下臣们便有利于任用，也有利于皇帝随时罢免，明显地加大了中央控制能力。

唐太宗有意扩大宰相班子，使参与决策的人员增加，使诸宰相之间互相牵制，互相制约。宰相们既要通力合作，又要充分发挥各自的作用，这样就可以在相当程度上有效地避免权臣专权现象的发生。

权力的诱惑力实在太大，吸引了太多人的眼球，有些人甚至把权力看得比生命还重要，因此当一个新的领导人为了全局考虑继续守护他人的权力时，不可避免地要面临很多矛盾。在唐太宗之前的历代统治者面对这种情况，多数采用杀伐的手段，将功臣诛杀殆尽，大权自然集中到皇帝手中。唐太宗则选择了温和的手段，使得自己下方的权力不会集中在某一个人手中，让手下人相互制约，这在一定程度上就相当于权力还是掌控在自

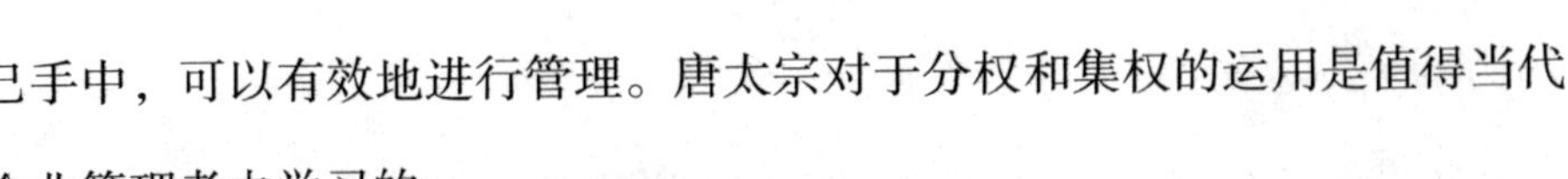

己手中，可以有效地进行管理。唐太宗对于分权和集权的运用是值得当代企业管理者去学习的。

现代社会的管理者也要注意这些情况，对权力的控制直接影响到管理的有效实施，因此集中权力的控制，才能便于自己的管理。

在领导者的管理中，分权给下属是必要的，但要注意的是，一些实质性的大权，一定要掌握在领导者自己手中。

管理者在奠定了自己的管理地位之前，一定会将一些重要的权力下放到自己信任的或者必须用到的人手中，这是权宜之计，也是必不可少的手段。但在局面稳定之后，管理者就必然面临一个收权的问题。

首先，权力的下放使得部分手下掌握着自己团体的命脉，比如一个企业，在创业之初，为了效益可能将一部分权力交给一部分人，让他们放手为企业的成长拼搏，但是企业到了稳步发展的时候，就面临着这些人的权力过于集中、过于庞大的问题。这就很容易造成尾大不掉，加大了管理的难度。还会造成一些人以功臣自居，捏着手中的权力要挟管理者的局面。其次，权力的无法有效控制，使得自己的管理难以有效实施，导致管理效率降低，造成资源的浪费。所以在一个团体发展到一定程度之后，收权势在必行。

任何时代都一样，权力是维持国家和社会稳定的基石，如果失去了权威，就会引发社会的动荡不安。在封建社会中，皇权是天下的根本。皇权如果受到冲击，那么整个官僚体制就会动摇，整个国家也会因此而失去控制。所以每个高明的君主都必须大权在握，绝不能有一点动摇。

在封建时代，皇帝是最高的统治者。普天之下，莫非王土；率土之滨，莫非王臣。为确保皇位，皇帝刻意突出皇权的神圣，用神话传说为皇权涂上神秘的保护色，使它处于各种权力的最高峰。

自古的皇帝无不注重权力的掌控，因为只有掌握了实质性的权力，才能够真正地掌控国家，才能够切实地施行自己的领导。早在氏族部落时期，为了便于管理，人们推举出了部落首领，继而推举出了联合部落的首领，这就是早期皇权的雏形。那时，权利还不够集中，使得管理还得不到统一。经过夏商周三代的演变，皇权逐渐开始变得集中统一。春秋战国战乱频仍，皇权分散，诸王各自为战，就没有皇帝的领导力一说了。最终，千古一帝的秦始皇统一了权力，以一系列的改革集中了权力，使管理能够有效地实施，第一次将领导力发挥到了极致。后世凡是有作为的皇帝，无不是能够集中权力，实行自己的领导。而那些权力分散的皇帝，不是臣强主弱，就是国破家亡。可见集中重要的权力对于领导者是多么重要。

作为一个高层的领导，必须拥有实质性的权力，并且，这个权力要切实掌控在领导者手中，这是领导者实现自己领导和管理的必要条件。

现今社会，皇权唯一的时代早已一去不复返，但是集中权力对于一个领导者来说，仍有重要的意义。在当今的管理体制中，分权给下属成为必要的管理模式，但是对于关系到团队的决策和命运的权力，领导者一定要牢牢掌控，不可轻易予人，这对于一个领导是否能够掌握团队发展方向和团队大局有着决定性的意义。

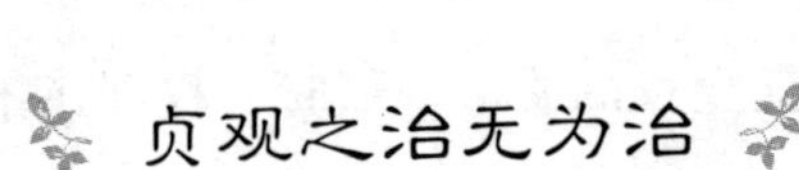

贞观之治无为治

从古至今研究领导学的人，无不认为“无为而治”是领导学的最高标准，能够达到无为而治的人，是天下第一流的领导。从儒家经典《易经》到孔子，从道家经典《道德经》到庄子，以及后代众多权威学者无不认为“无为而治”是天经地义的领导原理。

唐朝为人津津乐道的“贞观之治”的开创与唐太宗积极采用老子的“清静无为”的思想是分不开的。唐太宗十分推崇和信奉老子的《道德经》。他常说：“为政之本，其贵在无为。”还认为，君无为国民才能常乐。魏徵也认为：无为而治，是一个国君最为高尚的品德，是管理国家的最高境界。

唐太宗时常告诫朝中大臣：“我从早到晚努力不息，只希望清静无为地治理好国家。这样才能不再大征徭役，使百姓安居乐业，年年五谷丰登，国家才能平安无事，不断走向强盛。”他还说，“治理国家其实就像栽树一样，只有树根坚固不动摇，枝叶才会更加茂盛。国君能够清静无为，何愁天下百姓不安居乐业呢？”

《贞观政要》有这样的记载：有一次，魏徵告诉唐太宗：“尧舜帝在位的时候，老百姓都说‘耕田而食，凿井而饮’。如今天下百姓受到天子的涵养，能够吃饱喝足，却说'帝王有什么功劳？'陛下如此涵养百姓，百姓有享用不尽的食物、水源，可他们却不认为是您的恩德。"

在魏徵看来，唐太宗时期开创的"贞观之治"已经达到了"无为而治"的最高境界。民众过着自由、富足的美满生活，却感觉不到领导者的存在，这就是管理的最高境界和最佳状态。

唐太宗在位期间能尽力地克制自己的欲望，不劳民扰民，顺其自然，垂拱而治，真正达到了"无为而无不为"的管理境界，使社会得到大治。这在封建社会中，只有那些胸怀全局、目光高远、以民为重的封建帝王才能够做到。

很早以前，老子就在其《道德经》里提出了"无为而治"这个治国理念。根据"无为而治"的治国原则，老子将管理者的领导艺术分为四种类型，即为"太上，不知有之；其次，亲而誉之；其次，畏之；其次，侮之"。意思是，最好的统治者，百姓觉察不到他的存在；其次的统治者，百姓能够享受到他的恩惠，会赞誉他、亲近他；更差一点的统治者，百姓会畏惧他；最差的统治者，百姓只会轻辱他。在老子看来，最好的统治者善于按"道"办事，从来不去干涉民众，更不会压迫他们，让他们过上愉快、幸福的生活。这样一来，人们自然感受不到他的存在，这是管理者所获得的最高奖赏。能够达到"无为而治"，这也是历来管理者所追求的最高管理境界。

当然，老子的"无为"并非什么事情都不做，而是不妄为、不胡为，与民休息，休养生息，不乱折腾，让百姓安心生产、安稳过日子。

事实上，无论在什么时候要想达到"无为而治"的管理境界并不是件容易的事，但我们可以将它作为追求的目标。试想一下：在企业中，所有

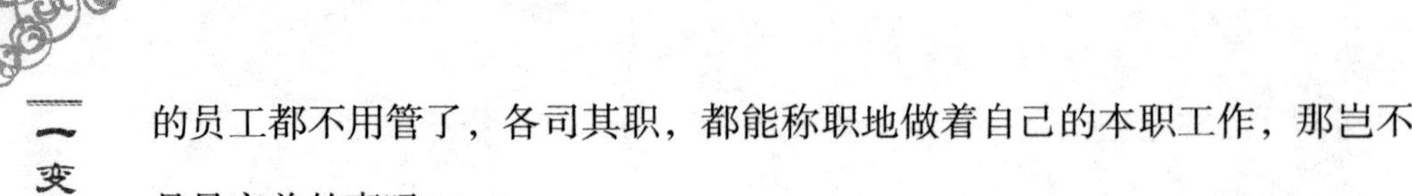

的员工都不用管了，各司其职，都能称职地做着自己的本职工作，那岂不是最完美的事吗？

对现代企业管理者来说，要想达到无为而治，很大程度上要靠文化渗透。如果你的整个企业在统一的文化准则下各司其职，企业的运行必将十分顺畅。

华为集团公司总裁任正非认为，现代企业管理者要想达到“无为而治”，一定做到三点：一是作为一个职业管理者，要完成组织目标，必须具备良好的个人素质与良好的行为规范，这是无为而治的动机；二是作为管理者，个人的观念中一定要淡化“英雄”色彩，淡化“领导人”的色彩，这是无为而治的条件；三是管理者一定要淡化名利，要平平静静，要有奉献精神，这是无为而治的基础。

由此可见，要做到“无为而治”，管理者的个人素质和个人修养是极为重要的，要求管理者必须有高远的眼光与思想。“无为而治”是道家的基本思想，也是个人修行的最基本的方法。在管理上，管理者要想使企业达到“无为而治”，首先要提高自身的个人修养和思想素质，这是必要的，也是必需的。

正如孔子所说：“无为而治者，其舜也与！夫何为哉？恭己，正南面而已矣！天子应该无为于上，以期贤相有为于下。”意思是说，管理就是一个修己安人的过程，管理者所要努力做到的，就是修身，然后才能正人。他认为统治者就好似风，而民众则是草。只要风刮对方向，草不敢不敬，不敢不服。管理者只要以身作则，以道诲人，便可以达到无为而治。

道家老子居于自然之道，将归根复命的原理应用到管理上面，主张无为则无不治。他认为贤明的管理者是不需要发号施令的，发号施令的管理者似乎并不贤明，宣导管理者以“无为”的态度来处理日常事务，实行不言的教导。因为真正贤明的管理者，会通过净化下属的心思，使他们没有伪诈的心智，没有争盗的欲念；通过满足下属们的安饱，减损他们的心志，使那些自作聪明的人不敢胆大妄为。用这种无为的态度来管理，相信没有任何机构走不上轨道。老子所说的这种管理方式，其实就是现代管理界所说的“文化管理”，企业通过文化渗透来达到管理的目的。

海尔集团张瑞敏说过：“我经营海尔主要采用的就是‘无为而治’的管理方式。”“无为”指的就是海尔集团内部倡导的文化以及由这种文化所形成的价值观，它是无形的，但却十分重要。在这个无形价值观的指导下，产生了十分重大的管理成果。张瑞敏深有感触地说道：“要想真正做到“无为而治”，就需要领导者的个人素养与领导水平能够达到让下属在没有领导的时候仍然能够正常地工作。”可以说，这种状态历来是管理者所追求的最理想的管理方式，也是他们所追求的最佳管理目标。

老子的“无为而治”很早以前就影响着中国人的思想结构，但是几千年来，很少有君王和现代企业的管理者能够真正做到“无为而治”。而唐太宗却能高瞻远瞩，达到“百姓富足却感受不到是统治者的功劳”的状态，这不仅是古代封建君王的最高成就，更是现代企业管理者很难企及的目标。

作为最高领导而言，必须具备这些道德修养，即：大公、大诚、大忠、大寿、大信、大智、大仁、大勇、大义、大和。具备这10种道德修养的同时，又必须具备远大的眼光，淡泊的心境，浩然的正气，超凡的毅力，博大精深、继往开来的学识，努力奋斗、敢于冒险的精神，持之以恒、贯彻到底的习惯。另外，使用人才、运用谋略，能随机应变，也是不

可缺少的才华。

孔子说："天下的人，最后都回到同一个地方，但走的路不同；天下的道理，本来是一致的，但人们都有种种的思考；天下的人，到底在思考什么，忧虑什么呢？"无思无虑，就是顺应之功，自然之至，无为之极。无为，能达到寂然而应、感通于神的境界，自然会有所成就。

老子的观点总结起来，可以包括很多方面。如道是顺其自然而且没有任何形态的，它可以做到任何事情。如果以道的准则来从政治国，那么所有的事情都会受到影响，并且得以顺利向前发展；如果真的懂道，即使是不出门也能知道外界发生了什么事情，不仰望上空也能推演出宇宙中的自然规律，即使不作出努力也是可以有所作为的。有道的圣人说，如果我无为，人民就会潜移默化；如果我没有欲望，整个国家的人民都会变得纯洁质朴；如果圣人能够做到遵从自然规律，那么即使是没有什么作为但也不会出现失败。要想把国家治理好却又违背了自然规律，那是不可能达到目的的，天下的百姓都很神圣，对其进行强制统治非常不明智……

其实，作为领导者，想要做到无为并不是什么也不做，而是要尽自己的职责，按照规律办事。除此之外，我们还应当了解"为无为"和"无为而无所不为"这两句话的深刻含义。通常来说，人们认为老子的无为理论就是消极避世。殊不知，从某个方面来说，它是领导学的精髓，通过无为理论，一个领导者会明白如何处理上下级的关系、如何更好地保护自己、如何做好工作……如果能够让大家各司其职，那么领导者就做到了"无为而无不为"了。

只有无为的领导者才能拥有大智慧、大眼界、大气度、大胆略。一个人一旦拥有了大智慧，就会把很多事情看透，看到事情的本质；如果有大眼界，看事情的时候会更长远；如果有大气度，会做到不拘小节；如果有大胆略，可以做到拿得起、放得下。总之，在一定程度上做一个无为的领导者是非常有必要的。

不可因私而废公

人都有个人感情，而这种感情对个人对事情作出的判断会有很大影响，个人感情因素甚至会对一个人对纪律的贯彻执行产生影响，这就要求在个人感情与纪律产生冲突时，放弃个人感情，选择遵从纪律，做到不因私废公。

唐太宗认为：“赏罚是国家的大事，假若受奖赏的人是有功之臣，无功之人就会悄然隐退，销声匿迹。假若犯罪的人及时受到应有的惩罚，那些作恶多端的人就会悬崖勒马、悔过自新。”

唐太宗亲眼看到了隋朝的灭亡，深知皇亲国戚对国家政权的破坏作用，因此办起案来毫不留情。例如唐太宗的叔父李道宗，过去打江山时曾经立下过汗马功劳，但是他犯罪以后，同样被逮捕下狱，并免去官职，削去封邑。他的另一个叔父李道彦，由于无端挑起汉人与党项族的民族冲突，被减免死刑，流放边疆。唐太宗的儿子李恪，因外出打猎，践踏农民庄稼，被御史柳范弹劾，失去王位，削减封邑300户。还有唐太宗的老部下、岷州都督高甑生等，犯罪以后，照样被以法处置。有人在唐太宗面前

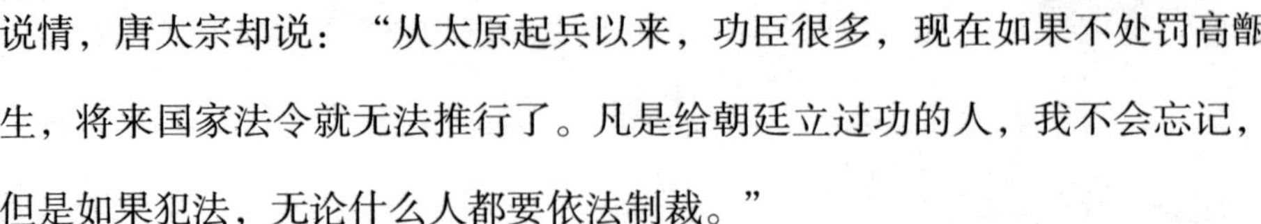

说情，唐太宗却说："从太原起兵以来，功臣很多，现在如果不处罚高甑生，将来国家法令就无法推行了。凡是给朝廷立过功的人，我不会忘记，但是如果犯法，无论什么人都要依法制裁。"

在某种意义上说，唐太宗的"贞观之治"，实际上就建立在依法治国的基础之上。没有法制作保障，人民生活水平提高、国家社会安定、民族团结与融合等，都只能是一句空话。

贞观十一年颁行的《唐律》，根据唐太宗的"按举不法，震肃权豪"的意志，制定了一些约束权豪恣意横行的刑律。其中如："因官人之威，挟恃形势，及乡闾首望、豪右之人，乞索财物者，累倍所乞之财，坐赃论减一等"就是显例。由于严以执法，才出现了"制驭王公、妃主之家，大姓豪猾之伍，皆畏威屏迹，无敢侵欺细人"的政治局面。

当感情与原则、纪律、法律发生冲突时，必须把个人的感情放在一边，把原则、纪律、法律放在第一位，做到讲党性不讲私情，讲原则不讲关系，讲真理不讲面子，绝不能以感情代替原则，更不能因为感情而违反纪律，甚至触犯法律。

英国人一向很看重纪律的重要性，有这样一个小故事：小火车站的站长威廉是一个非常注重纪律的人。因为车站较小，所以作为站长，威廉要负责车站的所有工作，卖票、检票、打信号、打扫卫生等。威廉平时严格遵守所有的制度，并竭力维护制度。可以说在车站内，如果有谁胆敢破坏制度，谁就会被威廉看作敌人。威廉退休时，为了表彰威廉出色的工作成绩和他勤劳的工作态度，铁路部门给他一件礼物——一节报废的火车车厢，威廉将它放在自己家后院。一个下雨天，威廉的一位朋友去看望他，发现他十分狼狈地坐在那节车厢的外面吸烟。朋友不解地问他为什么不到车厢里吸烟，威廉沮丧地回答说：“他们送给了我一节‘No Smoking’的车厢。”

这个故事颇有一些英国式的幽默，却在一定程度上反映出英国文化对纪律的重视。在这个幽默的小故事中，威廉本来可以在车厢中安逸地吸烟，可是如果为了自己的舒适而违反纪律，那就是因私废公，是对纪律的不遵守，所以威廉固执地选择在室外淋雨吸烟。

有许多人会在一定的时候选择倾向于个人情感，而不遵从纪律，因私废公，甚至会造成很严重的后果。三国时期的大将关羽，是个很注重个人感情的人。曹操曾经礼遇关羽，希望关羽能够为自己所用，但是关羽顾念和刘备的情谊，硬是过五关斩六将，离开了曹操。时光流逝，到了赤壁之战，曹操战败，一路逃亡，诸葛亮神机妙算，要在华容道埋伏兵马诛杀曹操，这时候关羽主动请战，考虑到关羽注重个人感情，并且曹操有恩于关羽，诸葛亮不主张关羽出战。可是关羽强行请战，并为此立下了军令状，保证诛杀曹操。但在华容道上，他念及旧情，不忍心下手，反而放走了曹操，最终曹操得以北归，一代枭雄才能东山再起。

关羽华容道捉放曹操的故事中关羽正是因私废公的典型，他顾念旧情，不忍杀曹操，就是私的一面，而与诸葛亮立下的必杀曹操的军令状，就是树立的纪律，是公的一面。关羽因私废公，使得曹操在华容道得以生还，错失了消灭曹操的最佳时机，战争的局势也转入了三家鼎立、相互争雄的局面。这就是不遵从纪律而放纵个人情感带来的不良后果。

我们在发展的过程中，一定要确立严明的纪律。对纪律的看重，就会让人忍痛放弃个人情感的作用，遵从于纪律的约束，进而做到不因私废公。

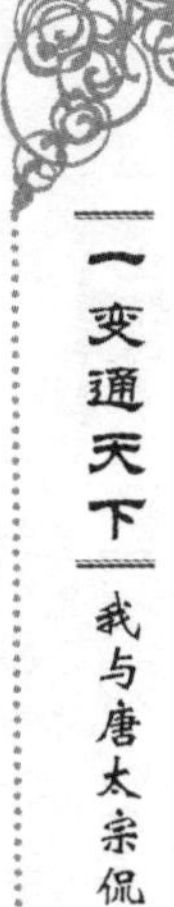

执法如山皆平等

纪律制定之后，就必须要遵守，并且最重要的一点，是做到纪律面前，人人平等。只有所有人都平等地遵守纪律，平等地适用于纪律，违反纪律时，平等地接受纪律的处罚，才能够做到纪律面前人人平等。

贞观十四年，陈仓折冲府的折冲都尉鲁宁，由于触犯了法律，被当地官员抓到监狱中关了起来。在唐朝的时候，折冲都尉相当于军分区司令员，属正四品高级干部。鲁宁觉得自己是军队的高级干部，便不把监狱的管理规定放在眼中，对监狱的官吏口不择言。当时陈仓县县尉刘仁轨主管当地治安管理工作，官级为从九品，也就是现在的公安局长。他得知鲁宁的违法乱纪产生了非常恶劣的影响，对其进行管教还不服从，于是，刘仁轨立即下令杖杀鲁宁。

听说有人杖杀了折冲都尉，唐太宗特别生气，于是立即下诏，判处刘仁轨死刑。并传令办案人员，将刘仁轨押到长安来，要亲自审问此人。

在刘仁轨被带到朝廷之后，他没有害怕，仍然与皇帝谈笑自如。无论唐太宗问他什么，他都可以对答如流。唐太宗问道为什么处死鲁宁，刘仁轨说："鲁宁身为朝廷的重臣，没有起到表率作用，不仅欺压百姓，而且还藐视法纪，口出恶言，所以我让人仗杀了他。导致这种结局的是他自

己，而不是微臣。"

此时，站在一旁的魏徵了解了整个事情的来龙去脉。他对唐太宗说："老百姓目无法纪，才敢以下欺上，犯上作乱，凌辱官吏。虽然鲁宁是一名高官，但他也是一名普通的老百姓啊，怎么可以违法乱纪，不服从地方官员的管教呢？"

听到魏徵如此分析，唐太宗也无话可说了，他当朝释放了刘仁轨，而且还提拔他为长安郊县栎阳县的县丞。

在古代中国，"成者为王、败者为寇"早已经成为共识。在整个封建国家统治中，军队是核心，它有着非常重要的地位。正因为如此，特权思想才被滋生出来，产生了恶劣的影响。特别是那些位高权重的官员更是目无法纪，不把皇帝的命令放在眼中。甚至有的官员在公众眼中就是土匪的形象，坏事做尽。

然而，唐太宗作为皇帝却从来不会袒护那些特权军人，一旦他们犯了错，惩罚将更加严重，做到法律面前一律平等，使全国的百姓都能遵纪守法，净化了社会空气，提高了人们的法制修养，促进了社会稳定。

纪律不仅可以成就一个人，也可以成就一个团队。没有纪律的团队，只是一群乌合之众，没有什么竞争力、战斗力可言。

军队向来以重视纪律而著称，一支没有纪律的军队，在战场上是不可能打胜仗的。军纪是取得战争胜利的重要保证，维护军队纪律，就是维护军队的生命。1925年2月，在第一次东征淡水的战役中，黄埔军校教导第二团有一个连长擅自从前线率队逃到距离前线数十里的龙冈。政治部主任兼军法处处长周恩来发现后，当即面报蒋介石，要求严厉制裁，以张法纪。这个连长是蒋介石的一个亲戚，蒋介石欲徇私情犹豫不决。周恩

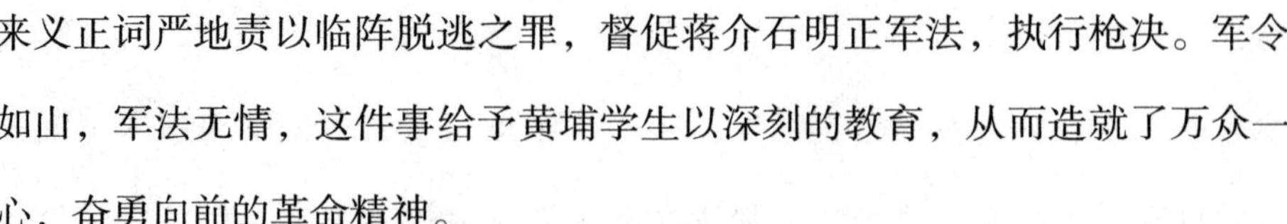

来义正词严地责以临阵脱逃之罪，督促蒋介石明正军法，执行枪决。军令如山，军法无情，这件事给予黄埔学生以深刻的教育，从而造就了万众一心，奋勇向前的革命精神。

在铁的纪律面前，没有人可以特殊。正是因为如此，才使得黄埔军校学生的思想觉悟、政治觉悟有了很大的变化和提高，在革命斗争中产生了巨大效力。

在战场上，纪律是支撑部队战斗力的生命线，关系到部队每一个人的生死存亡。有法必依，令出必行，不仅是将帅的风范，也应是优秀管理者的必备素质。

1944年，日本战败后，松下公司面临极大的困境。为了渡过难关，松下幸之助要求全体员工振作精神，不迟到、不请假。

然而不久后的一天，松下幸之助本人却迟到了10分钟，原因是他的司机疏忽大意，晚接了他10分钟。

他认为必须严格处理此事。首先他以不忠于职守为理由，给司机减薪处分。其直接主管、间接主管，也因监督不力受到处分，为此共处分了8个人。松下幸之助认为对此事负最后责任的，是作为最高领导的社长——他自己。于是他对自己实行了最重的处罚，扣发全月的薪金。

仅仅迟到了10分钟，就处分这么多人，甚至包括松下幸之助自己。此事深刻地教育了松下公司的员工，在日本企业界也引起了很大的震动。

要让员工明白，处罚决定的作出，绝不是专门针对某个人的，而是对事而言。许多员工会认为，他们受到了处罚，自己的人格也受到了侮辱。领导者要通过交换思想让他们明白，所有的处罚都是为了团队的利益和发展，不是故意去伤害某人的感情。

总之，作为领导者一定要一碗水端平，不能针对不同的团队成员使用不同的制度。制度面前，每个成员都一样要遵守和执行。

第四章 DI SI ZHANG 制度变通，家国一新

中国有句古话：没有规矩不成方圆。其中的规矩便引申为后来的规章制度，我们也能从这句话中看出制度的重要性。一套好的制度，有时会胜过多个优秀的管理人才，所以无论是怎样的团队，要想健康稳定地发展下去，首先要建立一套优秀的规章制度。唐太宗能够将国家治理得井井有条，君臣和谐共处，百姓安居乐业，开创盛极一时的贞观之风，和他所建立的一套好的规章制度是分不开的。

重视人才兴科举

如今，企业间的竞争越来越激烈。企业间的竞争归根结底就是人才的竞争，因此一个企业要想有好的发展前景，首先要做的就是引进和留住优秀的人才。同时，管理者也要重视这些人才。只有重用他们，才能使他们为公司或者是企业的发展全力以赴。而在用人这方面，唐太宗的做法是值得各位领导者学习的，其中最为重要的就是改善了科举制度。

在中国封建史上，“贞观之治”是国家繁荣的代名词，其间，科举制度的出现起到了非常重要的作用。它一方面缓和了社会矛盾，促进了社会经济的恢复与发展；另一方面也稳定了社会秩序，巩固了封建统治，为中国封建社会的发展提供了保障。但是，它的出现并不是偶然的，与唐太宗的用人政策和领导才能有着密切的关系。对于人才，他能够做到任人唯才、任人唯贤，只要是对国家管理有利的建言献策，都会加以重用。除此之外，他还敢于在仇敌中重用忠良，在庶民中提拔精英，在庙堂之中举行科举考试，在地方上修建学校，坚信“林深则鸟栖，水广则鱼游，仁义积则物自归之”。与秦皇汉武相比，唐太宗更受尊重。

其实，隋朝的时候，科举制度就已经创立，在唐太宗时期则继续使用并逐步完善。其中作出的最为重要的变革是扩大了庶族地主参政做官的机会。但是，与此同时，由于阶级的局限性，唐太宗仍然沿袭前代的恩荫陋习，使其与科举制度并行。贞观元年，唐太宗“盛开选举”，随后又通过科举考试来选拔优秀的人才，他健全科举制度，扩大进士科，这为真正有才而且想效力朝廷的人提供了机会。

科举制度之下，凡是有专长的人都可以申请州郡贡举，如果考试合格，然后再推荐给中央考试，这就改变了魏晋以来州郡中正官垄断选士的做法，从而把选人、用人大权收归中央，这是中央集权的统一封建王朝采取以才选官的制度。另外，科举制度对于中央集权的封建制度也起到了巩固作用。在科举制度的推行下，全国的有才之人都可以凭借自己的本领获得为唐王朝献力的机会。当唐太宗在金殿端门看到新进士鱼贯而出的盛况时，情不自禁地说：“天下英雄，入吾彀中矣。”

魏晋时期实行了九品中正制，导致贵族垄断官场，人才被埋没局面的发生。正是因为存有这种缺点，所以很多有识之士都要求改革它。在隋文帝统一中国之后，开始采取以才选官的措施，而唐太宗又进一步予以健全。所以，李百药对其赞扬道：“弘奖名教，劝励学徒，既擢明经于青紫，将升硕儒于卿相。”唐太宗“任官以才”的举措在一定程度上限制了士族地主的封建政治特权。

在唐太宗健全了科举制之后，庶族地主当官的途径不仅得到了扩大，而且还有机会担任重要官职，如尚书、宰相，等等。例如隋末孙伏伽出身小吏，大业中进士及第，在贞观年间位列民部侍郎、大理卿等部、卿高官。当然，这样的例子也是不在少数的。

正是在唐太宗的重视下，学校教育制度逐渐完备化，确立了中央、州、县三级官学制。贞观元年，原来的国子学改名为“国子监”，号称三监之首，说明它的地位提高了。国子监作为全国最高学府，下属6种学校，即国子学、太学、四门学、律学、书学、算学等。学生名额分别为三百、五百、一千三百、五十、三十、三十等。前三种学校接纳三品、五品、七品以上的官僚子弟入学，后三种录取的则是八品以下的官吏和一般地主子弟。可见，国子监是官僚地主垄断的教育部门，也是封建国家培养人才的最集中的机构。另外，唐太宗即位初，在门下省置弘文馆；贞观十三年，在太子东宫设崇文馆。这两文馆兼教授生徒，专门收取皇亲国戚及宰相等高级官僚的子弟。

至于地方学校，包括京都、都督府、州、县等所设立的，主要是州学和县学两级。学生多数来自士庶地主，大概也有资格的限制，其中学习成绩优良者，可由地方官保送参加常举考试。自学者经州考试合格后，亦可送到中央参加常举考试，二者均被称为“乡贡”。“乡贡”合格者，可获得做官的候补资格。值得一提的是，唐太宗于贞观二十三年九月下令“诸州置医学”，设医药博士一人，从九品上，掌疗民疾，教授学生。这对于各地医学教育事业的发展起了一定的作用。

从学校内部体制来看，国子监置祭酒一员、司业二员，为最高学官，“掌邦国儒学训导之政令。”6种学校各有博士、助教多人，进行具体的教学活动。国子学、太学和四门学的“教法”基本上相同，主要是儒家经书的读与讲，故其教师大都是经师。课程除必修的《孝经》《论语》外，还设有大经（《礼记》和《左传》）、中经（《毛诗》《周礼》和《仪礼》）、小经（《周易》《尚书》《公羊传》和《谷梁传》），统称为“九经”。

唐太宗为了鼓励儒生读经，从贞观五年以来多次亲临国子监，参加“释奠”仪式、听讲经义，表示对学校教育的关怀。所谓“释奠”，就是每年仲春和仲秋，以太牢敬祭孔子，礼典极其隆重。贞观十四年春二月时，唐太宗到国子监观看“释奠”，请国子祭酒孔颖达讲解《孝经》。孔颖达讲完后，特地敬献《释奠颂》。唐太宗手诏褒美之，同时以绢帛赏赐祭酒以下诸学官以及高才生。总而言之，贞观时期出现了学风大兴的盛况：“四方秀艾，挟策负素，坌集京师，文治熠然勃兴。”唐代杜佑作了这样简明的总结：“贞观五年，太宗数幸国学，遂增筑学舍千二百间。国学、太学、四门亦增生员，其书、算各置博士，凡三千二百六十员。其屯营飞骑亦给博士，授以经业，无何高丽、百济、新罗、高昌、吐蕃诸国酋长，亦遣子弟请入国学之内八千余人，国学之盛，近古未有。”中唐杰出的大诗人刘禹锡也对唐太宗的“养才之道”赞叹不已，希望“贞观之风，粲然可复。”这些评论都是对贞观学校之盛的赞扬。

正是由于唐太宗大力完善科举制度，才为朝廷培养了很多治国人才，开创了贞观之风，而从其中我们更能看出唐太宗对于人才和人才培养的重视。唐太宗的这种想法和做法是很值得现代人学习的。

要想开创一流的企业，必须要拥有一流的人才。现代许多企业的管理者在谈到企业的未来发展时，提到最多的就是缺人、人员流动率高的问题。如何才能够更有效地识别人才、培养人才、留住人才、真正发挥人才的重要作用，已成为企业可持续发展中不容忽视的重要问题了。

对于现代企业而言，无论在任何情况下，人才都是企业发展的第一利器，也是企业的生命。选对并重用一个人才就等于搞活一个企业，所以，作为企业管理者也应该将选拔人才放在第一位，“选对人”比“如何做

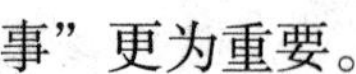

事”更为重要。

素有“经理人中的经理人”之称的杰克·韦尔奇，是世界上最成功最伟大的CEO之一。他认为，挑选最好的人才是企业管理者最为重要的职责。他曾经说：“领导者的工作，就是想尽办法将业界最为优秀的人才招揽过来。”与其他的CEO不同，杰克·韦尔奇在工作期间，几乎将一半以上的时间都花在了人事的招揽方面，他也将自己的成功主要归于自己正确地选择了企业最为重要和合适的人才。他曾说：“我们所能够做的就是把赌注压在我们所选用的人身上。因此，我的全部工作就是选择最为恰当的人。”

惠普公司前老总戴维·帕卡德也十分重视人才的选用工作，他认为，优秀人才是公司最为重要的资产，一家公司要想持续健康地发展，必须下大力气选人才。所以，惠普的管理层总是将录用人才这件事排在所有事务之前，将选用人才当作头等大事来抓，渴望发现真正的人才。

人才是现代企业最为宝贵的竞争力之一，为此，许多企业都始终将挑选人才、引进与重用人才，作为兴办经济实体第一位的工作环节来抓。就连世界上发展最快的公司之一——微软公司，也将不断地寻求最优秀的人才作为重要的工作内容。曾有记者请求比尔·盖茨回顾上一年的重大事件，比尔·盖茨一再提起的唯一成就，就是帮助他的管理人员发现和选用了一大批合适的人才。

比尔·盖茨认为，寻找到一个合适的人才，比财产的增长更能让他激动。他说：“这个世界上无论任何角落，只要有哪个人才被我发现，我会不惜任何代价，将其请到我身边来。”他在创立美国微软研究院时，曾经请了许多说客去说服卡内基·梅隆大学的雷斯特教授加入。在历经几个月的“软磨硬泡”后，雷斯特终于被盖茨重视人才的真诚所打动。雷斯特加盟微软以后，又网罗了一大批计算机方面的人才，这让盖茨极为高兴。

其实，从一开始，比尔·盖茨就坚持一定要雇用业界最为出色的人才。必要的时候，他还亲自介入招聘过程。比如说，当一个十分有发展潜力的程序员犹豫是否该加盟微软时，比尔·盖茨就会亲自打电话去说服他加入。当微软发展起来以后，他还时不时会打通他看中的人才的电话，问其是否愿意加入他们的团队。

商业学教授蓝多·依·斯佐斯在《微软模式》中这样说道：“盖茨从来都是有意识地去雇用那些有潜力的人才并给予他们十分丰厚的回报，这似乎已经成为当代成功企业一种流行的成功模式。而这也是微软成功的重要原因。”

比尔·盖茨正是因为重视人才，将人才作为头等大事来抓，其周围才能聚集起一大批人才，使微软在技术开发上一路领先，在经营方面运作高超，最终成为全球发展最快的公司之一。

由此可见，企业的成功关键在于管理者是否能够从根本上去重视人才，是否能够主动将选用人才作为头等大事来抓。如果肯像唐太宗学习，那么，你也会开创出像比尔·盖茨那样的企业来。

忧患意识不能忘

俗话说，“人无远虑，必有近忧”，在这个竞争残酷的时代，任何企业都不能保证自己永远立于不败之地。只有领导者居安思危、未雨绸缪，才是带领企业发展的正途。只有领导者多一份危机意识，多做些危机管理工作，才能给予企业多一份保障。

唐太宗自登上帝位后，就明白：自古以来那些亡国之君，都是因为身处于安定的环境之中而忘记了危险，生活在盛世的安逸中而忘记了乱世的苦难，所以国家不能长治久安。他知道，自己拥有整个天下以后，要避免做亡国之君，不仅要保持高度的危机意识，还应该注意留心治国之道，制定一系列贤明的治国策略，最终才创造了历史上有名的贞观盛世，并能使自己在有生之年将盛世长久地持续下去。

有一次，唐太宗对身边的大臣们说道：“古代王朝之所以有兴衰，就好像大自然有早晨和晚上一样，其关键在于君王能否听到臣下正确的意见。”

为了让自己处于谨慎之中，他时刻提醒自己要戒骄戒奢。他说：“从事雕琢的工作就会妨碍农业生产，纺织带有图案的布，就会加重妇女们的劳动。一旦形成奢侈淫逸的风气，就是国家危亡的开始。所以，敢于进谏的臣子们，一定要在事情刚有征兆的时候就加以劝解，如果等到过失满盈的时候再去劝谏，就来不及了。”

另外，他还委派专门的官员到各地方进行督察，如发现政策有失误或落实有不到位之处，就直接上奏皇帝。这大大解决了地方的各种问题，有效预防了国家有可能发生的危机。

作为一朝国君，唐太宗掌管着国家全局的、长远的发展方向、目标、任务与政策，掌控着各种资源的调配决策。在如此的重压下，他能够吸取隋亡的教训，以谨慎、认真的态度来对待，并制定了一种有效防治危机的方法。在这样的国君的治理下，天下如何能得不到大治?

这对我们现代的企业管理者是个启示：具有高度的危机意识还不能完全很好地应对危机的出现，应该再建立起一套有效的管理体制。这样才不会在危机来临时惊慌失措，比再去寻求应对措施更有效。

那么，对于现代企业管理者而言，应怎样去建立有效的危机处理机制呢?

第一，对全体员工进行危机管理。企业进行危机管理的第一步就应该树立一种危机理念，尽力地为员工营造一种危机氛围，使企业的所有员工时刻充满危机感，而且将危机的预防作为日常工作的一部分。全体员工的危机意识可以有效地提高企业抵御危机的能力，有效地防止危机的发生。

另外，对员工适当地开展危机管理培训。危机管理培训的目的不仅在于进一步强化员工的危机意识，更重要的是让员工掌握危机管理知识，提高危机处理技能和面对危机的心理素质，从而提高整个企业的危机管理水平。

第二，企业要建立预防危机的预警系统。预防危机必须要建立高度灵

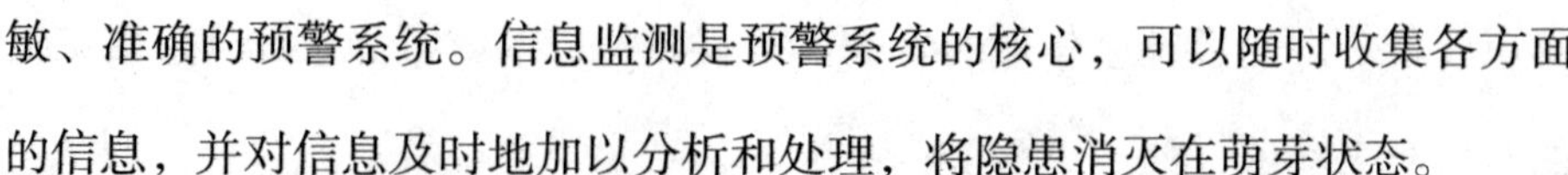

敏、准确的预警系统。信息监测是预警系统的核心，可以随时收集各方面的信息，并对信息及时地加以分析和处理，将隐患消灭在萌芽状态。

关于此，企业需要重点做好以下信息的收集与监测：一是企业要随时地收集公众对产品的反馈信息，对可能引起危机的种种因素与表象进行严密的监测。二是企业在其发展的每一个历程中，都要及时地掌握最新的行业内部信息，并有效地研究与调整企业在各个阶段的发展战略与经营方针。三是企业要及时地研究竞争对手的现状，并结合本企业的特点与其进行实力对比，尽力做到知己知彼，以赢得市场的先机。四是对监测到的信息进行鉴别、分类与分析，对未来可能发生的危机类型及其危害程度作出预测，并在必要时发出危机警报。

第三，企业要建立必要的危机管理机构。危机管理机构是企业危机管理有效进行的组织保证，也是企业危机时必不可少的组织环节，在企业的日常危机管理中也非常重要。危机发生前，企业做好危机发生时的准备工作是必不可少的。所以，企业要在危机来临前建立起危机管理机构，制定出危机处理工作程序，明确主管领导和成员的职责，这是企业防患于未然的必然选择。在危机发生前成立危机管理机构是一些著名企业的成功经验，也是企业顺利处理危机、协调各方面关系的组织保障。

当然，在企业中，危机管理机构的具体组织形式，可以是独立的专职机构，也可以是一个跨部门的管理小组，还可以在企业战略管理部门设置专门的人员来代替……企业可以根据自身的规模以及可能发生危机的性质与概率灵活地进行决定。

第四，制订相应的危机管理计划。企业可根据自身的特点和性质，找出可能会发生的不同类型的危机，制订出一整套危机管理计划，明确怎样防止危机爆发，一旦爆发就要立即作出具有针对性的反应等。企业事先拟定好的危机管理计划应该囊括企业多方面的应酬预案。在计划中，一定要重点地体现出危机传播的解决方法。

海尔总裁张瑞敏曾经说过："海尔处理危机的管理模式，就是将企业可能出现的任何问题、危机都消灭在萌芽阶段"。因此，作为一个企业管理人员，无论你的层次有多高、管理的范围有多大、工作能力有多强，一定要时刻地保持清醒的头脑，必须保持一种"战战兢兢，如履薄冰"的危机感，才能做到"预则立"，制定出相应的处理危机的管理方法，在危机来临时应付自如，使企业在市场的"风浪"中越走越远。

除了海尔集团外，很多国际著名的大企业都有类似的危机管理机制。微软总裁比尔·盖茨经常对员工说："微软离最后倒闭永远只有18个月。"这句话涵盖了微软管理中重要的一项——危机管理。这种危机意识催促员工们更加努力地工作，当战胜面临的挑战时，他们就会更加自信，为企业作出更大的贡献，成为对企业有所贡献者。这也是工作稳定的唯一途径。

在华为同样有这种危机意识。彼时华为正当盛世，销售额达到220亿元，跃居中国IT业之首，全体员工士气高昂，可2000年年底，任正非却突然抛出了"华为的冬天"一说，给行走在坦途上的全体华为员工敲响了警钟。

挫折、困苦成就了任正非，也深刻地影响了他的处世原则。他宁愿让自己以及华为员工们生活在危机中，也不想让自己与员工放松警惕哪怕一刻钟。

从任正非的居安思危中，不难看出华为为什么会在短时间内，成就了如此卓越的事业。

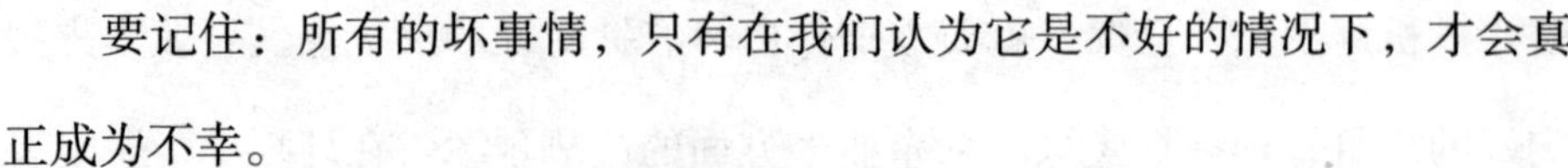

要记住：所有的坏事情，只有在我们认为它是不好的情况下，才会真正成为不幸。

一次狩猎中，野兔被一只猎狗追赶，猎狗费尽力气，也没能追上野兔。猎狗问："为什么我体形比你大得多，力气也比你大，却怎么也追不上你？"野兔回答："那是因为我们奔跑的目的不同，你只是为了饱餐一顿，而我则是为生存而奔跑！"

企业也必须像野兔一样，"为了生存而奔跑"，绝不能安于现状。全球驰名的GE公司，更是把这个寓言的精髓演绎到了宣传板上，到处张贴狮子和羚羊奔跑的图画，羚羊跑在前面说："只要我稍一松懈，就会成为狮子的美餐。"而狮子则在后面穷追不舍，说："虽然我是狮子，但我若追不上羚羊，就会饿死。"

面对激烈的竞争，面对残酷的淘汰机制，任何一个企业管理者和员工都应该有危机感和忧患意识。商场上只有积极进取的常胜者，没有故步自封、恃才傲物的常胜者。管理者要善于创造危机，使员工时刻保持高度的警惕性。

因此，在成功时也应充满了危机感，虽然这在世人的眼里未免有些"杞人忧天"，但对一个领导者来说却是绝对有必要的，并不是什么庸人自扰，而是企业发展壮大的前瞻性眼光，是成功的领导者与普通的领导者最显著的差别之一。

"杞人忧天"历来被认为是一种可笑的愚蠢的悲观心态，但在某种意义上，尤其是站在领导者的角度上，重新理解这个成语的含义非常有意义。天是塌不下来的，但人却不能没有防范大自然灾难的忧患意识。企业也是如此，最辉煌的时候仍然要想到失败，这样，才不会得意忘形，不会忘乎所以，不会尾巴翘到天上去。

美国的波音公司就具有这样一种“杞人忧天”的危机意识。20世纪90年代初，波音公司面临着巨大的危机，产量大幅下降，经营绩效滑坡，为了走出低谷，波音公司的领导层决定“以毒攻毒”，在危机面前，自曝惨状，以刺激员工，激发他们的干劲，达到复兴波音的目的。

为此，波音公司自己摄制了一部虚拟的电视新闻片：在一个天色灰暗的日子，众多的工人们垂头丧气地拖着沉重的脚步，鱼贯而出，离开了工作多年的飞机制造厂。厂房上面还挂着一块“厂房出售”的牌子。这时扩音器中传来“今天是波音时代的终结，波音公司关闭了最后的一个车间……”的声音。并将这则新闻片在公司里反复播放。

这则企业倒闭的电视新闻很快发挥了作用，员工们深刻地意识到市场竞争残酷无情，市场经济的大潮随时都会吞噬掉企业，只有不断进取、创新拼搏，才能使企业在经济大潮中乘风破浪，在竞争中立于不败之地。否则，虚幻的模拟倒闭就会成为无法避免的事实。

正如波音公司的总裁菲利普·康迪特所说：“我们的根本目的是要确保10年后还能在电话簿上查到本公司。”波音公司很快就尝到了这一行动的甜头，员工们由于充满危机感而努力工作，节约公司每一分钱，充分利用每一分钟，从而使波音公司的飞机制造变得迅速而有效率。

古人有“生于忧患，死于安乐”的感慨，也有“先天下之忧而忧，后天下之乐而乐”的胸怀。忧患意识作为管理者必须具备的一种意识，在中华文明中传承了下来。赵匡胤所牢记的“为君难”，恰恰是我们后人所说的忧患意识。什么是忧患意识？那就是在国泰民安时国君仍日理万机地操劳；就是军队在天下太平的时候依然严加防守警戒；就是商人在事业成功时仍不停占领市场；就是寻常百姓在过日子时省下一笔存款。换句话说，这就是居安思危。

忧患意识在任何时候都不过时，在当今时代，忧患意识被赋予了更为丰富的内涵。如今，我们的社会安定、经济繁荣，但要牢记切不可在一片大好的形势中迷失自己，不要在歌舞升平中平息了壮志，不要在物欲横流中流尽了血汗，不要在安逸的享乐中不思进取。要时刻坚定心中的信念，要始终给自己施加压力，并将其转化为动力，时时奋进，处处小心，防微杜渐。

作为现今社会的管理者，尤其应该注意忧患意识。管理者有时代表的并不仅仅只是自己的利益，他往往会关系到所管理的范围内的所有人的切身利益，没有忧患意识，安于现状，不思团队的发展，在竞争日益激烈的今天很容易就会被其他的竞争者淘汰甚至吞并。所以，管理者要有忧患意识、责任意识，以不断地推动团队的发展。

精简机构求变革

最简单的也就是最好的。简单是一场信息革命，其任务是创造适当的指令，使复杂的事情简单明了，作为领导者的管理也要精简。

官僚机构极为庞大臃肿、人浮于事，是封建社会极为严重的弊端。这种状况，一来使国家行政机构重叠，各个官员的职责不清，遇到大事后，总会出现互相推诿扯皮、办事效率低下的现象。二来众多官员的俸禄，成为封建国家一项数目极大的财政支出，这就加重了百姓的经济负担。鉴于此，唐太宗在当时就极为重视精简机构。他认为，精简机构一方面可以让官员提高其办事效率，更好地服务于民众；另一方面也减轻了百姓的负担。

《贞观政要·择官篇》有这样的记载：贞观元年，唐太宗对房玄龄说："国家治理程度好坏的关键在于是否拥有有才能的人。贤才和官员不必要多，但是一定要善、要好、要能，如果不好、不善、不能，多了不但于国家无益，对百姓还有很大的害处。所以，这时候就要学会精简。"

另外，他又告诫房玄龄等近臣道："你们要好好地学习这些行政之道，细细地思考怎样才能让上下官员精干贤明、各得其所，这样才能将国家治理好。"

房玄龄没有辜负唐太宗的期望，随即将当时的文武官员由2000多人减少到643人。这大大提高了官员的办事效率，深受民众的赞扬和拥护。

所以，现代企业管理者也要与时俱进，根据市场变化与企业的需要，大胆改革，建立现代企业制度。这样才能够增强企业发展的活力，降低成本，提高产出效益。

当然，单单推行改革还不够，还要拿出魄力将改革进行到底。先看看唐太宗是怎么做的：

在唐太宗刚刚当上皇帝之初，他就决心革除当时冗官过多的弊病，精简国家机构和政府官员。在他看来，想治理好国家，首先就是要选拔高质量的官吏。在用人方面，他强调"官在得人，不在员多"，而且将其比喻为"千羊之皮，不如一狐之腋"。另外，裁撤官员也是唐太宗的重要举措，不仅将文武官员裁到600多人，还针对因州县设置剧增而造成的百姓少、官吏多的状况，对地方行政机构实行并减，裁并了许多州县。此后，政府机构简化了，官员少了，百姓所交的税也减少了很多，整个国家一派欣欣向荣的景象。

另外，为了长期贯彻精简政府官僚机构的方针，唐太宗特意将简政省官作为当时的一项制度固定下来。比如，贞观初年“省内外官，定制为七百三十员”。在唐律中也对乱置官僚机构规定了明确的惩罚条款。唐太宗还规定主管行政事务的官员年龄到了70岁时，必须离职让位，以提高办事效率，大大地加强了各级行政机构的职能。

对精简后继续留任的官员，唐太宗还通过各种形式，择优汰劣，力求让为官者在其职位中称职。他制定了专门的考核制度，每年都要对各级各类的官员进行政绩考核，以此决定升迁降免。同时，唐太宗还亲自过问地方刺史的选用，并将全国各州刺史的姓名都写在屏风上面，随时记录他们的善恶事迹，以备赏罚。

贞观八年（643年），唐太宗又委派得力大臣李靖等13人为黜陟大使，到全国各地去巡查，奖赏那些廉洁有功的官员，并惩处贫劣失职的恶吏。这一系列的措施，精简了机构，整饬了吏治，提高了国家机构为百姓办事的效能，减轻了民众负担，为“贞观之治”的繁荣盛世打下了重要基础。

正是因为唐太宗心中时刻装着百姓、装着发展，才会做出如此的举动。所以，现代企业的管理者也应该心中时刻装着企业、装着发展，才能紧跟市场变化进行适当的改革，才能克服发展中的种种困难，不断地获取利润，在同行业的竞争中立于不败之地。

进行改革是市场经济的必然要求。当代许多企业体制大都延用的是计划经济时代的管理模式，内部机构庞大、重叠，管理人员都不慌不忙，办事拖拉，已经难以适应市场经济的发展。进行改革，建立新的运行机制势在必行，否则将会被市场所淘汰出局。

企业管理者要进行机构改革，需要遵循以下原则：一是在机构的设置上要根据工作需要力求精干，达到高效。二是在人员的裁减、干部职务的任免上，也要根据工作的需要，力度要大，实事求是，真正地解决问题。三是管理者要团结全体员工，努力做到思想统一、行动一致，将改革进行到底。

在产品生产和研发方面，生产商一定要为顾客着想。如果要想使产品有市场，厂商必然要满足消费者的实用要求，所以在设计产品时一定要突出功能和技术，简单而实用。例如，在20世纪90年代，柯达公司生产的“傻瓜相机”占领了很大的市场，因其操作简单而被众多消费者所喜欢。他们曾经承诺：“你只要按下快门，其他的事由我们来做。”为什么叫“傻瓜相机”呢？这是因为只要手会动，相机就会使用，所以即使是傻瓜也能操作，而且由于价格低廉，“傻瓜相机”成为照相机发展史上的一次革命。

随后，为了方便他人，柯达公司决定把这种简单的技术传授给全世界所有的制造商。柯达公司看似大公无私，但正如杜拉克说的：“简单绝不意味着单纯。”柯达公司利用这一方式，不仅扩大了自己的市场，更获得了丰厚的利润。

类似于柯达，四通集团和中山小霸王集团也是“简单但不单纯”的成功典型，他们制造的打字机和学习机曾一度垄断中国早期的办公自动化市场。

杜拉克曾说："许多人简单地以为，如果想把复杂问题简单化就是把信息和技术告诉别人，殊不知这样只是把问题弄得更复杂。"宝洁的管理层明白这个道理，正是他们生产出了种类繁多的洗发水，才把人们选用什么样的洗发水这个简单的问题复杂化。当时宝洁总裁达克·贾格尔感叹道："多年来我们给消费者制造了这么多困难，这是多么让人震惊！"了解问题所在后，宝洁公司想出了解决的办法，那就是使产品种类简单，削减边缘品牌，并不断推出新产品。仅头发护理这一项，品种就减少了一半，但盈利却增加了5%。一流企业靠什么一流？答案就是作标准。其实所谓的标准就是简单化。大凡赚钱的企业都是很简单的。比如说可口可乐、百事可乐，它们走的就是简洁化的路子。他们在世界各地建厂，用相同的瓶子装相同的饮料，销售商用同样的营销模式。再比如说麦当劳、肯德基，同样是简洁化的典型。它们在世界各地的连锁店经营模式完全一样，而且将连锁店的经营权完全交给了加盟商。这是一个"放之四海而皆准"的模式，其实很简单，但简单却不能简省。

不论多么复杂的尖端技术，在工厂里都是被分解成简单的标准化操作的环节，然后由一些普通的工人操作。再宏伟的建筑，都是建筑工人一砖一瓦建起来的。如果企业的每一个员工都得是高科技人才，那企业得开什么样的工资？这样的产品成本将会有多高？那么还有多少人消费得起？

大多数企业在消费者心目中只拥有一个概念。比如：对百事可乐只有饮料一个概念，丰田公司只有汽车一个概念，微软只有软件一个概念，新浪只有网络一个概念，海尔只有家电一个概念。成功的公司或品牌都力求简单，只有这样才能成功。

人的理想具有多面性。然而，人不可能什么都精通，所以在各方面的能力有弱有强；而且人的精力也有限，不可能一心多用，同时做很多事。因此，在企业管理中，希望达到什么效果是一回事，能做到什么程度又是另一回事。企业如果想在竞争中获得生存和发展的权利，最好的办法就是充分利用和发挥自己的资源优势、能力优势，做最擅长的事。要想变复杂为简单，就必须大胆取舍，这是简洁化的成功法则。

开放国境万邦贺

无论一个企业还是一个人，只有对外开放，加强交流，才能增长见识，才能吸取外界的新思想、新理念，才能更快地成长和发展。作为一个管理者，也只有拥有开放的思想与眼光，才能够带领企业向更高更远的方向发展。

唐太宗采取开放的对外政策，积极接纳大批的外国移民。那时候，因为东罗马帝国的衰落，西方世界变得支离破碎。到了隋朝时期，中国几乎是世界上最为强大的国家了，而唐朝帝国，尤其是贞观时期的唐朝更是当时世界上唯一一个文明最为强盛的大统一的帝国，其首都长安是世界的大都会，各地民商来往不断，就像今天的美国纽约一样。唐朝也是世界各国仁人志士心目中的“阳光地带”，来自世界各国的外交使节纷纷赞叹唐朝的盛世。高度发展的文化，使来到唐朝的各国人以成为唐人为荣。不仅在首都长安，全国各地都有来自国外的“侨民”定居，尤其是当时新兴的商业城市，仅广州一城的西洋侨民就有20万人以上，达到了空前繁荣。

唐太宗为外国人士开放国境和关口，在沿海城市设立流所（相当于现在的使馆），甚至还允许各国各地的普通老百姓来到唐朝一睹唐帝国的风采。贞观时期成为中国历史上少有的完全对外开放的时代。

唐太宗除了接受大批的外国移民外，还接纳一批又一批的外国留学生来中国学习先进的文化，仅日本官派的公费留学生就接收了7批，每一批都有几百人，民间自费的留学生则远远超过此数。由于吸收了唐文化，这些日本留学生学成归国以后，在日本进行了第一场现代化运动——“大化改新”，这也是一次彻底的中国化运动，上至典章制度，下到服饰风俗，全都仿效当时的贞观王朝，使处于原始部落的日本民族腾空向前跃进了1000年。同时，唐王朝也吸收了当时世界各国的先进技术与先进理念，为唐朝的振兴发挥了重要作用。

对一个民族来说，统治者的固执和封闭就意味着落后，而开放则意味着先进和强大。作为一个拥有强盛文明的国家元首，唐太宗主动开放国境，促进世界文明交流，并能够积极吸收世界更为优秀的文明成果，使国家变得更为强盛，这是历代的封建统治者都很难做到的。

民族政策是一个国家兴旺发达的晴雨表，它在多民族国家中处于十分关键的地位。唐太宗胸怀大志，以四海为家，倡导华夷无别，实行民族平等、和睦共处的国策，很快赢得了各族人民的衷心拥护，被尊称为“天可汗”。

过去因战乱流落边地的汉人和少数民族蜂拥而至，兴高采烈地奔向了心目中的花花世界——中原各城市。仅贞观二年，从塞外回归的汉人和少数民族，男女人数共计120余万。

远方来朝贡的外国使节，熙熙攘攘，络绎不绝。他们穿着五颜六色的奇异服装，携带着珍禽异兽、珠玉宝贝、美味食品，纷纷来到长安，把它们贡献给心目中的天可汗。

唐太宗对于归附的各族酋长和部落首领，也量才授用，安排职务，让他们参与管理国家大事，仅长安一地就有少数民族首领1万余人。

当时，许多少数民族由于居住地的地理环境恶劣，经济文化发展水平较低，长期过着茹毛饮血、刀耕火种的原始生活，文化教育落后，与发达地区的整体水平相差很远。但是，这绝不能成为某些人歧视少数民族的理由。因为，所谓的文化先进和文化落后，都是相对而言的，都是针对一个时代的价值标准而作出判断的。二者之间，各有其长，各有其短，只有优势互补，才能共同发展，绝不能以一种文化取代另一种文化。经济文化水平的共同提高，就一定会进一步形成华夏同乐的盛况。贞观时期，在国内政治经济形势迅速好转，国力逐渐增强的条件下，唐太宗又开始了统一边疆地区的战争，并且妥善地处理了与各民族之间的关系，为建立强盛的多民族的大唐帝国奠定了基础。

应该说，唐太宗的民族政策整体上是正确的，效果也是令人满意的。一个封建帝王能有如此之高的民族政策水平，正确处理汉族与少数民族的关系，加强民族团结，促进民族融合，减少民族对抗，实在令人心悦诚服。

当今社会处于一个异常开放的时代，世界已成为一个地球村，企业管理者也应该以开放的心态去积极参与世界性的竞争与合作，加强交流。这样才能使企业紧跟国际市场的需求，吸收更为先进的技术与管理理念，在未来的发展道路上越走越远。

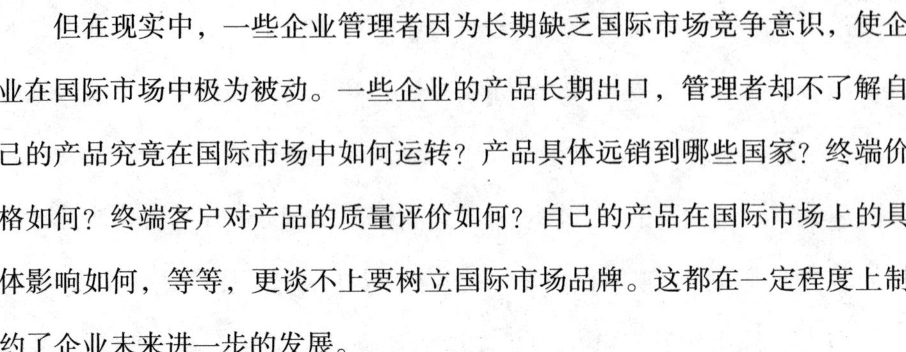

但在现实中，一些企业管理者因为长期缺乏国际市场竞争意识，使企业在国际市场中极为被动。一些企业的产品长期出口，管理者却不了解自己的产品究竟在国际市场中如何运转？产品具体远销到哪些国家？终端价格如何？终端客户对产品的质量评价如何？自己的产品在国际市场上的具体影响如何，等等，更谈不上要树立国际市场品牌。这都在一定程度上制约了企业未来进一步的发展。

要改变这些状况，管理者就应该放眼大局与长远，积极参与国际竞争，并加强合作意识，在维护本企业利益的基础上，积极加强国际合作。

同时还要强化科技观念，大力坚持科技研发与应用，努力引进国外的先进技术与先进经营模式，提高核心竞争力。在发展的过程中，不断深入地坚持开放，充分地利用世界市场与国内市场，挖掘资源，实现经济资源的充分优化流动与配置。

其实，国际统一市场并没我们想象得那样可怕，只要管理者能敞开心胸，认真对待，认真学习、交流，企业就能从中获益无穷。

贬佛抑道振风气

企业管理者在进行内部建设时，往往将重点放在有形资产上，而忽略了无形资产的塑造。良好的工作氛围、优秀的企业文化，都是企业可以加以充分利用的资源。甚至从某个层面而言，这些无形的资产比有形资产更加重要。同样对于治理国家而言，社会风气便好比企业的文化氛围，需要统治者去细心经营改进。在古代的上百位帝王中，唐太宗对此做得是相当优秀的。

道教起源于巫教，以画符弄鬼、炼丹修仙为生，杂合了天命鬼神一类的迷信，与流行的阴阳术联系密切在隋唐时十分盛行，而太宗对此却很不以为然。隋文帝、隋炀帝都喜好祥瑞迷信，唐太宗常常讥笑他们。贞观二年，太宗寝殿的大槐树上飞来了稀有的白鹊，筑了一只鸟巢，形如腰鼓。有人以为这是祥瑞的象征，纷纷道贺。太宗却严肃地说："瑞在得贤，此何足贺？"并叫人将捣毁了鹊巢。各地官员亦经常以祥瑞之事上表庆贺，这一方面是为讨好太宗，另一方面则是神化太宗的统治地位。然而唐太宗深感要治理好一个国家，得依靠人的努力，而非神灵的佑助。当时长安城内一般家庭逢有父母丧事，都信奉辰日不哭的说法，即使有人来吊丧，也拘忌辍哀。太宗批评这是"败俗伤风，极乖人理"，下令革除。当然唐太宗并不是一位彻底的无神论者，封建迷信本来就是封建统治者用来维护统治、麻痹群众的精神鸦片，但他能够轻视灾异祥瑞、鬼神迷信，则足以反映他是一位务实的迷信思想不甚严重的政治家。

在太宗时代，还出现了两位出色的唯物主义无神论者，一个是傅奕，一个是吕才。

傅奕，相州邺人，位至太史令。他精究术数之书，但从不相信。他曾亲自揭破僧徒骗人的妖术。有个从西域来的僧徒，自称善咒术，能令人致死，再咒能使之复苏。太宗选了一位强壮的卫士当场试验，竟果然如此。太宗派人告诉傅奕，傅奕毫不犹豫地说："此邪术也。"并要求亲自代替卫士再试一次。结果，那个僧徒非但没把傅奕咒死，自己反而"僵仆"跌倒了。原来他是害怕自己的把戏被揭穿，故意装死。傅奕临死时，曾告诫儿子说："老、庄玄一之篇，周、孔《六经》之说，是为名教，汝宜习之。而佛书邪教，汝等勿学也。"他还关照家人，自己死后按古人习俗实行裸葬。此外，他生前汇集了魏晋以来有识之士批驳佛教的言行，成《高识传》流行于世。这书成为批判佛教迷信思想的有力武器。

其实，道教在唐朝时不仅限于迷信的范畴之内。道教教义较杂，以老子作教主，不过是借为偶像而已。老子本人并没有创立道教，《老子》五千言实际也不是道教徒奉行的教义。两晋南北朝玄学和道教进一步兴起，道教与老子的关系也进一步密切。当时人谈及老子、道教，往往混为一体。但实际上两者还是有区别的。至隋唐时期，玄学虽然衰落，但研究老庄者仍十分兴盛。特别是初唐时期，统治者为了缓和社会矛盾，寻求安定的政治局面，主张"无为之治"。因此，研究《老子》的人特别多，这些人一般是不信仰道教的。可见唐初之崇拜老子，其背景是复杂的，有为崇道抑佛的，有为抬高李唐帝室家世地位的，也有为政治上"无为而治"需要的。也就是说，有崇老信道者，也有崇老不信道者，唐太宗就属于后者。即使如此，太宗对老子的态度仍比其他唐统治者要冷淡得多。在他的心目中，需要效法的既不是释、道，也不全是黄老无为之说，而是儒家思想。

两晋南北朝时期儒、释、道并列，随着庶族地主的兴起，在中下层地主阶级中涌现出一大批文人，至隋唐，儒学的地位又逐步上升。唐太宗一面批评释、道之祸国害民，一面再三对大臣们宣称："朕所好者，唯尧、舜、周、孔之道。"他在重新确立儒学的尊崇地位方面，起了极大的作用。

在他未做皇帝以前，就好与士大夫结交朋友。高祖李渊曾责怪他被读书人教“坏”了。即帝位之初，他在弘文殿聚四部书20余万卷，又将原弘文馆搬到正殿之左，还精选天下文儒，充学士，“给以五品珍膳，更日宿值”，听朝之后，即引入内殿，“讨论坟典，商略政事，或至夜分乃罢。”太宗打天下，多依靠西北骁武之士，及天下定，则转而重视士大夫的作用，弘文馆学士，大多为东南儒生。他深深懂得，守天下，有了武功之后，还需要依靠地主阶级知识分子。

为了培养更多通晓儒学的士大夫，太宗大力兴办学校。规定京师学校直接隶属于国子监，称为国学。在隋时所设国子、太学、四门、书学、算学五学的基础上，于贞观六年，又增设律学，扩大为六学。为了充实国学的教师，太宗广招儒士，赐给经费，令他们到京师。他数次临幸国学，听祭酒、博士讲论，学士能通一经以上者，都得署吏。又于国学增筑学舍1200间，增加生员3260员。甚至玄武门屯营飞骑，也给博士，如有能通经者，听之贡举。当时四方儒士，多怀抱典籍，云聚京师，多至千数。国学的兴盛，还吸引了高丽、百济、新罗、高昌及吐蕃等地贵族的子弟前来学习，于是国学之内，“鼓箧升讲筵者，几至万人，儒学之兴，古昔未有也”。

对于地方州、县兴办学校，太宗也十分重视。隋文帝时，曾诏天下劝学行礼。贞观六年七月，太宗又复诏天下，各地纷纷建孔子庙。后来根据许敬宗等的建议在州县设立三献官，管理祭奠孔子的事。

国学、州（县）学，都是官办的学校，明文规定主要招收大小官僚子弟。这些人家世贵宠，并不以学业为重，真正深造成才的，不过凤毛麟角。所以官办的学校往往有名无实，白白地成为势要贵族子弟猎取官禄的途径。与之相反，民间私学则主要招收庶民子弟，随着庶族地主经济力量的发展，私学也兴盛起来。隋唐之际的著名人物如李密、杨玄感、

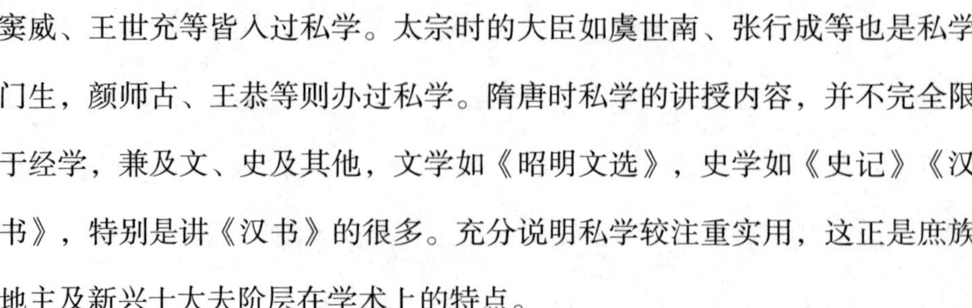

窦威、王世充等皆入过私学。太宗时的大臣如虞世南、张行成等也是私学门生，颜师古、王恭等则办过私学。隋唐时私学的讲授内容，并不完全限于经学，兼及文、史及其他，文学如《昭明文选》，史学如《史记》《汉书》，特别是讲《汉书》的很多。充分说明私学较注重实用，这正是庶族地主及新兴士大夫阶层在学术上的特点。

私学之兴盛，为唐代政治培养了大批有作为的地主知识分子。这对于唐代儒学及其学风的变化，带来了很大的影响。如在经学方面，唐代很多学者不墨守章句之学的成规，说经好各抒己见。魏徵认为戴圣所注《礼记》编次不伦，遂为《类礼》20卷，以类相从，削其重复，采先儒训注，择善而从，太宗见了极为称赞。校书郎王玄度注《尚书》《毛诗》，毁孔、郑旧义，上表请废旧注，行己所注者，太宗诏礼部集诸儒详议。玄度能言善辩，诸博士都不能辩过他。郎中许敬宗请付秘阁藏其书，河间王孝恭特请与孔、郑并行。后因崔仁师的反对，被废。这些都是经学中的新学派。又如，太宗曾以经籍去圣久远，文字讹缪，令颜师古、孔颖达、司马才章、王恭、王琰等人考定五经，撰成《五经正义》，共180卷。太宗集群儒详议，因当时诸儒各从其师，传习已久，“皆共非之”。后太宗颁行《五经正义》，令天下学者学习，并诏付国子监执行，又遭到大学士马嘉运辩驳。太宗见其言之有理，只得更令修订。直到高宗时才由于志宁、张行成、高季辅等人修订完毕。当时学术上学派各异，空气活跃，这与私学之兴盛，不能不说有极大关系。

唐太宗既尊崇儒学，又不拘泥于经学及其章句之学，而是广采博收，兼收并蓄，鼓励各种学术、学派的发展，这种特点正反映了在政治上讲究实用、励精图治的风貌，极大地匡正了当时的社会风气。其实对于现代的企业管理者而言，也可以从中借鉴一些经验，那就是应该注意企业文化氛围的建立和发展。

美国西雅图华盛顿大学曾经发生过一次影响巨大的风波：学校领导决定在校园内的华盛顿湖畔修建一座体育馆。没想到这个消息一经宣布，就立即引起了教授们的强烈反对。而教授们之所以反对这一决定，原因就在于这个场馆一旦建成，职工们在餐厅就餐时，就再也欣赏不到华盛顿湖畔的美好风光了。

一项调查的结果显示，华盛顿大学教授们的工资与当时美国大学教授的平均工资相比要低20%左右。在这所大学任教的教授们之所以愿意接受较低的工资，完全是出于西雅图美丽的自然风光。在这里人们不但可以欣赏到美丽的湖泊，还可以看到美洲最高的雪山——雷尼尔山。因此可以说明：华盛顿大学教授的工资，80%是以货币形式支付的，20%是由美好的环境来支付的。显然，如果校方建设体育馆的计划得以实施，那么他们20%的权益就将成为泡影。

华盛顿大学教授们的这种行为，后来被戏称为“雷尼尔效应”。在管理学中，它的指示意义在于，良好的企业文化氛围可以作为一种重要的无形财富，成为吸引人才的一项关键内容。

员工并不只是将工作视为简单的谋生工具，同时也将其视为个人价值的体现方式。显然，企业的环境和文化，可以在精神上给予他们更多的愉悦感受，使其对企业产生认同感。一旦员工对企业的无形资产从根本上存在认同感并融入其中，将有助于企业工作团队的稳定，提高企业本身的凝聚力。

纳尔逊女士的成功，就是一个典型。身为美国卡尔松旅游公司的总裁，纳尔逊女士对于公司的管理有着独到的见解。该公司规定：公司的员

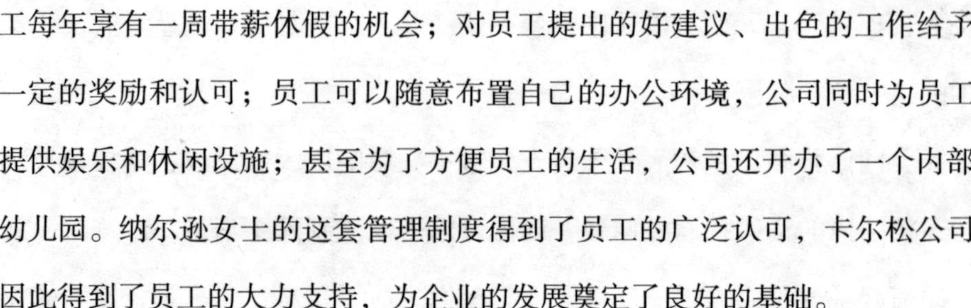

工每年享有一周带薪休假的机会；对员工提出的好建议、出色的工作给予一定的奖励和认可；员工可以随意布置自己的办公环境，公司同时为员工提供娱乐和休闲设施；甚至为了方便员工的生活，公司还开办了一个内部幼儿园。纳尔逊女士的这套管理制度得到了员工的广泛认可，卡尔松公司因此得到了员工的大力支持，为企业的发展奠定了良好的基础。

纳尔逊女士很清楚，员工之所以欣赏她的企业，在于她的企业不只是追求利润的商业公司，而且具有浓厚的人文气息。优秀管理者都明白，健康向上的企业文化，是公司成功的基石，同时也是企业留住人才的关键。如果一个公司没有自身独特的文化氛围，不能营造出一个舒适悠闲的工作环境，就无法将人才凝聚在一起。

企业文化的构建体现在对员工的爱护和尊重；承认他们的劳动成果，为他们构建一个发展事业的平台；构建企业良好的沟通系统，让员工了解和参与企业的决策与管理，并切实为他们提供各种必要的保障；提高员工的主人公意识，增强他们的认同感、归属感和忠诚心，只有这样，才能把握住企业文化建设的根本，从而稳定人心，留住人才。

依法治国修唐律

正所谓没有规矩不成方圆，管理者要想将管理变得规范化，就得制定明确的规章制度，使管理中的赏罚都有制度可以遵循，做到有法可依。

唐太宗自即位开始就对唐高祖李渊时期的《武德律》进行修订和完善。从贞观元年开始，礼部尚书长孙无忌和房玄龄等人在唐太宗的旨意下主持完成了对《武德律》的修订和完善，形成了《贞观律》，也就是《唐律》。

唐太宗在吸取隋王朝二世而亡的教训时，分析出隋亡的另一个原因是严刑峻法，所以唐太宗特别注意整顿和加强法律的建设。唐朝自皇帝李渊就摈弃了“严刑治国”的观点，实行“宽刑简法”，以安定社会秩序，唐太宗时进一步发展。比如刚开始修订《武德律》的时候，有官员建议将《武德律》中要处绞刑的50条死罪减轻为“断右趾”，尽管这样，唐太宗在审批时仍然觉得过于残酷，就说：“肉刑废除很久了，一定要想办法取代。”一位司法官员建议将“断右趾”改为“加役流”，将罪犯流放3000里，在流放地点服3年苦役，比一般的流刑罪犯加重2年苦役，这个建议得到唐太宗批准，于是将其加入了新律《贞观律》中。贞观六年（632年）年底，唐太宗亲自提审在押罪犯，把将近300名死囚罪犯释放回家，约定第二年秋天到京城集合来执行死刑。据说第二年秋天，这些囚犯全部准时报到，于是唐太宗下令免除他们的死刑，这在历史上是绝无仅有的。贞观四年十一月，太宗下诏：“罪人不得鞭背”，以免造成死亡。审讯时“必先以情审察辞理”，如果法官违法进行“拷讯”，处以“杖六十”的刑事处分。

除了宽大的法律政策，唐太宗对待死刑也表现出了非常慎重的态度。唐太宗有次非常生气，下令要将一个大臣斩首示众。但过了两天，唐太宗自己知道错了，于是下诏说：“今后有死罪案件上报的，即使是朕下令立即执行死刑的，也要重复报告三次，三次都批准处死的，才可以执行。”

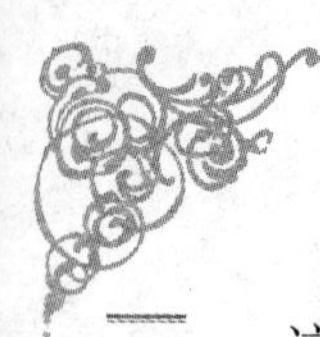

这样就促进了《贞观律》中死刑复议制度的确立。

过了几年，唐太宗觉得死刑制度仍然不严密，便对长孙无忌等人说："我认为人命至重，所以下令执行死刑要再三复奏，原来的意思就是要对案件深思熟虑后才最终决定。可是现在有关部门经常一天当中连续来报告三次，根本没有时间考虑，这是不行的。"于是，他指示有关部门慎重立法。最后制定制度：凡是执行死刑，京师地区的案件，应该在两天内分别向皇帝重复奏报五次；地方上报的案件，应该向皇帝重复奏报三次。执行死刑的当天，宫廷内不得进酒肉，各机关不奏乐，由门下省派出专人巡视。上报的死罪案件，虽然按律当斩，但是有值得怜悯的地方，能够宽大处理的，就可以提出意见，附载于卷宗一起上报。正是因为有了这项死刑复议制度，很多人的性命才得以保全。

除此之外，唐太宗还继承总结并发展了自汉朝以来的"录囚"制度，即皇帝和各级司法、监察机关对囚犯的情况进行审录，以防冤狱。总之，太宗"以宽仁治天下，而于刑法尤慎"，贞观年间的刑罚比前代大大减轻了。

唐太宗一朝修订的《唐律》还有一个特点，就是简化易明，有利施行。比如贞观时期制定的《唐律》以死刑条目为例，"比古死刑，殆减其半"。可以说，贞观时期所立的法律是当时最简约的条文，非常有利于健全司法。在太宗法治思想指导下制定的《唐律》，集汉、魏以来法律之大成，基本上是依据隋律制定的，但比隋律有所进步，刑罚有所减轻，内容比较完整，条目比较简要，体式比较严整，司法机关职权范围比较清楚，办案人员的职责也比较明确。

在修订法律之外，唐太宗以身作则，遵法守法，严格执法。贞观四年，唐太宗发现自己所颁诏敕与律令相违时，指示臣下对此类诏敕不得顺旨施行，必须上奏，另作定夺。太宗不仅守法，同时要求各级官吏守道履正，为公奉法。并采取措施监察官吏，根据情况进行赏罚，凡断狱公正的官员予以奖励，而违法的要受到处分。

唐太宗一方面强调法律的统治作用，积极修法、立法，另一方面又强调突出德礼。德行和法律同重，与现在的依法治国、以德服人有异曲同工之妙，这使得唐朝的法律在修订中最终把法和德礼有效结合起来，形成了先进的律法制度。在唐太宗提倡的礼与法结合的思想指导下，唐初形成了“宽平”“简约”“恤刑慎杀”“礼本刑辅，明刑助礼，礼法合一，依礼制法”等法律思想，促进了这个时期社会律法方面的显著发展，同时也促进了整个社会的发展。

唐太宗在贞观年间一系列法律制度和指导思想的确立，为整个唐朝奠定了坚实的法制基础，不但创立起一套行之有效的法律制度，而且在唐朝得到了较好的贯彻实施。他间接主持制定的《贞观律》，明确了赏罚制度，在此基础上经过长孙无忌等大臣的完善形成了《唐律疏议》，也就是人们通常所说的唐律，后来经不断修订、完善，在整个唐朝都得以实施。从一定意义上讲，唐律是封建时期最伟大的律法，它是和罗马法、拿破仑《民法典》并驾齐驱的，这三部法典都是具有世界意义的重要法典。唐律的产生标志着中华文明特别是中华法制文明走向了成熟，也标志着中国封建社会鼎盛时期的到来。

狼群有狼群的生存法则，企业有企业的规章制度，团队也有团队的守则。任何一个组织，要想获得超强的战斗力，就得要求团队成员遵守团队的规章制度，只有铁的纪律才能铸造铁的战斗力。

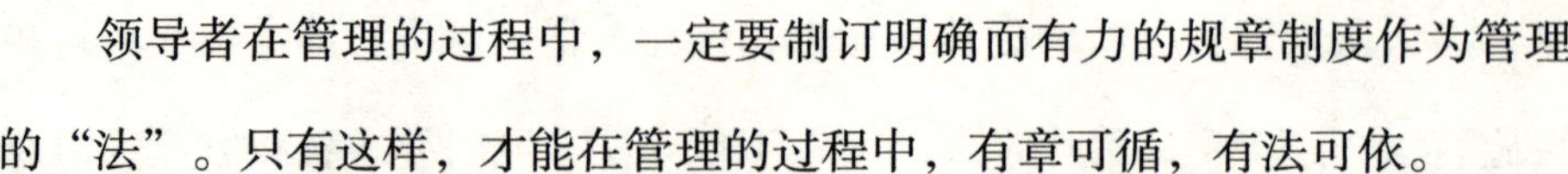

领导者在管理的过程中，一定要制订明确而有力的规章制度作为管理的“法”。只有这样，才能在管理的过程中，有章可循，有法可依。

纪律是一切制度的基石，组织与团队要长久存在，其重要的维系力就是团队纪律，而纪律的维系力要通过严格的执行来完成。领导者在加强管理和完善内控建设中，必须高度重视有章不循、违章操作的危害并全力加以制止，构建人人自觉遵章守纪的良好内控环境。作为领导者，应当以有效的手段保证规章制度得以贯彻落实。规章制度没有什么碍于情面而不方便宣布的，别等到出了什么后果再去亡羊补牢，恐怕那时已来不及了。

西方管理学家提出了一种惩戒原则——“热炉法则”。它的实际指导意义在于，有人在工作中违反了规章制度，就像去碰触一个烧红的火炉，一定要让他受到“烫”的处罚。与奖赏之类的正面强化手段相反，惩罚之类则属于反面强化手段，“热炉法则”应用“三性”来完善管理制度，即：即刻性、预先示警性、彻底贯穿性。

这里说到的“热炉”就是管理者制订的“法”。每个企业都有自己的“天条”及规章制度，员工中的任何人触犯了都得受到惩罚。制度明确规定了员工该做什么，不该做什么，就好像是标明了在哪里有“热炉”，一旦碰上它，就一定会受到惩罚。只有这样，才能做到令行禁止、不徇私情，真正实现热炉法则。

一个团队，建立自己的“法”，能够规范自己的经营秩序，增强团队的竞争力，并且能够制定规则，使员工行为符合规矩，提高管理效率。因此，管理者一定要注重规章制度的确立，以保证管理的过程有法可依。

赏罚严明吏清廉

奖赏，是对人的为善之举和功劳的一种肯定和褒扬，用以激励人们朝着这个方向前进，继续为国家和社会作出自己的贡献。刑罚，是对人的作恶之举和过错的一种否定和惩戒，用以制止这种行为的继续发生，防止再出现危害社会和百姓的不良影响。无论是在什么时代，奖罚制度都是激励下属最好的工具。

贞观时期，朝廷制定了严格的考课制度，对官员的功过、行为、操行、才干进行考核。考课中最主要的内容是政绩，唐太宗往往通过考课对官员进行赏罚升降。官员考核每年都要进行一次，四年再进行一次大考，这主要是由当时官员一般以四年为一任而决定。

贞观王朝的考课制度极为严密，吏部专门设置考功司负责京官、外官的考课，每年都要选出德高望重的京官任考使，分别对京官和外官进行考试。考课一般在年底结束，考定后张榜公布，并发放考牒作为凭证。考课内容分“四善二十七最”，具体条例异常详细。考课完后，朝廷按考课的等级给予赏罚，考中上以上的，进一等，加禄一级；考落下下的，解除现任官职。通过考课，唐太宗便可以成绩为依据，让政绩卓著的得到奖赏，贪赃枉法的受到惩罚，全面提高了每个官员的责任心。

除了全面正规的考课外，唐太宗还不时派遣大臣到全国各地巡视，黜陟官吏，而且每年各州长官都要到京师朝集交流为政的得失优劣。唐太宗十分看重黜陟使的作用，譬如在贞观十五年（641年），他派礼部尚书王硅、幽州都督张亮、凉州都督李大亮、太子左庶子杜正伦等重臣分行天下，检查官吏是否称职，考察民间的疾苦，赈济贫困的老百姓。派出如此阵容强大的黜陟使队伍，足见唐太宗对此事的高度重视。

贞观二十年（646年），唐太宗派大理卿孙伏伽等22人巡察四方。此时政风已经日下，官吏们已不像贞观之初那样思想上进、积极进取了，因而出现了刺史、县令被贬黜的现象。唐太宗闻后忧虑重重，他亲自审定了死罪者7人，流放及免职者110人，而提升的仅有20人。经过这次黜陟，使贞观后期的吏治得到了又一次整顿。综观贞观时期，由于各种考课制度的执行，吏治还是较清明的，绝大多官吏都能廉洁奉公，尽心尽职。

唐太宗为秦王时的僚属张公谨，在任代州都督期间组织兵民屯田，开垦荒地，节省了国家开支，免除了运输之苦。当张公谨又任襄州都督时，以仁爱治州，政声卓著，唐太宗十分赏识他。张公谨死后，唐太宗还亲往哭悼，可见他对良吏的珍惜之情。

邓州刺史陈君宾初至任上，当时州邑凋敝，百业不兴，百姓流离，而陈君宾仅经一个多月的治理，逃亡在外的百姓便重返故土。贞观二年，许多州县遭到洪涝灾害，唯有邓州丰收，于是陈君宾便以天下为己任，积极安排来此逃难的灾民，走时还给他们赠送粮食、布帛。唐太宗知道这件事后，马上要求考课官员给陈君宾记一个大功，并以免除当地一年租调的方式来支持他。

贞观时期对各级官员实行考课制度，通过这一制度使各级官员都能恪尽职守，爱民勤政，由此使社会政治得以相对稳定，出现了封建历史上“百姓知廉耻，官人奉法治”的清明之景，贞观朝从上到下涌现出了一大批优秀的良吏。

吏治的清浊，直接关系到天下的治乱。唐太宗对廉洁的官员给予奖赏，对那些贪赃枉法的官员则毫不留情地加以处置。除了不时对官员进行廉政尽职的训示教育之外，唐太宗还常在惩治违纪官员方面做出出人意料之举。

长孙皇后的族叔长孙顺德，曾随李渊父子起兵晋阳，此后南征北战，屡建战功，并且在玄武门之变中立有大功。长孙顺德既是国戚又有功勋，但却有贪小利的毛病。贞观之初，他接受了别人的贿绢。事发后唐太宗非常生气，本想将他治罪，但念及其功劳，便采用了一种特殊的方式来惩罚他。唐太宗召百官于殿上，并当场赐给长孙顺德10匹绢。大理少卿胡进不明白，向皇上发问说：“顺德枉法受财，罪不可恕，为何又赐之绢？”唐太宗却回答说：“赏赐绢匹会比给予刑罚更能警醒他。如果他不知羞愧，就好比一只禽兽，我杀掉他又有什么用呢？”

此举果然奏效，长孙顺德对自己的行为感到非常惭愧，痛改前非。从这件事看来，唐太宗对贪吏的惩处是严厉的，不过是几匹绢而已，就如此盛怒，并让受贿者在大庭广众之下受辱，这样怎会不警诫群臣呢？

治国之道，要赏罚分明，信赏必罚，当赏则赏，当罚则罚。奖赏有功，可以激励他人，导人为善；刑罚有过，可以抑制恶习，净化社会。只有赏罚分明，才能树立严明的纪律。

君主运用权力，主要通过对臣下的控制和驾驭，来完成治理国家的任

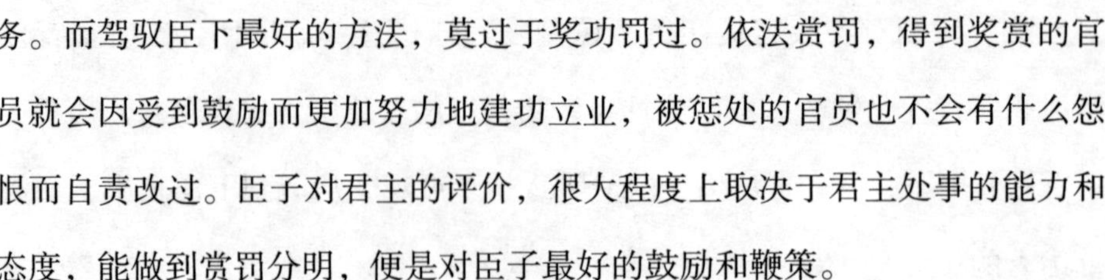

务。而驾驭臣下最好的方法，莫过于奖功罚过。依法赏罚，得到奖赏的官员就会因受到鼓励而更加努力地建功立业，被惩处的官员也不会有什么怨恨而自责改过。臣子对君主的评价，很大程度上取决于君主处事的能力和态度，能做到赏罚分明，便是对臣子最好的鼓励和鞭策。

贤明的君主，一般都能够依照制度规定，比较公正地行使手中的权力，对官员进行赏罚鉴定，能起到激励贤能、打击邪恶的作用。

唐太宗曾说过：“国家大事，唯赏与罚，赏当其劳，无功者自退，罚当其罪，为恶者咸惧，则知赏罚不可轻行也。”《十六经》中说：“天德皇皇，非刑不行；穆穆天刑，非德必倾。刑德相养，逆顺乃成。刑晦而德明，刑阴而德阳，刑微而德彰。其明以为法，而微道是行。”也就是说，帝王的奖赏是光明的，但如果没有刑罚的配合也不能生效；帝王的刑罚是严肃的，但如果没有奖赏的配合也注定要失败。所以刑罚与奖赏应该相辅相成，治理国家既需要施以光明之赏，也需要施以阴晦之刑。

奖赏的方式大致有4种：赐物，如绢、帛、粮食等；赐官，即赏赐为官或提升官级；赐爵，如公、侯、伯、子、男等爵位；赐秩，即增加薪俸。

奖赏形成一种制度，大约在春秋以前就出现了。据记载，西周的天子对有功绩或有权势的官员进行赏赐，共有9种形式，即“九赐”。其中，舆马、衣服、乐则、朱户、纳陛、虎贲，是用来表示荣誉地位的，弓矢表示军事权力，铁钺表示司法权力，柜鬯表示祭祀权力。这些奖赏，不仅是对有功官员的一种物质奖励，还是赋予他们的一种权势和地位。

随着封建官僚制度的出现和确立，赏赐制度也越来越完善，统治者采用各种手段来激励官员建功立业。俗话说：“不予奖励，何以勉善？重赏之下，必有勇夫。”在和平年代，奖赏可以使民风教化淳美，狱中无囚，争讼绝息。在战争年代，奖赏可以激励士气，振奋人心，使将士们作战更加勇敢，对将帅更加效忠。

随着赏赐制度的逐步完善，褒扬也更多地出现在国家政治生活中。作为一种精神鼓励，褒扬虽不能直接带来物质上的实惠，但对振奋人心，满足人们的虚荣心却大有益处。古人重视名节，信奉“雁过留声，人过留名”，把名节看得比生命还要重要。统治者正是看到这一点，才广泛采取这种没有本钱的做法，以玺书勉励、荣誉称号、画图像、榜记、赐谥号等方式，对有功之臣大加封赏，从而起到激励人心向上、向善的作用。

刑罚作为惩恶的手段，自古以来便存在于社会之中，并且随着社会的发展进步，其内容与程度也不断发生变化。官员遭受刑罚的原因很多，大致也归为4类：一是谋反作乱，二是贪污受贿，三是渎职失守，四是残害百姓。刑罚的方式也是多种多样，数不胜数。

在诸多刑罚中，最严厉的应数诛灭九族。秦王嬴政曾下令，将与太后私通并扰乱朝政的缪毐“灭九族”。在历代史书中，遭受灭族之灾的官员也不在少数。随着法制的强化，刑罚也逐渐变得更为严密。仅死罪一项，便有凌迟、枭首、弃市、赐死等许多形式，其他的刑罚更是多如牛毛。因《史记》而名传后世的司马迁，便曾因上疏汉武帝而招致宫刑；孙膑因遭庞涓妒忌而惨遭膑刑；屈原也曾被楚王杖刑后放逐。此外，还有罚俸、降职、免官等较轻的刑罚。

但是，不论赏罚，都是源于人治社会对某些行为规范的判断，其出发点也是基于统治者个人的好恶。君主的决策正确与否，对赏罚制度的公正起着决定性作用。

不管是激励还是淘汰，其目的都在于让手下保持勤勉，使整个队伍的素质得到提高。所以历代帝王都很重视激励与淘汰制度，“陟罚臧否”，不可或缺。

治国之道，在于赏罚分明。只有赏罚公正，才能起到惩恶扬善的作用，否则，乱赏就会使臣民不思进取，不严守国法；滥罚，就会使坏人暗中为非作歹，不思改过自新。无功受赏，无罪被罚，定会丧失民心。而君主一旦失去民心，就失去了治国的稳定基础。

西汉哀帝因宠爱郎官董贤，不仅提拔他做官，而且对他言听计从，赏赐他大量的珍宝，他的家人也因此被授予各种封号和爵位。随后，哀帝又晋封董贤为高安侯，位列三公，掌握朝中军政大权。像董贤这样一无战功，二无政绩的人得到如此重赏，自然引起大臣们的不满和反对。丞相王嘉代表众臣向哀帝进谏说：“高安侯贤，佞幸之臣，陛下倾爵位以贵之，单贷财以富之，损至尊以宠之，主威已黜，府藏已竭，唯恐不足。”但哀帝丝毫听不进忠言，反而下令将王嘉逮捕入狱。正是因为哀帝的滥赏与乱罚，引起了朝中百官的强烈不满，一些有野心的政客趁机广结势力，图谋篡权。哀帝死后，外戚王莽便夺取了政权。

滥赏不行，严刑峻法同样不可取。前秦厉王苻生性格乖僻内向，反复无常，经常滥杀臣吏。一次，京城刮起龙卷风，苻生认为这是有人故意捣乱，便随意杀了不少无辜的大臣和侍卫以平息天怒。还有一次，他突然下诏让群臣至咸阳故城面圣，因事情仓促，许多大臣未能及时赶到，苻生二话没说，便宣布将迟到者通通处死。大臣们在他面前说话，个个心怀恐惧，唯恐哪句话得罪了苻生而招致杀身之祸。

贤明的君主赏功罚过，应遵循一定的尺度，而不应随着个人的喜怒情绪肆意妄为。臣民们依法办事而建有功业，就应当奖赏；臣民违法办事而犯下罪过，就应当惩罚。应该得到奖赏的，即使对君主没有直接益处，但只要有利于国家和民众，也应同样依法奖赏。应该受到惩罚的，即使对君主的名声威望没有损害，但只要损害国家和百姓的利益，也要依法惩处。同样，贤明的君主不能让臣民不经努力便轻易获得奖赏，也不能惩罚那些尽了力而没完成任务的人。

宋人徐宗仁说："赏罚者，军国之纲纪。赏罚不明，则纲纪不立。纲纪不立，军国将倾的日子也就为期不远了。而只有信赏必罚，军国之纲纪即可立也。否则，误国之罪不诛，则用兵之士不勇；而利国之功不赏，则建功之臣日怠。"因此，除害建功者一定要赏其功，使其获其利；而兴害为祸者一定要惩其过，使其受其罚。

领导者为了树立严明的纪律，一定要做到赏罚分明，只有这样，才能保证管理的有效实施，也能够让下属自觉做到遵守纪律。

第五章 DI WU ZHANG 控势变通，以智谋胜

伟人和凡人的区别在于，凡人顺应时代，苟延残喘，随波逐流；伟人引领时代，纵横捭阖，翻云覆雨。天下大势变化无常，识时务本不是一件简单的事情，但是唐太宗却能够在风云变幻、错综复杂的政治局势之中居高临下、纵观全局、游刃有余，不能不说唐太宗的控势手段十分高明。

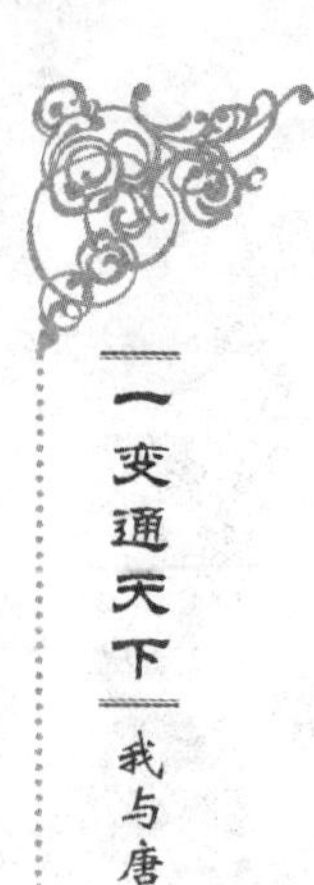

认清时势起义兵

无论在任何时候，认清时势都是很重要的，有的时候能否认清时势可以决定一个人的成败，人们常说的“识时务者为俊杰”指的便是这个道理。而唐太宗在这一方面可以称得上是俊杰中的佼佼者。

权力的追求者谋取权力的方式可谓各有千秋，手段繁多，如吕不韦向秦庄襄王让利受封为秦相，曹操挟持汉献帝号令天下，皇太极与代善合作谋取皇位，曾国藩以忠君报国而位极人臣……这些权力顶峰上的成功者均以其独特的方式获取了权力的宝座，成为受人敬佩的谋略家。

其实，唐太宗和上述几人相比也毫不逊色，他以自己特有的方式在权力之路上获得成功。他的谋权秘诀可以概括为两个字——预谋，就是借参与起兵反隋为自己谋取权力、积蓄力量。

为什么李世民能够参与李渊晋阳起兵的密谋，并成为主要的促动者之一呢？这显然与他在这之前的一系列表现有关。

李世民16岁就在雁门使用疑兵之计，智退始毕可汗数十万大军，可谓少年英雄。尽管李世民此次没亲自参与战争，但他所献的疑敌之计使他展现了一定的军事才能。在随后李渊镇压太原甄翟儿农民起义的战斗中，李世民又献计疑敌，击溃起义军的包围，并打败起义军。

由于李世民的突出表现，使李渊对这个儿子很是喜欢，因此他特意将世民带在身边，而将长子李建成、四子李元吉留在河东。这样，李世民既可以长期留在李渊身边，比两位兄弟更有机会接近父亲，又借此机会锻炼了自己的才能，还交结了一些谋略之士，为以后谋权创造了条件。

不久，李密被诬陷，牵涉了李密的亲家刘文静，刘文静被关进了太原监狱。好友下狱，李世民自然要去探监。唐国公的李二公子要进监狱自是十分容易，他来到监里看望刘文静。刘文静因为身为囚徒，觉得只有造反才是唯一出路，所以决心试探李世民。

刘文静说："眼看天下大乱，狼烟四起，生灵涂炭，何时才能天下太平？"

李世民说："要想天下太平，就必须能人出世，拯救天下百姓！"

刘文静说："如此乱世，到哪里去找汉高祖刘邦，光武帝刘秀那样的能人呢？"

李世民毕竟年轻，与刘文静交情颇深，于是说："怎么能说没有汉高祖、光武帝呢？恐怕是没有人识才罢了！刘兄须知，千里马常有，而伯乐不常有。"

刘文静说："我自以为是个伯乐，你是一匹千里马，我来相相你，不知你是否情愿？"

两人已经心照不宣，于是商议起来。

李世民说："我今天来探视你，除了表达朋友之情以外，主要是有大事与你商议。不知刘兄有无妙计？"

刘文静说："现在隋炀帝在南方游山玩水，李密大军已经围住了洛阳，天下造反举义之人数以万计。如果真命天子能抓住这个大好时机，夺取天下易如反掌。太原的百姓为了逃避战乱，纷纷逃进城里来了。我在晋

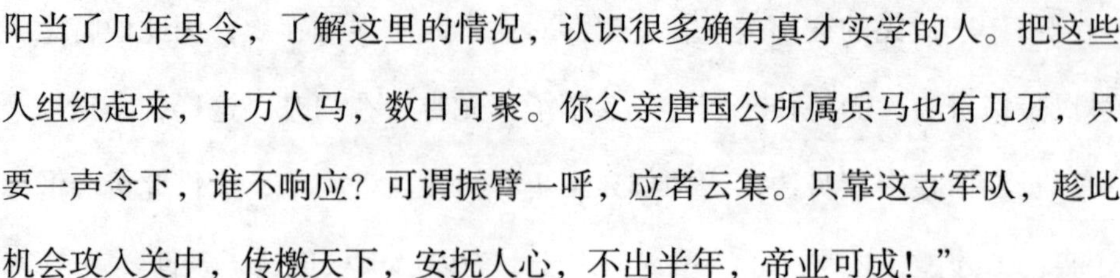

阳当了几年县令，了解这里的情况，认识很多确有真才实学的人。把这些人组织起来，十万人马，数日可聚。你父亲唐国公所属兵马也有几万，只要一声令下，谁不响应？可谓振臂一呼，应者云集。只靠这支军队，趁此机会攻入关中，传檄天下，安抚人心，不出半年，帝业可成！”

李世民听后非常高兴，兴奋地说：“刘兄高见，正合我意，失此良机，实为可惜。”

李世民、刘文静“心有灵犀一点通”，一拍即合。李世民夺取天下，看来也有天意，这似乎让人有刘邦遇到了张良、刘玄德遇到诸葛亮之感。

于是，李世民就暗中部署宾客，而李渊并不知道这些事。李世民、刘文静细细研究，制订了周密的方案，要达成目的首先得去游说李渊下决心！

夜深人静时，唐国公李渊衙门，李世民正在劝说李渊：“当今皇上荒淫无道，荼毒天下生灵，四海反声连天，百姓揭竿而起。世界又逢秦末汉初之际，天子无道，百姓困穷，晋阳城乡，立即就会成为战场。父亲大人切莫只顾什么君臣之节，而忘记了天下百姓。如今盗贼蜂起，百姓流离失所，而皇上却滥杀无辜，全然不以国家为念。我们眼看就要大祸临头了，父亲，你看到底怎么办呢？”

李世民本想引诱李渊自己说出举大事的话，可李渊毕竟贵为国公，只求平安无事，所以明知李世民的意思，却装着不明白。

李渊说：“你说该怎么办呢？”

李世民压低声音，进前而言说：“当今之计，只有顺应天下形势，迎合百姓心意，发义兵，举义旗，转危为安，变祸为福，直捣关中，传檄天下，天下可以太平，帝业指日可成！天赐良机，绝不可失！”

李渊想不到自己的儿子居然如此直率，不觉大惊失色，多年顺臣的习惯使他不禁勃然大怒。

李渊说："谁叫你如此说话？红口乳子，胆敢如此大逆不道！这可是诛戮九族的大罪！你给我快闭嘴！不准外传，不准瞎说，否则，小心我砍下你的头来！还不快给我退下……"

李世民看到了李渊的色厉内荏，但是为了给父亲一个缓冲的机会、一个台阶，他主动地退了出去。

次日下午，唐国公李渊卧内，李世民早把一切人都关在外面，正在进一步游说李渊。

李世民说："父亲，孩儿实在是不忍看到当今天下如此惨状，不忍看着我们全家任人宰割。盗贼日盛一日，到处哀鸿遍野。您受命讨伐盗贼，难道能够杀尽这些早已愤怒的百姓？即使上天相助，平定叛乱，在隋炀帝这样的昏君统治之下，难道你会得到一日安宁？即令皇上是贤君，古人早有'盖世之功不赏，弥天下罪不杀'之语，你能确保平安无事，荣华富贵吗？'飞鸟尽，良弓藏；狡兔死，走狗烹；敌国破，谋臣亡。'破楚大元帅韩信还定三秦，平定魏、代、赵、齐、楚等国，垓下一战逼死项羽，但是最终难免一死。为今之计，只有顺天意，兴义兵，方可化险为夷；否则，大祸临门！"

听到儿子这样说，李渊只是静静坐着，双目微闭，什么也不说。

看到父亲这样淡定，李世民也没有表现出过于急躁，而是听李渊怎么说。

过了很长一段时间之后，李渊叹气道："昨天晚上，我一夜没有睡着，只是在思考你的话。或许你说得很有道理，但是不能鲁莽行事，等我确

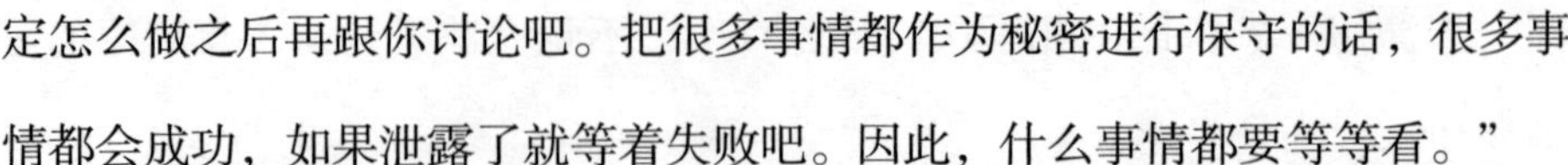

定怎么做之后再跟你讨论吧。把很多事情都作为秘密进行保守的话，很多事情都会成功，如果泄露了就等着失败吧。因此，什么事情都要等等看。”

李世民听到李渊这样说之后不再说什么，只是退下，再想其他办法。

通过了解得知，李渊与一个叫裴寂的人是很好的老朋友，他们经常在一起喝酒聊天、讨论问题。关于他们在聊什么，人们不得而知。无论如何，种种迹象表明他们二人有着不寻常的关系。刘文静想让裴寂劝说李渊起兵反隋，因此就把裴寂引见给李世民。

李世民把自己的财物拿出来让龙山令高斌廉与裴寂赌钱，经过一段时间，李世民的钱都输给了裴寂，在赢钱之后，裴寂非常高兴。赌钱的过程使李世民和裴寂的关系越来越好，他们经常在一起做共同喜欢的事情。在他们俩好到无话不谈的时候，李世民把自己打算起兵反隋的想法告诉了裴寂，希望裴寂可以劝说李渊。在大业十二年十二月，突厥人又来骚扰马邑。于是，李渊奉命派高君雅率兵与马邑太守王仁恭同力抗击。但是，二人在交战过程中并没有获胜，所以李渊害怕自己受牵连，整天郁郁寡欢。李世民趁此机会劝李渊说：“如今主上昏庸无道，百姓困顿贫穷，晋阳城外都成了战场，父亲要是恪守小节，下有流寇盗贼，上有严刑峻法，您的危亡时刻就要来到了。不如顺应民心，兴起义兵，转祸为福，这是上天授予的时机。”

其实，李世民的这种想法在很多年前已经有人对李渊提过了。据《旧唐书·宇文士及传》载“渊与士及住在涿郡，尝夜中密论时事。”

在李世民劝说无望之后，他又到狱中去看刘文静，把实际情况告诉了他，随后又到晋阳行宫之中，找裴寂商议具体的计划。于是，在三人的共同努力下，促使李渊起事的妙计已经达成。

当时李渊正在唐国公府中，忽然听到裴寂要宴请自己，便高兴地前去赴宴。当他进到晋阳行宫，发现裴寂早已摆好山珍海味、龙肝凤胆，专门等待这位握有实权的太原留守大人。

为了让李渊喝得高兴，裴寂拿出珍藏美酒，唤出皇家侍女。在美女美酒的陪伴下，李渊很快就喝醉了。

几天之后，裴寂在一次周围没有人的时候，不慌不忙地对李渊说："李世民已经在暗中开始招兵买马，因此让我派人照顾你。因为害怕事情暴露，所以只能这样做。如今大家都同意他的做法，不知道你是怎么想的。"

听到裴寂这样说，李渊真是吓出了一身冷汗，但是也没有办法，只好答应了，说道："我这个儿子真的是说不清，但是事情已经到这个地步了，别无他法，只能按照他的意思做了。"

没过几天，隋炀帝就以李渊和王仁恭没有成功抵御突厥的进犯为罪，让人把他们押往江都。此时的李渊真是恐惧之极，看到这种情形，李世民与裴寂又趁机劝说李渊："现在的皇帝已经是昏聩无能了，在国家动乱之际，对隋朝尽忠是没有好处的，本来是因为将领出军战争失败，但是现在却牵连到你的头上，事情已经迫在眉睫，应该早些定下大计。况且晋阳军队兵强马壮，宫监积蓄的军资财物巨万，以此起兵，还怕不成功吗？现在代王还非常年幼，关中豪杰风起造反，根本无法确定是谁先起兵的，此时，你只需大张旗鼓地向西进军，招抚他们并且使他们归附，这样就已经成功一半了。为何要听从隋炀帝的安排，只是等死呢？"听到他们这样说，李渊也觉得非常有道理，于是开始布置，准备反抗。

李渊在走投无路的情况下，终于下了决心，命令李世民与刘文静等各自招募兵马。远近之民，苦于隋炀帝暴政，纷纷投军，刚10天左右，就募兵近万人。晋阳副留守王威、高君雅本是炀帝派来监视李渊的暗探，见李渊召集这么多兵马，怀疑他有反隋之心，但当时正好突厥来犯，负有监视李渊行动使命的副留守王威和高君雅，迫于非常形势，只好同意。同时，他们也委婉地提醒李渊，募兵是为了对付刘武周，要跟隋王朝休戚与共，决不可另有图谋。既已同意，李渊就命令李世民与刘文静、长孙顺德、刘弘基等人各自募兵。远近的百姓投奔汇集，10天之内有近万人应募。这支队伍是由李渊、李世民父子亲自控制和直接指挥的，成为晋阳起兵的主力军。

正当他们紧锣密鼓地进行安排的时候，副留守王威和高君雅眼看募兵云集，怀疑李渊想要造反，于是暗中策划晋祠祈雨大会。晋祠位于悬瓮山下，王威、高君雅想把李渊骗到这里来然后杀死他。但是他们的这个阴谋被刘世龙得知了，刘世龙马上把这件事情告诉了李渊父子。在一番商议之后，他们决定先发制人。

在五月十四日这天夜里，李渊派李世民率兵埋伏在晋阳宫城的外面。次日清晨，李渊和王威、高君雅坐在一起处理政务，此时，刘文静引着开阳府司马刘政会进来立在厅堂上，说“有密状，知人欲反”。李渊故意叫王威先看，但是刘文静却不让，说：“告发的是副留守的事，只有唐公才能看。”李渊假装特别吃惊，说：“怎么会有这样的事情？”看过状子之后，李渊说：“王威、高君雅暗中勾引突厥入侵。”听到有人污蔑自己，高君雅大骂道：“这是造反的人要杀我。”此时，李世民已经带领军队布满了大路。未等高君雅争辩，刘文静就命令埋伏在后面的长孙顺德、刘弘基等人，把王、高抓起来投进监狱。

此时恰逢突厥数万骑兵入侵太原，其轻骑从外城北门进入，从东门

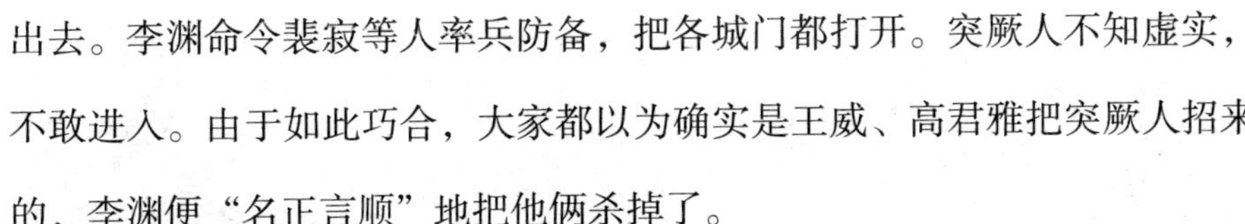

出去。李渊命令裴寂等人率兵防备，把各城门都打开。突厥人不知虚实，不敢进入。由于如此巧合，大家都以为确实是王威、高君雅把突厥人招来的，李渊便“名正言顺”地把他俩杀掉了。

为了预防突厥进攻，李渊派刘文静出使突厥。突厥称若李渊称帝，就派兵相助，李渊没有答应，拒绝突厥派兵，以免引狼入室，并采纳了裴寂的建议，尊远在江都的隋炀帝为太上皇，立代王杨侑为皇帝，并对突厥称臣。

李世民逼父谋反，这一招可以说是够狠的。但这也是为了实现自己的宏图大业，而且不举义旗又怎么能救百姓于水火之中呢？连年的战争已经使人民疲惫不堪了，更何况昏庸无道的皇帝最终也会被人推翻，有经天纬地之才的李世民怎么会放过这个机会呢？

李世民能够在隋末的乱世之中脱颖而出，和他善于观察形势是分不开的，倘若他没有认清时势，还继续与李渊一起愚忠保隋，那么中国古代的历史上将会少了一个万邦来贺的帝国和一个雄才大略的帝王。

其实不只是在古代的群雄争霸中，对于生活于现代的我们，认清时势一样很重要。现代社会是信息社会，信息是了解社会的触角，只有接触最新的信息，了解最新的趋势，才能更好地创造自己的将来。而一旦丧失了信息渠道也就意味着丧失了对发展前景以及竞争对手的了解，丧失了竞争与发展的先机，这是万万不可的。

美国实业家亚默尔像往常一样看报纸，一条条的小标题从他的眼睛中溜过去。

突然，他的眼睛放出光芒，他看到了一条短讯：墨西哥可能出现了猪瘟。他立即想到：如果墨西哥出现猪瘟，就一定会从加利福尼亚、得克萨

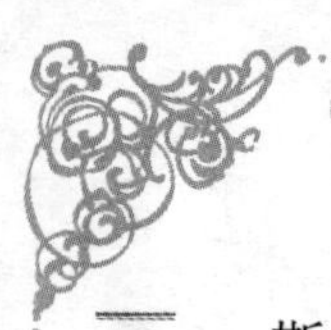

斯州传入美国。一旦这两个州出现猪瘟，肉价就会飞快上涨，因为这两个州是美国肉食生产的主要基地。

于是，他抓起桌子上的电话，问他的家庭医生是不是要去墨西哥旅行。家庭医生一时间弄不清什么意思，满头的雾水，不知道怎么回答。

亚默尔只简单地说了几句，就又对他的家庭医生说："请你马上到野餐的地方来，我有要事与你商议。"

原来那天是周末，亚默尔已经与妻子约好一起到郊外去野餐，所以，他把家庭医生约到了他们野餐的地方。

亚默尔和他的妻子以及他的家庭医生很快聚集在了一起。他说服他的家庭医生，请他马上去一趟墨西哥，证实一下那里是不是真的出现了猪瘟。

医生很快证实了墨西哥发生猪瘟的消息，亚默尔立即动用自己的全部资金大量收购佛罗里达州和得克萨斯州的肉牛和生猪，并很快把这些东西运到美国东部的几个州。不出亚默尔的预料，瘟疫很快蔓延到了美国西部的几个州，美国政府的有关部门下令一切食品都从东部的几个州运往西部，亚默尔的肉牛和生猪自然在运送之列。

由于美国国内市场肉类产品奇缺，价格猛涨，亚默尔抓住这个时机狠狠地发了一笔大财，在短短的几个月时间内，就足足赚了900多万美元。

亚默尔之所以能够赚到这样一大笔别人没有赚到的钱，就是因为他看准了事情的发展趋势。在现代信息社会，市场商机变化万千，观风撒网，见机行事，相机而动是非常重要的。对那些胆大心细的商人来说，市场的每一分变化都是致富的良机。他们瞅准时机进行投资，往往会占得先机，获得巨额财富。

作为一名优秀商人，无论从事什么生意，都要学会看形势走向，能够从别人容易忽略的信息中发现属于自己的商业机会。以超乎常人的商业敏感，综合分析信息，去粗取精，去伪存真，敏锐地觉察哪些信息是有实用价值的，哪些信息是可以忽略的。

不但经商需要捕捉信息，几乎生活中的每一件事都和信息密不可分。一个善于做事的人，必定是一个善于获得信息并且是善于整合信息的人。

关键时刻露锋芒

的确，一个人能够成功与机遇有着非常密切的关系。当机遇来临的时候迅速抓住它，可以使自己的能力得到充分的表现，从而使更多的人注意它，为自己赢得更多的机会。

纵观历史，唐太宗就是一位善于创造和抓住机遇的皇帝。唐太宗不仅可以在马上打天下，更令人敬佩的是在下马之后可以治理国家。他很小的时候就开始骑马，而且驰骋疆场、身经百战，在平定天下的过程中立下了汗马功劳，很多次都差点丧命。最终在玄武门之变后，唐太宗励精图治，使国家繁盛，成就了历史上著名的“贞观之治”。

16岁的时候，李世民已经应征入伍，由在雁门救了隋炀帝起开始进入仕途。在建国之时，他起兵晋阳，直捣河西，鏖战堂邑，军围河东，攻克长安，饮马渭水，为唐朝的建立立下了汗马功劳。在统一国家的战争中，

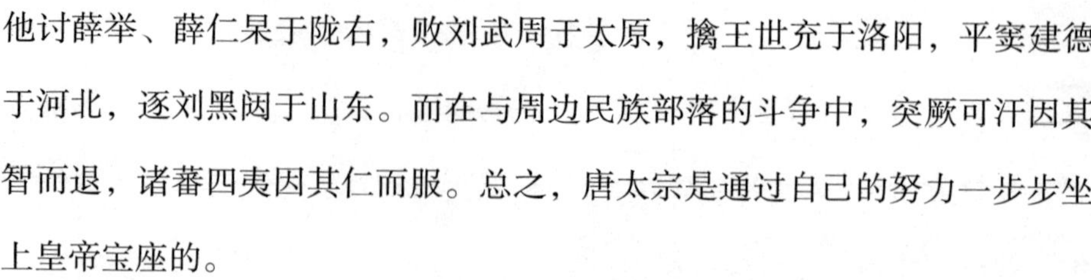
他讨薛举、薛仁杲于陇右，败刘武周于太原，擒王世充于洛阳，平窦建德于河北，逐刘黑闼于山东。而在与周边民族部落的斗争中，突厥可汗因其智而退，诸蕃四夷因其仁而服。总之，唐太宗是通过自己的努力一步步坐上皇帝宝座的。

从某个方面来说，唐太宗是一个天生奇才。在隋炀帝大业十一年，也就是615年的时候，虽然李世民只有18岁，但是他已经初露头角。

隋炀帝四处巡游，到了雁门的时候，突厥始毕可汗率领大军袭击隋炀帝的车驾。当时，突厥的军队不仅数量多，更重要的是战斗力也强，雁门军队根本无法抵挡。在这种危急的情形之下，隋炀帝只好下令让士兵前来营救他。

到底谁能把隋炀帝从雁门中解救出来呢？正是李世民。当时只有18岁的李世民出谋划策，用疑兵之计，在诸路人马的配合下，使始毕可汗撤军北去。当然，这段历史也被后人所称颂，为李世民的机智和勇敢大为赞叹，蔡东藩《唐史演义》这样写道：“冤冤相凑，来了一大队突厥兵，头目叫作始毕可汗……竟欲拦途掩击，劫夺乘舆。炀帝闻报，忙驰回雁门，据关自守。始毕可汗竟调集番兵数十万，把雁门关围住，日夕攻打，害得隋炀帝惶急万分，传檄天下，徧令勤王。”

当时，屯卫将军云定兴正在招兵，有一个将门之子、济世英雄前来应征。当被问到姓名的时候，人们才得知他是抚慰大使李渊的次子李世民。虽然李世民年龄还小，但是他已经懂得古今兵法，而且还行侠仗义，结交了很多好朋友。

云定兴见了世民，得知他是名家子弟之后，看到他相貌魁奇，格外欣喜。

关于雁门之事，李世民献计道："始毕倾国前来，围攻天子，必谓我仓猝不能赴援，因敢猖獗至此。为我军计，应大张军容，布设旌旗数十里，即使到了夜间，也必鸣金击鼓互相呼应。始毕闻我大举，必疑是援兵齐集，望风遁去了。"

听到李世民这样说，定兴点头说："这是一条疑兵计，今日正巧用得着！"

所以，此时应当做的就是按照李世民所说，逐队进行。此计果然大获成功，隋炀帝被解救了出来。

雁门解围为18岁的李世民赢得了机遇，他的才能为众人所佩服。面对突厥始毕可汗的凶暴和愚蠢，李世民早已经心知肚明，所以才能够找到解决的办法，使其不战而退去数十万大军，这是李世民立下的第一个大功。

在大业十一年，也就是615年，李世民的父亲李渊出任山西和河东的抚慰大使。其实，李渊的职责就是组织两地的士兵，让他们勤加操练，如果地方上出现了叛乱之士就派兵前去镇压，而且还要逮捕强盗。那时，李渊管辖区域内发生了毋端儿起义，李渊派兵前去平定，双方发生冲突，李渊杀死义军数千人。李世民也参与了这场战役。

看到李渊有着如此才干，隋炀帝开始重用他，让他做太原留守。或许是李世民有实战的经验，而且又喜欢谈论兴兵打仗之事，所以李渊认为把他带在身边对自己也是有好处的，同时也可以让李世民见见世面，便让他一直跟随自己。

李世民随父亲来到太原之后，正好赶上魏刀儿的起义军骚扰太原。

615年2月，魏刀儿在上谷起义，而且还招募大量义军，把自己封为历

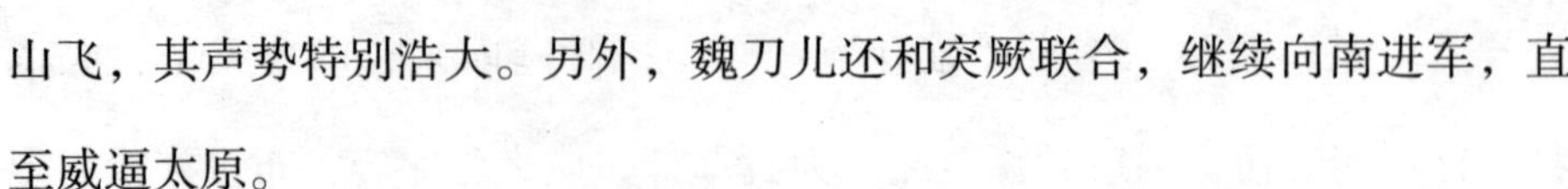

山飞，其声势特别浩大。另外，魏刀儿还和突厥联合，继续向南进军，直至威逼太原。

在李渊前去征讨的过程中，李世民全程跟随。当大军走到西河郡永安县雀鼠谷的时候，正好碰到了来攻打太原的起义军。这种情况下，李渊并没有心慌意乱，而是稳住阵脚，想办法来应对敌人。他把兵分为两阵，把老弱残兵藏在阵的中间，把粮草车和其他一些车辆放在后面，也插上旗帜，同时使劲擂鼓，给对方造成大部队来要的错觉，而自己亲自率领精锐骑兵队冲上前去。

与敌方相比，李渊所带领军队的数量要少太多。双方兵力悬殊，没打一段时间，李渊就被敌人包围了，而且无法突围。此时李世民看到父亲面临窘境，为了救父亲，就单枪匹马冲进阵里，举箭便射。敌军看到李世民锐不可当，所以不再紧紧相逼。李渊趁机且战且走。随后，救援部队赶了过来，他们士气大增，敌军由于受到前后夹击，失败落逃。

在这一仗中，李渊的部队斩敌数千，缴获马匹、粮食、武器各种物品数不胜数。李渊以少胜多，名声大振。战场上表现英勇的李世民也因此得到了李渊的信任。在逐鹿中原的战斗中，李渊军事上甚为倚赖李世民，对于今后李世民能够手掌军权提供了有利的条件。

每个人的一生中，都会遇到转变命运的机遇，在一定程度上，机遇对每个人来说，都是平等的。事实上，一些人的生命中会有更多的闪光时刻，究其根源，在于这些人能够抓住机遇，展示出自己的实力，进而获得机遇的青睐，为自己引来更多的机遇。

奋斗的过程中，机遇不会平白无故降临到我们头上，要想获得机遇，就要善于表现自己，这样机遇才会注意到你，从而来到你身边。皇太极就很懂得这个道理。在努尔哈赤的生日会上，众人都好像无头苍蝇一样在叫嚣着要攻取大明，但是只有皇太极一个能够看到战争的突破口，并明确地提出来。这样一来，在努尔哈赤和众多的子弟心目中，皇太极的睿智形象就树立了。攻取抚顺时，皇太极智慧与勇猛并重，既能够深入虎穴率先进城，又能够审时度势劝降对方，可以说，皇太极在攻取抚顺这件事中，充分地抓住了机遇，展示了自己的实力。

学会表现自己、适当地表现自己和以不正当的手段吸引别人的注意是完全不同的。真正的自我推销必须是有创意的，需要良好的技巧。表现自己必须是光明正大的，不能打击或贬低别人的价值。

在机遇来临时，是最需要表现自我的时候。

著名的节目主持人杨澜正是抓住成功的机遇，成为在中国家喻户晓的人物。她的名字连同《正大综艺》、春节联欢晚会一同深深地烙在了中国老百姓的心中。

作为一名当代大学生，她的成功颇具典范意义，是很值得剖析的。她的转折点来自应聘中央电视台《正大综艺》节目主持人。在此之前，她只是北京外国语大学的一名普通大学生，并没有什么惊人之举。如果没有这次机遇的话，杨澜也可能会表现得很优秀，但却绝不可能这么早、这么快，又是这么轰轰烈烈地成名。

正如杨澜在她的书中所说的那样：“如果没有一个意外的机遇，今天的我恐怕已做了什么大饭店的什么经理，带着职业的微笑，坐在一张办公桌后面了。”而这个意外机遇的掌握，靠的是她善于表现自己。

当时泰国正大集团结束了与几个地方台的合作，转向与中央电视台共同制作《正大综艺》。双方决定要挑选一位女大学生做主持人，杨澜也被

推荐参加试镜。

说实话，杨澜并不被人看中，只是因为她的气质较佳，所以才能一路过关斩将杀入总决赛。据一位导演透露，虽然杨澜被视为最佳人选，但是有的人认为她还不够漂亮，所以是否用她尚不能确定。

最后确定人选的时候到了，电视台主管节目的领导也到了场，他们要在杨澜与另外一位连杨澜也不得不承认“的确非常漂亮”的女孩子中间选择一人，这将是最后的选择。杨澜的好胜心一下子被激起，她想：“即使你们今天不选我，我也要证明我的素质。”

这次考试两人的题目是：你将如何做这个节目的主持人；介绍一下你自己。

杨澜是这么开始的：“我认为主持人的首要标准不是容貌，而是要看她是否有强烈的与观众沟通的愿望。我希望做这个节目的主持人，因为我喜欢旅游，人与大自然相亲相近的快感是无与伦比的，我要把自己的这些感受讲给观众听。”在介绍自己时，杨澜是这样说的：“父母给我取澜为名，就是希望我有像大海一样的胸襟，自强、自立，我相信自己能做到这一点……”

杨澜一口气讲了半个小时，没有一点文字参考，她的语言流畅，思维缜密，富有思想性，很快赢得了诸位领导的赏识。人们不再关注她是否长得漂亮，而是被她的表现深深吸引住了。据杨澜后来回忆说：“说完后，我感到屋子里非常安静。今天看来，用气功的说法，是我的气场把他们罩住了。”当杨澜再次回到那个房间，中央电视台已经决定正式录用她了，这次面试改变了她的一生。

在机遇来临时，就要有耐心、有恒心，一次不行，就多表现几次，在一个地方表现无效，就在多个地方进行表现。表现多了，被发现、被赏识的可能性就会增大。也只有懂得在机遇面前展示自己，才能够获得机遇的青睐，进而借机遇之风，扬起风帆，奔向成功。

恩威并施收人心

古代的人曾经这样说："一个当政者，如果想要治理好国家，必须要德威兼备宽严得宜。如果只是给一些小恩小惠，而没有什么威严可言，那么整个国家的人民就如同长不大的小孩，不听教诲，更不可能成为一个对国家有用之人。相反，如果对什么事情都采取较为严厉的态度，虽然人民在表面上服从，但是在心中不会服气。因此，只有做到恩威并施，才能产生更好的作用。但最重要的还是要了解百姓的想法，如果无法做到，即使恩威并施，也不会发挥真正的效用。"这些话不无道理，作为领导者，只有恩威并用，才能取得成功。

贞观十一年，唐太宗对他身边的臣子们说："狄人杀了卫懿公，尽食其肉，独留其肝。卫懿公的一位大臣弘演闻知此事，呼天喊地，号啕大哭，持刀破腹取出自己的肝脏，把卫懿公的肝脏装入腹腔中。现在像这样忠勇仁义之人怕是很难找到了吧！"

魏徵回答说："从前智伯有个家臣叫豫让，打算刺杀赵襄子，为主公智伯报仇。赵襄子的卫兵抓获了他。侍卫把豫让带到赵襄子面前，襄子问道：‘你从前侍奉过范氏、中行氏吧？智伯把他们都灭了（智伯、魏氏、赵氏、韩氏于周贞定王十一年讨伐范氏、中行氏，共诛而灭，并瓜分了他俩的封地），于是你投靠了智伯，可你并没有因主公被智伯所杀，而加害于智伯；现在你却来替智伯报仇，原因何在？’豫让回答：‘我从前在范氏、中行氏手下为官，范氏、中行氏给我的是普通人的待遇，因此我和众人一样去侍奉他；而智伯给我的是比普通人高得多的待遇，所以我就像国士一样去回报他。’由此可见，朝中有无忠臣，取决于陛下对待臣下的态度，怎能怪罪自己的臣属中没有忠臣？”

唐太宗用历史来向群臣讨教，其目的不言而喻，他不仅一次次地用这样的话对群臣旁敲侧击，还对一些对自己忠心耿耿的人做出表彰，这样还有谁不愿意替他操心持国呢？

在唐太宗亲征辽东，攻打辽东安市城时，高丽族的守城官兵和群众拼死迎战，顽强抵抗。唐太宗下诏，让高丽的高延寿、惠真等将士投降，而城中的军民却坚持守城备战，不为所动。看到高丽军的旗帜就在城头上对唐军示威，唐太宗命令江夏王李宗道在城墙下面堆起一座小土山，让军队从小土山上往城内进攻，但最后还是没有攻下城池。此时，唐太宗不再攻城，因为高丽安市城的顽强抵抗使他想到了一个更好地教育军中将士忠于职守的办法，于是下令拔寨回师。他非常欣赏守城将士坚守忠义的节操，为此还赏赐给那些守城将士300匹绢，用来表达自己对这种誓不变节、忠于国君的行为的奖励和赞赏。

身为一个领导者，不仅要明了部属的想法，对于世间的一切事物以及人与人之间的相处之道，也应有更深入的了解。宽严务求得宜，才可以带动自己的部属。

要想做到真正有威严，一定要做到公平的赏罚。只有做到恩威并用、宽严得宜，才会取得事半功倍的效果。所谓“宽严得宜，恩威并用”，并不是单纯地将恩和威机械地分离开来，而是要做到具体问题具体分析，视情况而定，而领导在教导下属的时候一定要做到以身作则，只有这样才能取得好的效果。在现实情况中，对于下属的言行，领导应当尽量去包容，然而如果需要严格管理的时候，也一定做到让他们心服口服，这是成为一位成功领导者的重要途径。

每个人都是有自尊心的个体，因此，在批评他人时一定要做到平等对待，千万不能以审判者自居，更不能幸灾乐祸，甚至恶语中伤。否则，不仅损害了他人的自尊心，严重的话还会造成对其人格的侮辱。这种情况的后果是非常糟糕的，问题也不会得到顺利解决。所以，领导与下属谈论问题最好是在一种较为平和的氛围下，这样才能取得好的效果。

不管在什么单位中，员工犯下错误，领导都会对其进行批评。但是一定要适可而止，批评是要在尊重他人的基础上进行的。

领导们应该弄清楚之所以进行批评是为了弄清问题，找到解决问题的办法，防止同样情况再次发生，而不是让员工下不来台，甚至是没有尊严或者是人格。所以，在批评之后，领导们一定还要再说一些鼓励下属的话，否则其积极性会受到挫伤。恩威并用的方法才能让下属真正明白自己的错误，而且对于领导的指责也更容易虚心接受，从而改正错误，提高工作效率，无论是与员工而言还是对公司来说，都是一件好事。

稳扎稳打待时机

做每一件事之前，都应该认真酝酿，几多盘算，力求做到万无一失。在做事的过程中，更要稳扎稳打，一步一个脚印，千万不可冒进，不然就要付出惨痛代价，到时悔之晚矣。李渊父子在太原起兵之后，有很多事情都必须详加策划，既要做到有利于自己，又不会招来非议，这是很不容易的。

李渊曾让汾、晋的百姓四处传唱《桃李子歌》：“桃李子，莫浪语，黄鹊绕山飞，宛转花园里。”李为国姓，桃谐音就是陶，即陶唐，配上李字，所以这首歌谣又叫《桃花园》。李渊目睹绛白旗幡，耳听《桃花园》之歌，不觉豪兴大发，说：“花园可尔，不知黄鹊如何。吾当一举千里，以符冥文件谶。”李氏父子想要改朝换代的企图这时已经昭然若揭了。

隋朝在荒年的时候总是闭仓拒赈，令百姓对隋王朝大失所望，于是民愤四起，怨声载道。瓦岗军李密反其道而行之，数次大规模开仓济民，贫民纷纷投奔李密，使得李密的声势日益壮大。李渊深知其中奥妙，仿效李密，也在太原打开官仓救济贫民，应募者越来越多，20天内就招募到好几万兵马，并传檄诸郡，自称“义兵”。

辽山（今山西左权东北）县令高斌廉拒绝服从命令，并且火速派人前往江都，报告李渊起兵之事。隋炀帝听到奏报后，非常恐惧，急忙下令，要洛阳、长安的官员赶紧准备防御措施。李渊认为辽山是一座小城，攻不攻都无所谓，不会对义军构成威胁。现在主要的敌人是西河郡丞高德儒，他不但不肯听命，还挡住了李渊南下争夺天下的道路，所以说高德儒才是必须扫清的障碍。

于是李渊马上命令李建成、李世民兄弟率军前去进攻西河郡（今山西汾阳），出发的时候李渊再三勉励他们要努力作战，奋勇杀敌，争取首战胜利。又任命太原县令温大雅为参谋军事（相当于现在军队里的参谋长）协助指挥。当时的士卒都是新招募的，集中起来的时间不太长，也没有经过太多的训练，大都不熟悉战阵，更没有进行实战的经验。李建成、李世民兄弟亦都是青年将领，从未单独指挥过一支军队，更何况对手是隋朝的正规军。但是“义兵”也有其有利的一面，比如说军纪严明，上下一心，士气非常高昂。这说明了李建成、李世民在带兵方面还是很有才能的，不像隋军那样到处抢夺，比强盗更甚几分。李建成、李世民严令士兵不准骚扰百姓，如果有敢违反的，就按军法处置。百姓的蔬菜水果，不是买来的就不能吃，看到这样纪律严明的军队，百姓自然非常高兴，争相送东西慰劳。而且李建成、李世民能与士兵们同甘共苦，作战时身先士卒，这极大地鼓舞了士兵的斗志。看到主帅甘冒矢石，士卒更是争先恐后。

兄弟二人非常顺利地到达了西河郡，由于李建成、李世民一路上广施恩德，百姓已经传得沸沸扬扬，西河郡的百姓也都早有耳闻，所以不愿帮高德儒守城。李建成、李世民下令大军攻城，城上的士兵不愿跟义军拼杀，有的甚至临阵倒戈，所以，没用多长时间就攻下了西河郡，高德儒被斩首示众以令三军，除此之外没有乱杀一人，对百姓更是秋毫无犯，并且好言安抚，让他们继续以前的工作。从出兵到返回太原，只用了9天时间，李渊对这一仗感到非常满意，他认为用这样的军队，夺取天下不成问题。

西河一战之后，李渊设立了大将军府，建立了左三军，任命李建成为左领军大都督，统率左三统军，封陇西公；建立了右三军，任命李世民为右领军大都督，统率右三统军，封敦煌公。把士卒称为“义军”。让李元吉做太原郡守，留守太原。任命裴寂为大将军府长史，刘文静为司马，温大雅、殷开山、唐俭等人为大将军府原属，以刘弘基、长孙顺德、王长阶等人为统军、副统军。其余文武职员，只要立功的，便破格提拔。到目前为止，李渊用来和各路人马争夺天下的军事、政治机构组成完毕，同时也把改朝换代的愿望变成了实际行动。

西河一战打得干净利落。充分显示出了李世民的军事指挥才能，这次胜利有两个很重要的原因，第一，李世民和士卒能同甘共苦，得到大家的一致认同，士兵肯为他们卖命。第二，一路上，李世民一再严明纪律，对百姓秋毫无犯，收买民心，这一招收到了好的效果，彻底瓦解了隋军，使得义军以迅雷不及掩耳之势攻下了河西郡。我们不能不说李渊父子的确谋略过人，而且还有那么多的能人相助，但是最终能够起义成功，与他们稳扎稳打、不急功近利的战略战术是分不开的。

每个人都渴望成功，但是成功的机会却并不多，这就使得机遇愈加显得珍贵。我们要明白的是，欲速则不达，心急吃不了热豆腐。机遇固然重要，但更重要的是要有等待时机的耐心，时机不成熟，很容易造成自己的失败，所以我们在机遇来临之前，一定要耐心等待。

机遇像一个调皮的小童，让人摸不清他出现的时机，只有有心人等待才能碰见。等待需要耐心，而在不知终点的等待途中，有心人会不断积累经验、力量。现代著名画家齐白石直到40岁才展示出非凡的绘画才华；著名生物学家达尔文在50多岁“高龄”才逐渐得到研究成果，并完成了巨著《物种起源》；当摩尔根发表遗传理论时，他已经是60多岁了。从齐白石、达尔文、摩尔根的身上，我们可以看到等待的力量，他们相信自己的梦想，并为之不断付出、努力、等待，最终在常人认为已经到达后半生的岁月里，披上了成功这件华丽非凡的大衣。

如果我们没有耐心，在时机不成熟的时候就贸然加入，那么可能机遇很好，但我们却不能获得成功。

一群游客在海边游玩，他们发现了一只小海龟在沙滩的一个小洞穴边露出了脑袋，好心的游客以为它卡住了，就把它拉了出来，之后，惊人的一幕出现了，小海龟身后的洞穴中，许多小海龟不断地从洞口爬出来，奋力向大海爬去。这时，沙滩的上空出现了海鸟的影子，它们落到沙滩上，不断地啄食小海龟。游客慌了神，一边驱赶海鸟，一边尽可能多地捡起小海龟放入海中，可是最终，一大半的小海龟被海鸟吃掉了。

原来，最初的那只小海龟并不是被卡住了，而是在放哨，它在等待海鸟归巢的时机，只有海鸟归巢之后，小海龟才有机会安全地爬向大海。第一只小海龟被游客拉了出来，其他的小海龟以为时机到了，就开始蜂拥着走向自己的家园，但是它们不知道，一位好心的游客给它们带来了错误的消息。出来的时机不正确，于是许多小海龟就这样牺牲了。

虎行似病，那是在积蓄能量；鹰立如睡，那是在等待出击；茶一定要泡到合适的时间，才能够将精华全部溶于水中，茶香才能弥漫。时机的重要性使得我们对于时机不容错过，但是更不能在时机到来之前就贸

然行事。

在动物的世界中，猎豹是跑得最快的动物，但即使是速度最快的猎豹，也从来不依仗速度猎取食物。它总是潜伏在草丛里，等自己的猎物——羚羊非常靠近自己的时候，才抓住时机一跃而起，以最快的速度追上羚羊，将其捕杀。之所以要耐心等待时机，是因为尽管猎豹凭借着100千米的时速已经是速度最快的动物，但它以这样的速度奔跑最多能坚持10分钟，如果10分钟之内追不上羚羊，它就只能挨饿了，并且很有可能因为连续的运动而被累死，所以它总是埋伏在草丛中间，等待着最佳的机会。

当然，正所谓“玉在椟中求善价，钗于奁内待时飞”，当我们心中涌动着一个梦想，希望去实现它，但是因为还没有机遇，或者机遇还不成熟，一时无计可施，却还坚持去撞南墙，那就是莽夫的行为。这时候，我们要停下来，静下心，等待时机的到来。最好的时机也需要用最大的耐心去等待。但是如果我们连自己的本职工作都没有做好，就希望得到别人的承认，肯定不是一个恰当的时机。所以，我们在等待时机的同时，要将自己的工作做到最好，得到周围人的承认。

时机不到需忍耐

忍是一种求生的本领，特别是当自己处于弱势的时候。在现实生活中，有些人往往任由自己的性情去做事，其不能忍的结果常常会害了自己，耽误了前途。唐太宗在实力不足的时候，不得已向突厥妥协，便很好地体现了他善于忍耐的性格。

平定了国内的割据势力，又采取多种措施发展了政治、经济和文化，促使国内进入了稳定的时期后，唐太宗把目光放在了骚扰不断的边境地区。唐太宗的第一个目标就是突厥。突厥是我国历史悠久的一个民族，其祖先是平凉杂胡，在后魏时期移居阿尔泰山的南面地区。经过多年的发展，到隋朝开皇年间，突厥分裂为两个集团，即东突厥和西突厥，其发展壮大之后便不断对中原边境进行骚扰掳掠。隋文帝在统一全国后，开始集中力量对付突厥。隋文帝利用突厥集团内部的矛盾，对其进行分化瓦解，集中兵力打击对中原地区侵扰最频繁的东突厥。隋文帝采取大臣的建议，派遣使臣到西面联络西突厥的领导达头可汗和阿波可汗，迫使东突厥的首领沙钵略分兵西防，然后隋文帝联络契丹等部落，使沙钵略又分兵抵御，这样隋朝再出动兵力集中对其进行打击，大败东突厥。其后，沙钵略承认中原皇帝隋文帝为真皇帝，自己为藩属。沙钵略死后首领地位传给始毕可汗，同时期隋炀帝开始当政。隋末天下大乱。始毕可汗趁着中原地区的混战，极力扩充自己的势力，发兵征服了契丹、吐谷浑、高昌等周边的小国，拥有的军队达到了百万。始毕可汗仗着强大的兵力，加大了对隋朝北方地区的掠夺。鉴于东突厥势力的强大，隋末的很多割据势力都和东突厥联手来扩充自己的势力，甚至窦建德、刘黑闼等人，都曾经向突厥人借兵，来帮助自己争夺天下。

李渊父子在晋阳起兵时，迫于突厥的威胁，也曾派刘文静向突厥称臣纳贡，始毕可汗派了兵马资助李渊夺取天下。唐朝建立后，高祖曾经送金银财宝给突厥作为回报，但突厥的贵族们贪得无厌，仗着兵力强大到长安

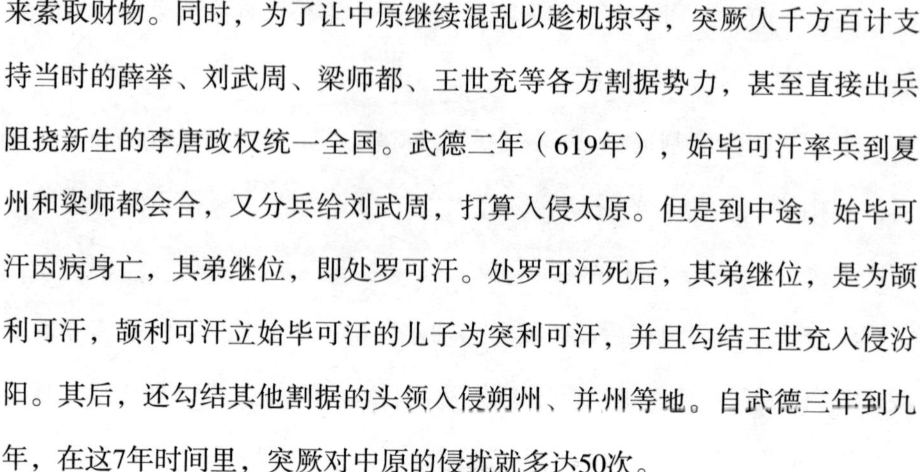

来索取财物。同时，为了让中原继续混乱以趁机掠夺，突厥人千方百计支持当时的薛举、刘武周、梁师都、王世充等各方割据势力，甚至直接出兵阻挠新生的李唐政权统一全国。武德二年（619年），始毕可汗率兵到夏州和梁师都会合，又分兵给刘武周，打算入侵太原。但是到中途，始毕可汗因病身亡，其弟继位，即处罗可汗。处罗可汗死后，其弟继位，是为颉利可汗，颉利可汗立始毕可汗的儿子为突利可汗，并且勾结王世充入侵汾阳。其后，还勾结其他割据的头领入侵朔州、并州等地。自武德三年到九年，在这7年时间里，突厥对中原的侵扰就多达50次。

武德七年（624年），李唐王朝基本统一全国。看到中原统一，突厥贵族动用全部力量发动了对中原最大规模的入侵。颉利可汗和突利可汗分兵率领两支军队进入原州，一直到幽州地区，高祖闻讯，大为震惊。高祖急忙派秦王李世民和齐王李元吉出兵幽州抵御突厥的进攻。当时唐军的大批兵马还在各地，没来得及回都，所以可以抵御突厥的军队并不多。看到敌强我弱，齐王李元吉主张退兵，而秦王李世民则主张坚决抵抗。他带领精锐兵力，亲自到阵前，对颉利可汗喊话，秦王说：“我们和可汗世代友好，可汗为什么三番五次违背我们的约定，出兵占领我们的领土呢？我是大唐的秦王，现在来与可汗决战，若固战，请您与我单独决斗，如果你们仗着人多来和我们决战，那我们只有这一百多个骑兵！”颉利可汗没想到李世民会亲自和自己对阵喊话，摸不着他的计划，生怕中计，就开始犹豫起来。这个时候，李世民又到另一边，对突利可汗说情，颉利可汗思考了很久，怕被夹击，就对秦王说：“秦王误解了，我们这次出兵并没有恶意，不会与你作战，我希望和你好好谈谈。”说完带兵退了几里。最后，秦王利用突厥内部的矛盾，以金银贿赂突利可汗，让他首先退兵，又佯装攻打突厥，扰乱突厥军心，使颉利可汗想继续开战也非常困难，不得不与李世民进行会谈，在获得无数金银财宝后退兵。

武德九年（626年），玄武门之变刚刚结束，东突厥的颉利可汗以为唐朝政局动荡，就率领20万大军，进犯关中。突厥军队一路袭来，其先头部队来到离长安不远的高陵，震动了长安城。对于是战是和的问题，满朝大臣议论纷纷。唐太宗派尉迟敬德率兵出击，敬德到泾阳和突厥军队开战，大败突厥于晋阳，斩获突厥士兵首级1000多个，并俘获大将阿史德乌没啜。随后，颉利可汗率领主力军队抵达长安北边的渭水便桥扎营，并派使者执失思力到长安求见太宗。执失思力非常高傲和无礼，对太宗说：“我们的颉利可汗和突利可汗，趁你们的牛马正肥的时候，率领百万大军南下，想和陛下在中原一起狩猎，不知陛下意下如何？”太宗听了执失思力这般挑衅的话，强压愤怒，道：“朕当年当着你们的面和你们可汗结为兄弟，赐给了你们那么多的金银财宝，朕可以说没有丝毫对不起你们的地方，而你们的可汗居然擅自违约，带领兵马入侵我大唐境内，还扬言要和朕在中原一起狩猎。你们怎么这般忘恩负义呢？”说完，便命令两边的武士把执失思力拖出去斩首。执失思力吓得脸色大变，跪在地上求情：“陛下饶命！这次入侵不是我们二位可汗的主意，是那梁师都从中作梗。他告诉二位可汗说是唐廷兄弟残杀，刚刚发生内乱，劝二位可汗趁机南下，可以掳掠美女和财宝，我们的可汗这才率兵南下。刚才我不知道陛下英武，多有冒犯，还望陛下网开一面。”这时，两边的大臣也纷纷上来劝说，他们都说：“两国交兵，不斩来使，执失思力已经知道错了，还望陛下放他回去。”唐太宗说：“如果现在放他回去，突厥人还以为我们畏惧他们，将更加盛气凌人，进而得寸进尺。”于是下令将执失思力囚禁起来。

第二天，唐太宗决定和高士廉、房玄龄等6人骑马到渭水便桥和颉利可汗、突利可汗进行会面，劝他们退兵。谁知唐太宗刚刚出城门就遭到了大臣们的阻拦，大臣们都说突厥人天生狡诈，没有信义，唐太宗只带着几个大臣和几百个士兵去便桥不安全，这涉及江山社稷的安危，于是在路上极力阻止太宗。唐太宗冷静严肃地告诉他们："朕前去便桥，是经过慎重考虑的。诸位爱卿有所不知，突厥之所以举全国之力来侵犯我大唐，是因为朕刚刚即位，位子还不稳，他们以为朕不敢贸然抵御他们。如果朕紧闭城门，不和他们作战，他们一定以为朕很软弱，气焰会更加嚣张，如果他们趁着这个气势大肆抢掠，谁能制止？朕就带着几百个人去见他，就是故意轻视他们，他们一旦出击，朕早已经布置好的军队就出其不意攻打他们，他们孤军深入，肯定会一触即溃。如果他们要与朕讲和，朕正好趁这个机会和他们订立永久的盟约，使他们退兵，这样不是更好吗？"

最终，在唐太宗的坚持下，大臣们都只好同意他的想法，他就亲自率领6名骑兵，飞奔渭水河边。颉利可汗见对岸有几名骑兵跃马横枪奔驰而来，便马上出营隔水遥望，见为首的正是唐太宗，不觉大吃一惊，他派去的使者执失思力也没有回来，不知发生了什么，他心中非常着急。唐太宗高声喊道："颉利可汗，我与你订立的友好盟约才几年，你就背弃盟约，侵扰我土，你为什么要这样做？"几句话问得颉利可汗哑口无言，只好说："我率兵前来，没有侵犯的意思，只是看大唐的麦子都熟了，想向皇帝陛下借点粮饷。"唐太宗听了这话，又质问说："我大唐每年也赠给你们不少粮食，你们反而恩将仇报，屡屡侵扰我大唐的边境，杀害大唐子民，这样也算是借点粮食吗？如果你是真心来借粮，为什么率领百万大军前来？"唐太宗的话刚说完，唐朝的各路大军纷纷赶来报道，一时间渭水畔聚集着数十万的唐军。唐太宗先令这些人慢慢退后，然后对颉利可汗说："朕听说可汗想与朕一起在中原狩猎，我看就在此处，我们弯弓射箭，来一起逐鹿，不知可汗意下如何？但是朕只担心这猎物太重，可汗带不回你们突厥去。"颉利可汗听了唐太宗的这番话，又看见唐朝军队人马纷纷赶到，而且一看军队的气势就知道是善战之师，顿时心生畏惧，不敢应答。看见颉利可汗畏惧了，自己的目的已经达到，太宗就说："如果可汗想全身而退平安回国，我们不妨在这便桥上杀白马，重新订立盟约，永不互扰。"颉利可汗听了这话，赶紧跪拜说："我愿遵大唐皇帝陛下的命令，与大唐永世修好。"于是，第二天，太宗和颉利可汗再次来到便桥，歃血为盟，重新和好，史称"渭水之盟"。

"渭水之盟"后，颉利可汗得到太宗的大量赏赐，很快引兵北还。渭水之盟，唐太宗利用非凡的大智慧，巧妙劝退了敌兵，避免了唐廷在不利条件下作战，稳定了局势。同时为唐朝贞观年间经济的发展、力量的积蓄赢得了时间，这也是唐与突厥强弱变化的转折。

人生中处于弱势的时候，一定要有"忍"的本领，如果你有"大谋"，就须学会"小忍"！

当你处于弱势时，就很难施展自己的空间，仿佛困兽一般。有些人碰到这种情形，往往怒火中烧，由着自己的情绪行事，被人羞辱了，干脆就和他们干一架；被老板骂了，干脆就拍他桌子，砸他东西，然后自行开路。不敢说以上做法就必定会毁了你的一生，因为人生的事很难说，有时甚至会"因祸得福"，但没有忍性，绝对会给你的事业造成负面的影响，而且不能忍的人"因祸得福"者并不多，大部分人都不甚如意，总是到了后悔之时才会感叹地说："那时真是年轻气盛！"这里倒不是说不能忍的

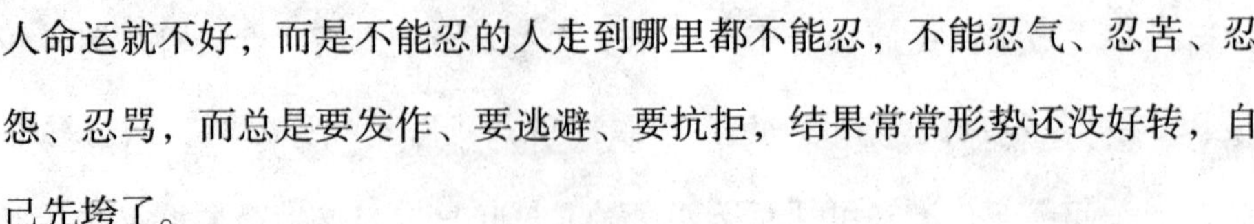

人命运就不好，而是不能忍的人走到哪里都不能忍，不能忍气、忍苦、忍怨、忍骂，而总是要发作、要逃避、要抗拒，结果常常形势还没好转，自己先垮了。

当一个人身处困境、碰到难题时，就想想自己的人生大目标吧！为了大目标，一切都可以忍！千万别为了解一时之气而影响长远目标。

在社会生活中，一个人不可能在任何时间、任何场合下都事事如意，有些事情怎么也无法解决，有些事情可能没法很快解决，所以你只能忍让。俗话说，小不忍则乱大谋，如果你不善忍，那么你将永远无法摆脱命运。那种动辄发脾气的人虽然可以解除一时的心理压力，但从长远来看，他会断了自己的前程，失去长远之利。

人的一生当中会遇到很多问题，如果能忍一忍，并学会控制自己的情绪和心态，以后即使碰到更大的问题，自然也能忍受，也自然能忍到最好的时机再把问题解决，这样才能成就大事业。

当然，我们要把能忍之人与人们平常所说的“窝囊废”区分开来，千万不要去做后者。人要学会忍耐，也要有一身正气，碰到你公正有理之时，要据理力争，以正压邪，不能丧失一个人的人格与尊严。换句话说，忍也要看忍的对象、范围和忍的程度。大事忍，小事也忍，有理时忍，无理时也忍，这就真是一个“窝囊废”了。

若想改变人生，从现在开始，就须好好练习忍术。因为人的一生还有很长的路要走，还有更大的目标等着我们去实现！

第六章 DI LIU ZHANG 用兵变通，攻无不克

“兵者，诡道也”，可以说用兵之术将人们的谋略发挥到了极致。中国历史上曾经涌现出无数像孙武、白起、韩信这样的常胜将军，也曾留下了许多诸如《六韬》《孙子兵法》《尉缭子》的兵法著作，可以说中国古代的用兵艺术在世界历史上可谓独领风骚。纵观华夏文明五千年，我们可以发现这样一个规律，但凡开国之君，大多是用兵伐谋的好手，而唐太宗更是将用兵之道发挥得淋漓尽致。当今之世，商场如战场，企业的管理者可以从唐太宗的用兵之道中学习一些竞争的谋略。

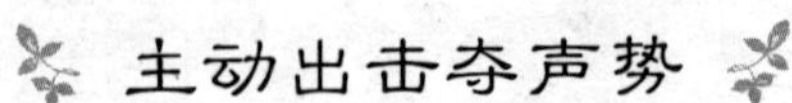

主动出击夺声势

其实，主动与被动在瞬间都能完成转化，但是其所造成的结果却大不相同，一个是成功，一个是失败。战争时，如果得到了主动权，牵着敌人的鼻子跑，必然能够取得胜利。例如赤壁之战，曹操兵多将广，但是却用铁链固船，所以周瑜用火来攻打他必然可以获胜。这足以说明了处于主动地位对结果的影响是多么大。

武德三年七月，李世民已经带兵平定了西北割据势力，并且又奉命率大军出关东征的时候，李密、宇文化及等都失败了，在关东中原地区只剩下王世充、窦建德两支武装，在江南地区也有两股力量，即杜伏威和萧铣。

李世民出关东征时，最为需要解决的是王世充和窦建德两大势力的问题。除此之外，还有其他一些问题，如盘踞在长江中游的萧铣已被李世民军困于江陵，在幽州的罗艺也归附了唐政权……这些对李世民来说都是有利的，他处于这个战事的主动地位。

王世充是祖籍西域的胡人，在开皇之时以军功拜仪同，授为兵部员外郎。武德二年四月，他于东都洛阳称帝，建国号为郑。后又夺取了唐在河南的部分土地，使其势力不断扩大。但是因为王世充刚愎自用，独断专

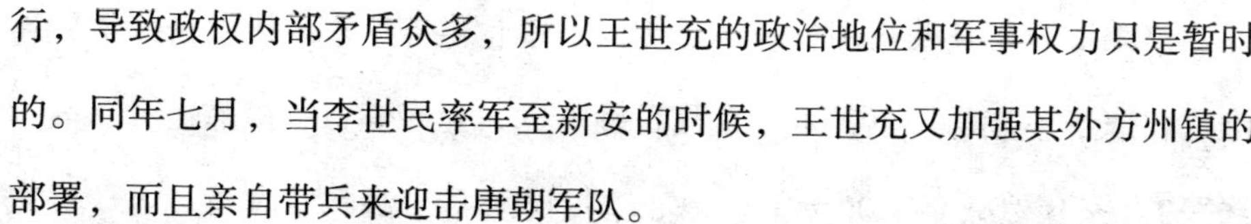

行，导致政权内部矛盾众多，所以王世充的政治地位和军事权力只是暂时的。同年七月，当李世民率军至新安的时候，王世充又加强其外方州镇的部署，而且亲自带兵来迎击唐朝军队。

对于王世充的这次抵抗，李世民认真分析了他的战术，也找到了抵抗的好办法，作好重要部署。同时，李世民亲率军屯于洛阳以北的北邙山，连营以逼之。这样就使得王世充的军队处于唐军的包围之下，粮食的来源被唐军切断了，在战争中处于被动地位。

武德三年八月，王世充受到各路唐军的进攻。迫于军事压力，王世充洛阳外围的州县官吏都投降于唐朝。对于这些投降的官吏，李世民采取了宽松的政策，不仅保留他们的原职，而且如果立功的话还会升职。这样就孤立了王世充的军队。

由于王世充对洛阳城严加戒备，加上唐朝的军队有点筋疲力尽了，所以要想不费力地攻破洛阳似乎是不可能的，但是李世民总是希望“再坚持一下”，以“今大举而来，当一劳永逸。东方诸州已望风款服，惟洛阳孤城，势不能久。功在垂成，奈何弃之而去”鼓舞士气，要求军队必须做到“洛阳未破，师必不返，敢言班师者斩！”

在这个时候，掌握前线军情的李渊建议李世民返回，但李世民没有听取其父建议，而是坚持“洛阳必可克”的信念，而且还派一名叫封德彝的参谋军师西还入朝，让其告诉李渊自己是如何想的。信中，李世民说：“世充得地虽多，率皆羁属，号令所行，唯洛阳一城而已，智尽力穷，克在朝夕。今若旋师，贼势复振，更相联结，后必难图！”李渊看到儿子决心已定，于是尊重儿子的想法。这足以说明了李世民是有胆有识之人，颇有帝王气概。

洛阳城由于长期被困，一个月之后，粮食供养严重缺乏，公卿贵族连糠皮粗屑都不充足，草根木叶全被百姓吃光，死者满目，横陈道旁，城中居民3万家骤然减至3000余家。正如李世民所料，洛阳城破指日可待。先下手为强，后下手遭殃，我们虽然不能说这句古话是一句至理名言，但是先下手往往会占据主动，在竞争之中占据有利的地位。而李世民正是看清了这一点，所以在攻打王世充的战争之中，选择主动出击先夺声势，进而一步步瓦解王世充的势力。

在现代社会生活的各个细节中，我们对“主动”与“被动”开始有了更多的认识。“心有多大，舞台就有多大”，我们呼唤时代的英雄；虽然这个色彩斑斓的世界迫使很多人开始调整自己的思维，可“被动”是客观存在的，如何“主动”则需要更多思考。主动与被动在很多行为的过程中都需要更好地把握。

俗话说得好：“先下手为强，后下手遭殃。”我们在参与竞争的过程中，一定要认识到这一点，做到把握住先机，料敌制胜。发展中，只有抢占了先机，才能够把握住竞争的节奏，才能够获得最终的胜利。

计谋贵在高人一等，策略贵在远人一着。能看到人们看不到的，思虑人们思虑不及的，推算人们不能推算的，这才是远谋大略。

平常我们说，在工作中要“眼观六路，耳听八方”，意即要拓展眼界，广开言路，不要仅仅局限于鼻子尖上的一时一事。这其间的各个方位中，又以向“前”看最为紧要，放开眼光，立足现在，预测未来，即先见之明。

有先见之明的人，指的就是拥有别人不可比及的眼光、睿智和冷静。

如果没有先见之明，人们就有可能犯错误。因此，先见之明是非常重要的。古语曰："人无远虑，必有近忧。"先见之明能让我们居安思危，躲避可能面临的危险，它是以对现实的准确判断为前提的。一个人有先见之明，必定少走很多弯路。少走弯路，成功自然来得就快。

只有看得远，才能走得远；只有走得远，才能做得远。可见，工作中需要具有先见之明。深入了解自己的工作和上司，对待任何事情都能及早做好准备，先发制人，这才是事业成功的捷径。

早上上班时，如果想要乘车，那简直是太难了。每一部车都载满了乘客，有时到站了还不停，车内人挤人，肉贴肉，气都喘不过来。但是，你想过吗？如果在上班时，提前十分钟或二十分钟乘车，情形便会大不相同：乘客比较少，而且有空位，甚至还可以看看报纸。只是十分钟或二十分钟之差，就会有如此大的不同。也许大家都不愿提前出门，宁愿忍受挤车之苦。

工作有时就如同这种乘车的情形一般，如果抢先一步，提前做好准备，制人于先机，那就离成功不远了。

经营事业也是一样。在激烈竞争的旋涡中，为了不落于人后，公司必须将对方的想法、动向摸得一清二楚。

"遇到这种情形的时候，这个公司一定会采取这样的对策，那个经营者的想法一定是这样……"做到料事如神，才能够说"我们公司应该用这个办法应付；他们那样我们就这样"，提前做好心理准备，公司就能采取应变的措施。

在这个竞争激烈的时代，如果在对方采取行动之后才来想应对策略，是注定要失去先机的。要事事抢先一步，才能在竞争中取胜。

竞争虽然不是真刀真枪的决斗，但是我们要将它看作真刀真枪的决斗，只许赢，不许输，输了脑袋就没有了。这个要求虽然有些苛刻，但是要成为一个成功的经营者，就必须往这个目标努力。同时，也要在激烈的竞争中寻找乐趣，这就如同玩蹦极一样，越紧张、越刺激，就越其乐无穷。

想要一直处于领先的地位，就必须时时处处争先。先人一手，先人一着，而又不停止在这一手、这一着上，即便是他人奋起直追，也会永远保持着那段距离，不会超过你。这样，不管面对什么工作，都会胸有成竹、游刃有余了。

因地制宜用骑兵

无论做什么事情都不能凭自己的观点、好恶来办理，而要摸清处事对象的情况，针对不同对象采取不同的策略。了解了对方的特点、弱点，再采取针对性的办法，事情就会好办了。唐太宗在对外作战中就是针对不同的敌人采取不同的战术和策略，才使得大唐帝国边疆安定，四海靖平。

唐太宗在统一中原的战争中，多以骑兵奇袭取胜，在统一边疆的战争中更是如此。因为沙漠作战必须采取高速的军事行动，广阔无边的沙漠，地理环境决定了长距离的行军与急速的突击，非倚仗速度极快与威力极猛的骑兵兵种不可。其次，由于当时构成边患的突厥、吐谷浑等都是游牧民族，他们善于骑射，要解除边患，也非得以高质量的骑兵兵种对付不可。

建立骑兵的前提必需备有战马。太原首义，来不及养马，只能得自敌垒，所谓“唐之初起，得突厥马二千匹，又得隋马三千于赤岸泽，徙之陇右，监牧之制始于此。初用太仆少卿张万岁领群牧。自贞观至麟德四十年间，马七十万六千。”可知唐初为建立骑兵，曾设监牧养马于陇右。太宗朝曾大规模地养马，而且成绩卓著，其数量不仅能自给，而且还赐予邻国，这与太宗重视养马备战大有关系。太宗对善于养马的专家给以殊遇，就是他重视养马的绝好证明。马周曾于贞观六年上疏指出：“韦粲提、斛斯正则更无他才，独解调马。纵使术逾侪辈，伎能有取，乍可厚赐钱帛，以富其家；岂得列预士流，超授高爵。遂使朝会之位，万国来庭，驺子倡人，鸣玉曳履，与夫朝贤君子，比肩而立，同坐而食，臣窃耻之。”

马周非议韦、斛“使在朝班，预于士伍”，以卑贱的“驺子”视之，耻与同列。可见，他不理解唐太宗垂青“驺子”的意图，其实这已由他的“独解调马”、“术逾侪辈”点明了。“调马”者，养马也，也就是说，韦、斛之辈是养马技艺超群的行家。估计他们能养良种的战马，而这种良马往往混有胡马的血统或纯属胡马。一般来说，北地胡马比中原马匹优良，故引进突厥马种，加以纯种繁殖或混血杂交能大大提高战马的战斗力，也就能提高骑兵的战斗力。陈寅恪先生研究认为：“唐代之武功亦与胡地出生之马及汉地混有胡种之马有密切关系”，这是极有见地的。马周识不及此，故有非议。而太宗识及良马与武功的密切关系，故对韦、斛另眼相看，甚至让他们在“万国来庭”的国宴上与西北诸族酋长及朝士同饮共食，这一异常举动，反映了唐太宗重视本朝马政与发展骑兵的战略眼光。

养马是为了建设骑兵。唐初建设骑兵兵种有一个发展的过程。早在武德初年，秦王为了东征西讨，取胜于敌，就着手建设精锐的骑兵队伍。

他即位初曾对群臣言及自己常胜的经验说："彼乘吾弱，逐奔不过数十百步，吾乘其弱，必出其阵后反击之，无不溃败。"敌方乘胜只能"逐奔数十百步"，此必步战，故追不及远；而唐军能"出其阵后反击之"，此非速度极快的骑兵而莫能办到。到武德四年，随着养马的发展与平定东都战事的胜利，骑兵队伍迅速扩为万骑。其年七月"秦王李世民至长安。世民披黄金甲，齐王元吉、李世勋等二十五将从其后，铁骑万匹。"这比晋阳起兵时的2000骑已扩至5倍。武德七年四月，高祖以突厥不断犯边，"复置十二军，以太常卿窦诞等为将军，简练士马，议大举击突厥。"所谓"简练士马"，就是精练骑兵，以对付突厥。

唐太宗即位后，继承了李渊建设骑兵的基业，骑兵已初具规模，基本上可以防御突厥入扰，这从贞观初年突厥入犯次数的减少与失败次数的增加也可得到反证。然而，唐太宗的战略目标是击溃突厥、统一边疆，当然不会满足于固有的骑兵队伍，必会加速骑兵的建设，致力于提高骑兵的数量与质量。大体上到贞观三年底，已建立了一支具有足够数量与高度质量的骑兵队伍，故当时能以"众合十余万"的规模"分道出击突厥"；至于骑兵的质量也大为提高，仅李靖所属麾下就有"精骑"一万。由于具备以上条件，才能由武德贞观间的内线防御转入外线进攻，即由农业地区的防御战转入沙漠地带的反攻战，才能多次发动长距离的奇袭战役。李靖指挥的定襄之战，以三千"骁骑"的高速进军而出敌不意，"突厥颉利可汗不意靖猝至"，遭惨败。李靖所以之能出奇制胜，正是建立在唐初具有高质量的骑兵基础上的。再如阴山之战，李靖"选精骑一万，赍二十日粮往袭之"，可知这支"精骑"能经得起20天的连续急行军而仍能保持旺盛的斗志，反映了它具有非凡的作战能力。这既要有强健体魄的骑士，也要有适于沙漠生活习性的良马。由于汉马不足以当此大任，故非有用马之才不可。这也是唐太宗特别器重有胡人血统的韦粲提、斛斯正等养马高手的原因。

有了强大的马匹与骑兵才使唐太宗建树了卓越的武功。如贞观八年李道宗取得库山大捷后，吐谷浑退军入碛以避唐军，李道宗以柏海路遥，途无马草，难以深入为由，主张缓追。侯君集则认为应乘胜追袭，并为李靖采纳。李靖为知兵老将，如无把握绝不敢冒险深入，其凭借的是“实资马力”，由此可以窥见唐军马力之强、骑士之锐，应该说强大的骑兵是取胜吐谷浑的关键。另一个典型的例子是，贞观十三年十二月，侯君集率领骑兵，长征7000里，深入沙漠2000里，历时5个月，一举攻破高昌城。毋庸赘言这支骑兵的素质是何等的精良了。相形之下，高昌的羸骑当然不是唐军的对手。

唐太宗深知沙漠作战中骑兵的优势，所以才针对西域各国，大力发展骑兵力量，一举将西域各国击败，大大开拓了唐朝的版图。而在现代的商场竞争之中，我们也可以从中得到一些启示。

20世纪初，有位名叫休斯的年轻人，是个美国记者。那时美国电力工业正在发展，电器业开始显露头角。休斯对电器很感兴趣，他经过一番分析，认为家庭电器乃是社会最必需的。

不久，休斯应邀到一位新婚的朋友家里去吃饭。他发觉菜里有一股很浓的煤油味，直想呕吐。但碍于情面和礼貌，只好把口中的菜强咽下肚，那种难受劲使他紧皱眉头。

他的朋友和新娘也尝出味道不对劲。女主人红着脸，不好意思地说：“一定是我刚才弄煤油炉的时候，不小心把煤油弄到菜里了。”男主人甚

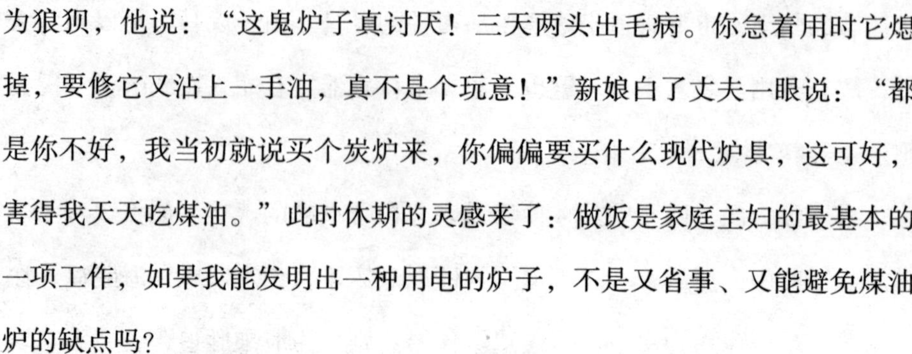

为狼狈，他说：“这鬼炉子真讨厌！三天两头出毛病。你急着用时它熄掉，要修它又沾上一手油，真不是个玩意！”新娘白了丈夫一眼说：“都是你不好，我当初就说买个炭炉来，你偏偏要买什么现代炉具，这可好，害得我天天吃煤油。”此时休斯的灵感来了：做饭是家庭主妇的最基本的一项工作，如果我能发明出一种用电的炉子，不是又省事、又能避免煤油炉的缺点吗?

休斯向这对新婚大妇道别以后，赶回家中立即开始研究起来。他反复试验，不知失败了多少次，也不知被“电老虎”打过多少次。但他矢志不移，废寝忘食，钻研入迷。“在起初的两年时间里，我没有休息过一天假期。”休斯后来这样回忆说。

1904年，休斯的电炉研究成功了。他在自己的家乡北达科他州开了一个小型电器公司，以最快的速度将发明的电炉投放市场，可是却受到了意想不到的冷遇，一般家庭主妇对这种电器并不看好。休斯经过认真调查发现，因为他的家乡是美国当时的偏远地区，所以打不开销路。人们的知识水平决定了他们难以接受电器，大多数家庭主妇对电怀有恐惧心理，因此他的新发明没有被人们接受。

此时，休斯已经认识到，要想改变现状，只有离开落后的家乡，到大城市中生活。1908年，他来到了芝加哥。当时热点公司的电熨斗已经成为了普通家庭的必需品，得知这种情况之后，休斯在报纸上刊登了一则极短的广告：“电熨斗能烫平你的衣裳，电炉却能温暖你的心。”正是这种有创意的广告使得电炉在短短时间内就走进了大众生活中。除此之外，他采用多种宣传方式来说明电炉是多么好，另外还设计用户反馈卡来了解用户的使用情况以及需求。在访问过程中，如果哪有不懂的问题，他都会耐心解答。于是，电炉在芝加哥也成为家喻户晓的电器用品，而且迅速遍及世界。

接着，休斯又推出电锅、电壶等家用电器，同样很受家庭主妇们的欢迎。后来，他的公司成为了美国最大的电器公司，休斯成了百万富翁，成为美国电器业的先锋之一。

经济竞争中应用因地制宜的谋略，就是要求领导者充分利用所处的地理优势。常言道“靠山吃山，靠海吃海”，就是这个道理。

休斯在电炉的销售上，因地制宜，果断地从小地方迁到大城市，才一举成功。商场如战场，领导者是指挥千军万马的将帅，但是只有懂得因地制宜的将帅，才往往会占据有利的市场，最终取得商业竞争上的胜利。

远交近攻分击之

“远交近攻”这一策略是一边制造矛盾，同时又利用矛盾，先分化并瓦解敌国的联盟，然后实行各个击破的谋略。最关键的是：当自己的军事目标受到地理条件的限制时，就应该先攻下就近的敌人，而不应该越过近敌去攻打远处的对手。要是可以的话，应该与远处的对手达成暂时的联盟，然后各个击破。“远交近攻”策略的实施，能够帮助自己集中力量攻破眼前的敌人，同时还能孤立他。唐太宗在处理西域诸国的问题上，就是采用了这种远交近攻的战术，并且取得了很好的成效。

与突厥初战之时，李世民退敌而求和，为此臣下非常不解，问其缘故时，李世民回答说："所以不战者，吾即位日浅，国家未安，百姓未实，且当静以抚之。一与虏战，所损甚多；虏结怨既深，而惰备，则吾未可以得志矣。故卷甲韬戈，啗以金帛，彼既得所欲，理当自退，志意骄惰，不复设备，然后养威伺衅，一举可灭也。将欲取之，必固与之。"李世民此言正是他欲取先予，不以硬碰硬思想的最直接体现。不以卵击石，是弱者的自保之道，是一种弱中求存的大智之策。豳州对阵和渭桥之盟，无不体现了李世民不以卵击石的明智之举。

颉利可汗即位之后，贪得无厌，欲壑难填，唐高祖不胜其扰。武德六年统一战争结束，颉利不愿相邻的中原地区出现一个统一而强大的唐王朝，而唐王朝统一之后国力虽然比之前强大，却还不足以引兵抗衡，因而处于被动挨打的局面。武德七年，颉利、突利率众进攻原州（今宁夏固原），旋又南上，入扰朔州（今山西朔县）、忻州（今山西忻县），秦王奉命抵御。由于关中暴雨成灾，粮道不通，李世民与诸将颇以食尽为忧，只得屯兵豳州（今陕西邻县）待粮。颉利、突利指挥万余骑兵居高列阵，唐军气丧。突厥年年南侵，贪求无厌，李渊不胜其扰。这年夏，有人建议迁都以避突厥，李渊及太子李建成、齐王元吉、宰相裴寂等都赞成迁都，李世民却说："夷狄为患，自古有之，霍去病仅汉廷一将，尚能志灭匈奴，臣请以数年之期，系颉利可汗之颅，献于阙下，若不奏功，迁都未迟。"

于是，李世民、李元吉奉诏御敌，京师戒严。国家草创以来，征役连年，士卒疲惫，又值深秋寒雨，粮草难运，朝廷和军中都很忧愁。世民与元吉率兵日夜兼程，数日后，与突厥军在豳州（今陕西邠县）对峙。唐军屯兵待粮，士气不振。突厥骑兵居高列阵，气焰万丈。李世民深知敌强我弱，不能硬拼，只能智取，于是他对李元吉说：“北虏恃强凌我，不可战亦不可示之以怯，当以智退之，你能随我同行吗？”李元吉却怯不敢去。于是李世民便亲率百骑，奔驰敌阵，呼颉利可汗前来答话，他义正词严地指责颉利背约入扰，要求与颉利单独决战，还声称对方若倾兵而来，他就毫不畏惧地以百骑抵御。颉利猜不透李世民轻骑列阵的个中底细，又不知唐军虚实，既不能与李世民抗辩，又不敢贸然进击。李世民抓住颉利狐疑的弱点，故意与突利并骑而语，他对突利说：“尔与我往日盟约，事急相救，今日却引兵相攻，何无香火之情？”突利一头雾水，不知李世民所指何事，也无话可说。

李世民又策马向前，欲渡沟水。

颉利不知虚实，又见李世民说什么香火之情，遂怀疑突利与李世民暗中有往来，设下计谋，不然，李世民怎敢仅率百骑轻出？于是引兵稍退，派使臣向李世民解释说：“秦王无须渡水，可汗无他意，但愿与王重申盟约。”

原来颉利与突利叔侄之间本有嫌隙，现在猜忌更深，不敢贸然开战。

这样，面对敌强我弱的形势，李世民巧施离间之计，大军未动，仅以百骑之士便智退颉利大军，其控制局势、制造假象的胆略和本领，可谓高矣。相反，在当时士卒疲惫、军心不阵，自己实力又远逊于对手的情况下，李世民倘若轻率大军，冲锋陷阵，即使李广在世，估计也很难挽回危局，即使侥幸取胜，势必也会元气大伤。因此，只以智取，不以力取，不莽撞而行，不霸王硬上弓，此时无疑乃是上上之策。不以卵击石，李世民巧妙地凭借他的大智大勇，诈敌于阵前，消险于无形。

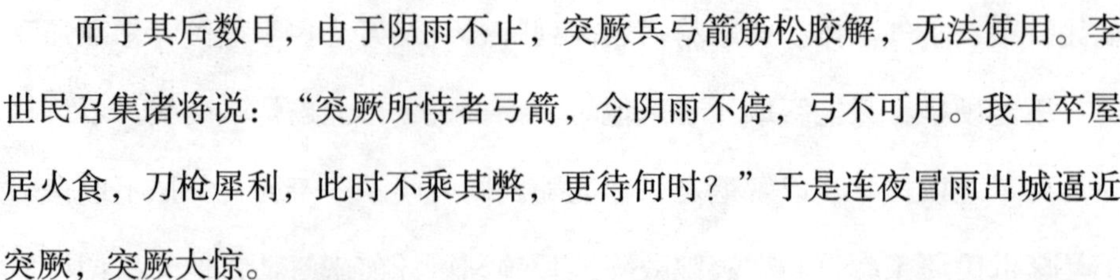

而于其后数日，由于阴雨不止，突厥兵弓箭筋松胶解，无法使用。李世民召集诸将说：“突厥所恃者弓箭，今阴雨不停，弓不可用。我士卒屋居火食，刀枪犀利，此时不乘其弊，更待何时？”于是连夜冒雨出城逼近突厥，突厥大惊。

李世民再派人前去申明利害。突利心折，不愿再战，颉利只好同意讲和。突利亲自来到城中与李世民谈和，并与李世民结为兄弟，请求和亲。世民应允。如此，以弱势之兵，却反居其强，敌强时以智和之，敌弱时又改策击之，李世民之唯利害是举，可谓厉害之至。

武德八年，颉利可汗又亲率10万劲骑，南下掳掠朔州，唐将张瑾迎敌，在太谷全军覆没，仅他自己一个人得以逃脱。

武德九年四月，颉利可汗再次南侵，进攻今宁夏灵武，大将李靖率兵将其击退。

武德九年八月，颉利趁李世民即位不久、国内政局动荡之机，亲率精骑20万大举入扰，前锋攻破武功（今陕西武功），京师戒严。行军总管尉迟敬德虽然奋勇挫败颉利于泾阳（今陕西泾阳），然而突厥主力未受损失，颉利继续进攻长安。他一面列阵渭水北岸以威慑唐军，一面派出使臣对唐廷进行军事讹诈。执失思力到了唐廷，虚张声势说：“两位可汗统领百万大军，现在已经到了。”说完便请求返回复命。李世民对他说：“我与突厥曾当面议定和亲，你们背信弃义不守信用，我于心无愧。你们凭什么率领大军侵犯我朝的京郊地区，还自夸强盛？我应该先杀掉你。”思力吓得连忙请求饶命。萧瑀、封德彝等人请求以礼相待，将思力放还。李世民说：“不能这样做。现在如果放回他，突厥必然认为我害怕。”于是派人把执失思力囚禁起来。李世民说：“颉利可汗听说我们国家最近发生了内乱，又听到我刚登上帝位，所以亲率大军直逼京城而来，认为我不敢抵抗他们。我如果闭关自守，他们必定纵兵大肆抢掠。是强是弱全在今天的决策。我要独自一人出阵，以表示轻视他们，并显示我军军威，使他们知道我们一定要决一死战。要出其不意，挫败他们的企图。制伏匈奴，在此一举。”于是李世民单人独马前进，隔着渭河与颉利可汗谈话，李世民说：“两国相交，以信为本，旧日约以盟好，许结和亲，汝先后获我金银布帛无算，今日又负约来侵，岂有此理！”

颉利连连向李世民行礼答话。只见唐朝大军源源出城，旌旗遍野，卷地而来。颉利被李世民的义正词严和唐军的气吞山河之势震慑住了。他心中思忖：前几日，我在泾县受挫于尉迟敬德，今日又见唐军兵容威武，李世民沉着冷静，一旦开仗，未必能有取胜的把握，不如再索取一些财物就班师回家。

第二天，颉利可汗便遣使请和，李世民也见好就收，借势答应下来。于是，李世民与颉利可汗在渭桥上斩白马设盟，馈赠金帛，放还执失思力。

突厥大军退去，京郊百姓皆大欢喜。

突厥对唐朝一犯再犯，对此，李世民心里不可能不感到恼怒，他之所以一和再和，自然是有原因的。渭桥结盟之后，他曾这样对大臣说：“我看突厥之众虽多而不整，而且志在钱财，只要多赠金帛，即可讲和。我若趁讲和之时，在酒宴上缚其可汗，再袭击其众，则势如摧枯拉朽。所以不战的缘由，我即位日浅，国家未安，百姓不富，一与之战，所损甚多。不如暂时啖以金帛，损失尚小。彼既得所欲，理当自退。待我恢复国力，灭突厥。将欲取之，必先予之。现在当务之急，是抚民以静，若国中不静，

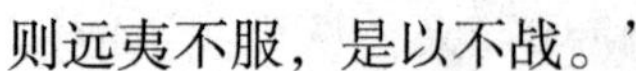

则远夷不服，是以不战。”

从此前的几次战役中，他非常清楚地看到了自己与突厥之间的差距。他深知即使凭一时之计暂且取胜，若无实力一举歼灭强敌，仍然无法避免突厥的屡屡进犯，而一味穷兵黩武，反会伤及自身。因此，为彻底一雪前耻，只有暂时去牺牲局部的胜利，换取一个安定和平的环境，使人们安居乐业，努力发展生产，待富国强兵之后，方能百战无虞。此时，若使国家陷于战乱，必将得不偿失。

为此，他谨小慎微，拒绝以硬碰硬，甚至不惜以金帛财物去贿拢突厥之心。然而突厥哪知，李世民先予之实乃为图于其后大举取之，在他麻痹大意之时，已给了李世民喘息之机。誓不甘休的李世民于其退兵之后，早就已恨恨而念“我当休养生息，富国强兵，突厥再来，必一举灭之”了，此后发制人之举，在时机已至时，果然被兑现了。

先予后取，不以硬碰硬，这种委曲求全、以屈求伸的大智之举，使得唐朝终成为一代强国，乃至后来“众国来朝，四夷皆服”。

唐朝与焉耆国的关系是李世民欲取先予的又一个例子，只是此时对象不同而已。贞观六年，焉耆国曾遣使向唐进贡，要求开通碛道加强同大唐的联系，唐太宗为了团结少数民族，减少不必要的战斗，便答应了他的请求。谁知这一举动得罪了高昌国，高昌国为此接连攻陷了焉耆国的几座城池，又掠走了焉耆国的百姓。焉耆国受了高昌国的欺负，仇怨相结，自然视唇亡齿寒的道理于不顾，在唐朝侯君集攻打高昌时，焉耆王十分高兴地答应予以协助。攻破高昌后，焉耆请求将高昌所夺走的三城还给焉耆。唐太宗为维护民族关系，收买人心，毫不犹豫地答应了。并且不仅归还了三个城池，还将高昌掠走的焉耆百姓全部放回，焉耆与唐的关系日趋友好。

然而十多年过去，到了贞观十八年，斗转星移，也许是懂得了唇亡齿寒的道理和失去高昌、与唐相邻的教训，焉耆竟与西突厥联起姻来，也从此不再向唐纳贡。为了防止西突厥的崛起，唐太宗在安西都护郭孝恪的请命下，决定遣兵征讨焉耆。对薛延陀部，在最初攻打东突厥时，唐太宗亦是采取收买策略。

当时，由于颉利征敛无度，突厥所属的薛延陀、回纥、拔野古诸部相率反抗，同时颉利、突利二可汗仍然相互怨望，叔侄不和。大臣们主张趁其乱而取之，唐太宗却采取谨慎态度，先派柴绍、薛万钧率兵攻破了依附于突厥的梁师都。同时遣使联络薛延陀，封其首领夷男为真珠毗伽可汗。薛延陀收降了许多原依附于突厥的北方弱小支族，共同抗拒突厥。

唐太宗采取远交近攻的策略，使突厥处于腹背受敌的形势之下，这就加剧了颉利与突利、薛延陀之间关系的恶化，又剪除了突厥的羽翼梁师都。长期以来，梁师都引狼入室，专为突厥出谋划策，鼓动突厥南侵。上次渭桥危机，就是他出的主意。梁师都被灭，突厥十分惊慌。

贞观三年（629年），薛延陀毗伽可汗又遣其弟为使，至长安入贡。唐太宗赐宝刀一把。颉利深感自危，也遣使向大唐称臣，要求和亲，修子婿之礼。这样，他就通过支持、拉拢薛延陀，利用薛延陀的力量打击了东突厥。

兵法讲艺术，军事讲策略，对外关系则要讲究谋略。远交近攻最初是作为一种军事思想提出的，但是我们发现，这种智慧的思想不仅仅适合于军事斗争，在对外交往之中，同样适用。

在商场战争中，“远交近攻”之谋略可引申到：开拓邻近的市场或与邻近的对手竞争时，为了创造有利于自己的形势，可以适当联合他方势力。

站在时间的角度，“远交近攻”之谋略又可解释为既迎合市场需求，先立足于眼前利益，也要着眼于未来，为未来做好打算，让企业维持良好的发展势头。

从经营项目上看，“远交近攻”之计也适用于企业的发展规划，如果贸然从事非自己所擅长的行业，就如远处作战一般，必遭失败。

“远交近攻”大计的核心内容是：孤立并封锁近敌，目的是先除掉他们以便有更大的势力再消灭远敌。先暂时与远处伙伴结成联盟，然后再分化联盟关系。这就是远交的智谋，也是王者争夺霸权的智慧。

明修栈道，暗度陈仓

在与敌军交战之际，趁其不备，出其不意，此为克敌制胜之法宝。“明修栈道，暗度陈仓”无疑当为制敌于不备的良方，于是唐太宗临战之时，屡屡用之，得助一臂之力。

贞观元年，与突厥交战的过程中，唐太宗采取远交近攻的策略，使突厥处于腹背受敌的形势之下，这是很高明的一着棋。当时，镇守代州都督张公谨根据自己对突厥实情的洞悉，提出敌弱我强，应当抓住有利时机大举进攻。但是唐太宗颇有顾虑，他说：“我们与颉利已有盟约在先，互不侵犯，这该如何是好？是不是应当以一个正当的名义出师？”兵部尚书杜如晦则认为戎狄自古无信，突厥内忧外患，天欲灭之，因此不必固守盟约，拿盟约迂腐地约束自己。且若不趁机而破，必致时不再来，而突厥若平息内乱，对唐朝将构成极大的威胁，到时就追悔莫及了。大臣们也纷纷表示赞同。

唐太宗在内心其实早有此意，闻听杜如晦此言，便顺水推舟地答应了，下定讨伐突厥之心。由此，李靖与突厥之间展开了第一次大激战，大败突厥而归。唐太宗闻讯大喜，赞扬道："李靖以三千骑，喋血虏庭，大败突厥，前所未有，此役足洗我渭桥之耻！"宣布大赦天下，祝酒五日。

获胜后，李靖穷追不舍，李勣亦与之配合作战，后来，在白道大败突厥，突厥溃不成军。

李靖攻取定襄之后，颉利可汗十分恐惧，退守铁山，尚有数万兵马。他派亲信执失思力入朝谢罪，请举国内附。唐太宗便以李靖为定襄道行军总管，率兵前往接应。颉利虽然表面上派人朝见，内心却仍犹豫动摇，徘徊观望。他最担心的是唐军乘胜进击，故作缓兵之计，因而惴惴不安。这年二月，唐太宗派鸿胪卿唐俭、将军安修仁持朝廷符节前往安抚，颉利稍觉安慰。

颉利求和是缓兵之计，也是对唐朝的试探。唐朝受降，他可以暂作休整，伺机再起；唐朝不许其降，他则尽早远离此地，避开唐军主力。唐太宗也知道颉利未必真心降附，若要让突厥保存实力，终为后患。但若不受降，颉利有可能率众逃走；如果听信他们投降，则可能给敌人以喘息的机会。所以他派李靖率大军迎接，名义是接应，其实是让李靖寻机一举灭之，断绝后患。又派唐俭等人前往安慰，目的则是稳住颉利，防止他率众脱逃。当李靖揣摸出唐太宗的这一用意后，深深佩服唐太宗的深谋远虑，他告诉将军张公谨说："朝廷的使者到了突厥那里，颉利一定会放宽心而

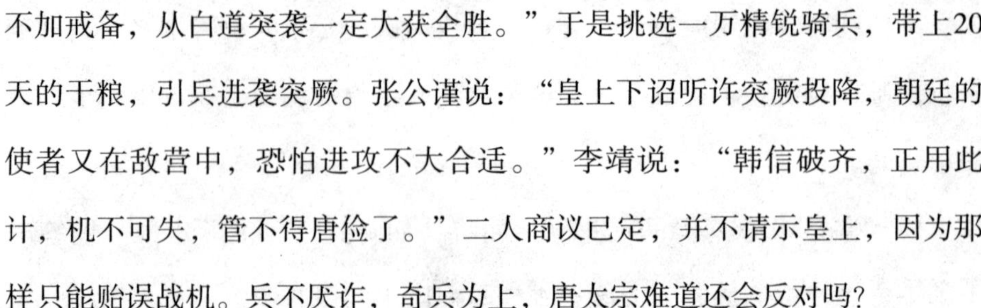

不加戒备，从白道突袭一定大获全胜。”于是挑选一万精锐骑兵，带上20天的干粮，引兵进袭突厥。张公谨说：“皇上下诏听许突厥投降，朝廷的使者又在敌营中，恐怕进攻不大合适。”李靖说：“韩信破齐，正用此计，机不可失，管不得唐俭了。”二人商议已定，并不请示皇上，因为那样只能贻误战机。兵不厌诈，奇兵为上，唐太宗难道还会反对吗？

李靖领一万精骑，携带20天的干粮，自白道出发，马不停蹄地飞驰疾进。李勣率人军随后接应。

兵至阴山，大雾迷天。颉利正设宴款待唐俭。李靖先将在阴山下扎营的数千突厥兵俘获，然后派猛将苏定方领200骑兵，隐蔽地接近突厥大营。苏定方直扑颉利牙帐，扫穴犁庭。唐军漫山遍野追杀突厥残兵，斩首万级，俘众十万，牛羊马达数十万。唐俭趁乱逃回唐营。颉利率领万余残兵向北狂逃，在碛口（今内蒙古二连浩特市西南）被李勣截住杀散，无路可逃，只好向西投奔吐谷浑。

突厥败军一路上凄凄惶惶，众叛亲离，又被大同道行军总管李道宗追击。颉利连夜出逃，终未逃出，被唐军捉获，解至京师。曾经横行一时的东突厥，至此被唐朝一举灭亡。

李靖未经请命就率军队平了突厥大军，归来后，唐太宗对他不仅未加责怪，反而给他封官晋爵，赏赐食邑，还让他征伐吐谷浑，再次立下赫赫战功。唐太宗暗度陈仓的心思由此可见一斑。再者，从颉利一战的捷报传来后唐太宗的言行上，也可看出唐太宗真正的意图。当时，唐太宗大宴群臣，极为兴奋地对侍臣们说：“朕听说君主忧虑，大臣羞辱；君主羞辱，大臣节死。国家初始时，突厥强暴，太上皇害怕百姓受困扰，便向颉利可汗称臣。朕何尝不为此痛心疾首，坐不安席，食不甘味，决心要消灭匈奴。现在我们只动用一部分兵力，就无往不胜，使单于屈膝俯首，雪洗了我们遭受的耻辱。”得意之情，溢于言表。试想李靖之所以未经圣意便贸然出兵，想必也是在唐太宗左右多年，深解唐太宗心意的原因吧。

颉利求和时，唐太宗深知颉利虽受重创，却没有覆灭。因此，他当然不能失去这个“一举可灭”的有利战机，避免养寇贻患。他巧妙地采取阳为许和，阴实备战的作战方针，由于战略方针发生转折，这次假和与三年前的真和的立足点与目标都有所不同。上次立足于战，寓不战于战之中，这次立足于打，力避不和，寓和于战之中。而“靖揣知其意”，也就是揣知唐太宗的兵不厌诈的用意，所以能配合默契，趁敌军懈怠不备而去攻打他。李靖派遣将士乘雾而行，离敌军牙帐七里，虏才觉察到。颉利乘千里马先走，李靖军至，突厥军一击即溃。苏定方、李靖之所以能一举击溃颉利，没有别的原因，正是因为唐太宗运筹于帷幄之中，李靖能配合于千里之外。君在内，将在外，抓准时机，默然配合，以“诈”取胜，以“奇”奏效，不可不称之为决胜千里的奇诈之术。

如前所述，为平定薛延陀部，贞观十三年十二月，在唐朝和薛延陀部之间曾经有过一次大规模的战争。交战之前，薛延陀首领派使者到大唐，要求与突厥和亲。直至战争结束，使者才得以辞归。临走之前，唐太宗对他说：“我已相约，你们与突厥以大漠为界，有相侵者，我则派兵讨伐。你们自恃强大，越过沙漠攻击突厥。李勣所率兵才数千骑，你们已狼狈至此！归语可汗：凡举措利害，可善择其宜。”

贞观十六年（642年）九月，薛延陀真珠可汗遣其叔父沙钵罗尼熟俟斤去唐朝请婚、献马。十月，唐太宗对侍臣说：“薛延陀崛强漠北，今御之止有二策，苟非发兵殄灭之，则与之婚姻以抚之耳，二者何从？”房玄龄回答说："中国新定，兵凶战危，臣认为和亲便。"唐太宗采纳了他们的意见，但当时却是事非得已，并非出自真心实意，主要是虑及勇将契苾何力为对方所拘，由于担心其安全问题，为了换取何力只得假意答应联姻，决定派皇女新兴公主前去和亲。契苾何力被放回后，却极力反对和亲，他上言说："薛延陀不可与婚。"唐太宗则认为既已许婚，不可食言。何力又说："臣闻古有迎亲之礼，若敕夷男亲迎，虽不至京师，亦应至灵州。彼必不敢来，则绝之有名矣。夷男性刚戾，既不成婚，其下复携贰，不过一二年必病死，二子争立，则可以坐制之！"唐太宗听从了他的意见，将之采纳为用兵之计。

真珠毗伽可汗得到亲自去迎亲的诏书后，竟然毫无怯意，欣喜若狂。他的臣下劝他不要去，以免被大唐扣留，到时候后悔也来不及。然而真珠毗伽可汗真是大喜过望，他对臣下说："我本是铁勒小帅，天子立我为可汗，现在又把公主嫁给我，我将亲自到灵州迎亲，这才可以。"然而，薛延陀部族离灵州道路遥远，路途艰辛，又缺少水草，真珠毗伽可汗的人马出发后，途不及半便实力大衰，到了约定的时间还没有到达灵州。唐太宗遂以可汗迎亲"失期不至"为由，"下诏绝其婚姻"。

由此我们可以看出唐太宗将"明修栈道，暗度陈仓"的计谋，运用得得心应手，令人叹服。明修栈道，暗度陈仓指的就是要迷惑对方，让竞争对手不能准确地把握自己的真实意图，已达到在竞争中暗自发展，并出其不意地参与到竞争中来，以达到奇袭的效果，让对手措手不及，奠定自己主动的竞争地位。

只有"明修栈道"，才能"暗度陈仓"。所谓"明修栈道"就是为了让敌人放松警惕，公然进行一些让对方觉得愚笨或有利可图的行动。然而，真正的作为是在公开行动的背后，要么积极抵御，要么转移防卫，在敌人放松警惕时，给敌人致命打击，而自己却不会有任何的损失，达到出奇制胜的效果。

在现代的生意场中，商家经常使用“暗度陈仓”的妙招，目的是制造假象，迷惑对手或消费者，使他们购买其产品或为其服务，从而占领更大的市场。然而，在“暗度陈仓”之前，商家必须“明修栈道”，采用各种手段迷惑消费者，只有这样，才能实现自己的目的。

不费兵卒德服人

以德服人，是我们对人的一种态度，更是成功者的一种气度。我们面对的世人千千万万，各不相同，想要适应生活、适应社会，就应该抱定以诚待人、以德服人的态度来适应人们个性的不同。唐太宗在处理南越诸国的问题，采用的策略就是“绥之以德”，也就是我们常说的以德服人。

《尚书》称“放牛归马”，《诗经》言“戢戈櫜弓”，由是可见，武力向来不为圣人所推崇。穷兵黩武，兵隙一开，尺有所短，寸有所长，干戈转向，瞬息之间，瘴疠之鬼数以万计，国家岂有不亡之理？苻坚伐晋，隋主取辽，终致家破国亡，对此，唐太宗不能不深以为戒。他深知，动兵如纵火，兵之一发，国家永无宁日，百姓亦不得安居，现有的薄弱之政必将不堪

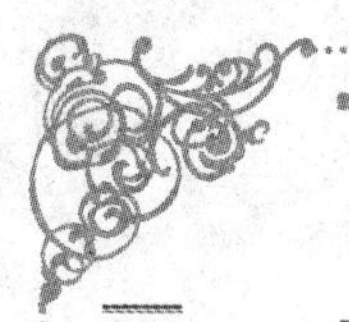

一击。为此，他以恩德来代替刀枪，“绥之以德”，正所谓顺则抚之。

前文讲过，贞观初年，岭南诸州上奏说高州酋帅冯盎、谈殿拥兵反叛。唐太宗下诏命将军蔺綦征发江南道、岭南道等数十州军队前往征讨。秘书监魏徵进谏说：“国中刚刚平定，创伤尚未修复，岭南一带瘴气丛生，山川阻隔幽深，军队远征难以接济，如果发生疾病传染，稍不留意，将后悔莫及。况且冯盎如果反叛，就必须趁国中未安定之际，勾结远方之人，分兵隔断险隘之处，攻打劫掠各州各县，设置官署，任命官员。为什么已经告发了几年，其兵仍然没有出其高州辖境？这是造反的态势并未最终形成，无须动众。陛下因为没有派使臣到其地视察，他们即使来朝廷拜谒，恐怕也难以辨明心迹。今天如果派遣使臣，分别明确告谕，不需要动用军队，就能让他们自动来朝请罪。”

唐太宗感觉魏徵说得很有道理，于是就采纳了他的建议，派出了一个使者到岭南施行安抚，自此，岭南一带全部得以平定。

未动兵马，就平息了一场叛乱，朝中上下都感到惊奇。一些大臣上奏问其中的奥妙所在，唐太宗便把功劳全推到了魏徵身上。他说：“当初，岭南道各州盛言冯盎谋反，朕必欲讨之。魏徵多次劝谏，认为只要用恩德安抚他，一定不用劳用大军，冯盎会自己来归顺。朕采用了他的建议，使得岭南地区平静如常，未发生任何战事。不经征伐的辛劳就安定了岭南，魏徵的计谋胜过十万将士的军队啊。”

唐太宗于是又下诏令，赏赐给魏徵500匹绢。

以前汉文帝时，有人上疏告周勃谋反，令廷尉将之逮捕治罪。这时，簿太后说：“绛侯始诛诸吕，绾皇帝玺，将兵于北军，不以此时反。今属一小县，顾欲反耶？”皇上于是就赦免了他并恢复了他的爵位。这与魏徵论冯盎之事颇有异曲同工之妙，武德之初冯盎都没有谋反，怎么偏偏又要在贞观之时谋反呢？况且，以见方之地而大动干戈，劳师剪除，又如何能得兴大唐之国运？暂施其强，反得其弱，暂抚以恩，待自强之日，四夷自会来服，唐太宗能明于此理而罢战，其心机不可谓不深也！由此，他也深深懂得了不战而胜的奇妙之道。

贞观四年（630年），有司上奏："林邑国蛮人，表疏不恭，请发兵征讨。"

唐太宗说："兵器是凶险之物，不得已而为之。因此，昔年汉光武帝说：'每一次发兵，不觉头须为之变白。'自古以来穷兵黩武之人，未有不亡者也。苻坚自恃兵强，必欲吞灭晋室，兴兵百万，一举而亡。隋炀帝必欲取高丽，连年劳役，人民不胜怨恨，遂至国灭，终死于匹夫之手。至于突厥之颉利，往年多次侵我国家，部落疲于征役，遂至灭亡。魏徵多次劝我，不到万不得已，不可用兵。我已明白了这个道理，哪能动不动就兴兵征讨呢？何况此去蛮荒烟瘴之地，假使我的士兵染上瘟疫，即使灭了林邑，又有何益？几句不恭顺的话，不值得介意！"

当时刚刚大破突厥，北方已经比较安宁，对讨伐林邑的请求，唐太宗却始终保持了冷静的头脑，没有答应。不以夷狄一言之慢，而劳师兴兵，这说明此时的唐太宗已深明以德归心的重要性。汉武帝昔日用兵，偏重威服，少怀德化，结果是费力多而收效小。鉴于其治术之失，唐太宗将治国之策重点放在了恩怀与德化上，不动一兵一卒，而令四夷归心，以柔克刚之道，顿收奇效。由此，贞观二十二年，唐太宗目睹四夷君长争相入朝的盛况，喜谓大臣曰："汉武帝穷兵三十余年，疲敝中国，所获无几，岂如今日绥之以德，使穷发之地尽为编户乎！"

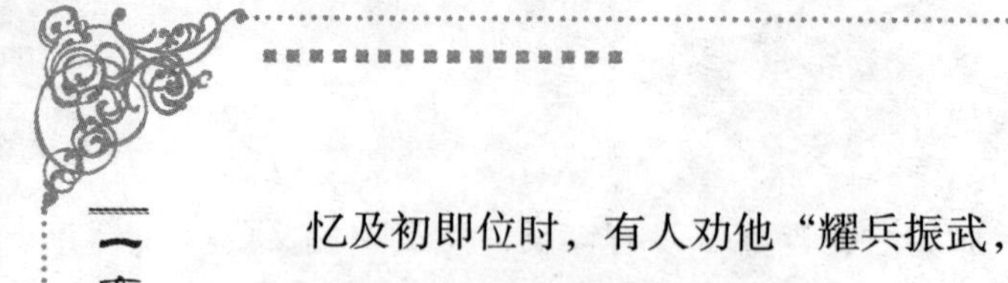

忆及初即位时，有人劝他“耀兵振武，慑服四夷”，只有魏徵劝他，“偃革兴文，布施惠政，中国既安，远人自服”，他不由颇为得意，说“朕从此语，天下安宁。绝域君长，皆来朝贡，九夷重泽，相望于道。”

“绥之以德”，对夷酋来说，主要是在政治上授之以官，在经济上赐之以禄，采取较缓和的民族压迫形式。由于压迫较缓和，故夷民不思骚动。由于位尊禄厚，故夷酋无不感恩戴德，忠心耿耿。开元年间，东突厥蕊伽可汗在追忆其先辈的情况云：“遂服从唐皇，臣事之者五十年”，“彼等之克国除暴，皆为唐皇出力也。”不少夷将甚至不惜出生入死，以死图报，以“世为唐臣”自诩。他们立下了卓越的战功，其中阿史那社尔、契苾何力、李思摩等都是佼佼者，可与汉将齐名比美。

唐太宗的“绥之以德”政策，使各族酋长心悦诚服。在唐太宗生前，他们无不尽其力用；在唐太宗死后，个个失声如丧考妣，以至出现了如下的感人景象：“四夷之人入仕于朝及来朝贡者数百人，闻丧皆恸哭，剪发、劳面、割耳，流血洒地”，“阿史那社尔、契苾何力请杀身殉葬”。得臣如此，边疆何得不固？“绥之以德”，功效可谓大也。

人的胸怀要由自身的气量和抱负决定。在现实社会里面，由于每个人的性格不同，阅历也不尽相同，这些人的抱负和气量自然也不同。有些人鼠目寸光，得失心很重，总在自己的小世界里挣扎，对什么都斤斤计较，爱慕虚荣，内心脆弱；有些人则不同，他们大志于胸，把全民族的兴衰荣辱系于一身，愿意为了国家的利益而奋斗，牺牲自己的全部，他们心胸开阔，虚怀若谷。

法国著名作家雨果曾有一句名言：“世界上最宽阔的是海洋，比海洋更宽阔的是天空，比天空更宽阔的是人的心灵。”如果你有宽广的胸襟，对于自己人际关系的建立有很好的基础，如果你周围的人能为你的成功带来助力，又会直接让你的工作、学习、生活环境带来和谐的体验。

这个世界上有三种人，一种人仗势欺负别人，一种人恃才压倒对手，最后一种是以德让其敌人和友人都心悦诚服。以德服人，上善若水，千百年来，多少君子追求这样的胸怀。

而其余两种人里，第一种总认为自己的地位比周围的人高出一等，总是站在高处对别人的工作指手画脚，自然得不到其他人的帮助，想获得成功好比登天一般难。第二种人认为自己的学识高、才气高，咄咄逼人，不给别人留情面。忘记了古语有曰“闻道有先后，术业有专攻”，“三人行必有我师”，这种拒人于千里之外的态度注定使自己难以获得进步，故步自封也就难以取得成就。只有以德服人者方能让人被自己的品格所吸引，团结起来，而且周围的人也不愿意以怨报德，必定会竭尽所能地帮助他，让他最终登上成功的顶峰。

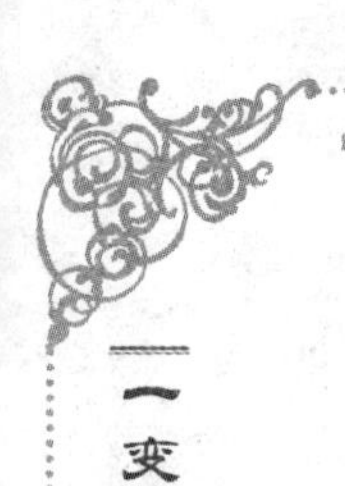

后记

在人生道路上，成功与个人的努力是密不可分的，更与时代机遇有着千丝万缕的联系。思路决定出路，只要做一个有心人，就能在别人看不到希望的地方，发现闪光的机遇，创造奇迹。在我国几千年历史中，涌现出了一批叱咤风云、扭转乾坤的帝王，这些帝王无不具有一部非凡的传奇，如夜空中群星般璀璨夺目。他们开创了一代王朝的新纪元和新气象，荡涤着时代，演绎着历史：他们是一个朝代的先锋，挥舞着新政权的猎猎旗帜，翻开了历史的新篇章。解读古代皇帝，剖析中国历史，还原其真实的面目，可以让我们从中学到宝贵的人生经验。

在本书编写过程中，得到了北京师范大学历史学院、北京大学历史学系的各级领导的关心和支持，以及安徽师范大学文学院多位教授、博士的悉心指导，在此表示衷心的感谢！还要感谢所有对本书编写给予支持的老师和同学！

本书在编写过程中，参考引用了诸多专家、学者的著作和文献资料，谨对这些资料、著作的作者表示衷心的感谢！有些资料因为无法一一联系作者，希望相关作者来电来函洽谈有关资料稿酬事宜，我们将按相关标准给予支付。

邮箱：945767063@qq.com　　联系人：姜正成